近现代史料笔记丛刊

蛰存斋笔记

蔡云万 著

上海书店出版社

出版说明

《蛰存斋笔记》，蔡云万著。

蔡云万（1870—?），字选卿，江苏盐城人。幼从盐邑名师蔡慕康、陈子砚学，院试中式，补县学生员。1918年，入淮扬护军使马玉仁幕，任使署秘书兼师部书记官。1926年，马玉仁所属的北洋直系五省联军被国民革命军战败，蔡经友人劝令回乡。次年应邀出任《盐城日报》主笔，综计三年。1933年，应下野寓沪的马玉仁聘请，赴上海充马氏家庭教师，因得与过去以文字订交的陈蝶仙、周瘦鹃等沪上文士时相过从，这部《蛰存斋笔记》，便是在陈蝶仙等人通力帮助下才得问世的。

本书编次凌乱，芜杂不精，广涉晚清掌故、民国军事、人物行迹、社会习俗、诗文箴铭、风光景胜、奇闻异见，不一而足。其中较有史料价值的部分，大致可概括为三个方面：

一是有关淮扬人物风土的记载，不仅可作地方志乘资料，亦常有可补史述缺载处。如作者录存乡党亲历，明指太平军的通例是对读书人、伶人和裁缝匠不加伤害而尽量留用，足为太平天国的知识分子政策提供佐证。

二是作者久参北洋直军戎幕，得以当事人身份追述民国若干重要史事，可信度较高。如有关江浙战役的缘起、苏督李纯自杀的秘闻、饶汉祥参与郭松龄反奉的来龙去脉、姜登选被戕经过等，皆为研究北洋史实的参考资料。

三是作者对前清权贵重臣入民国后的情况知之较多，可补《清史稿》阙如。

作者间或亦对时政世风发表议论，瑕瑜互见，也在一定程度上反映了三十年代前期的舆情。

本书最初于1936年由作者在友朋襄助下自费刊行，这次整理即以该本为底本。除了依据作者在书籍印成后所列勘误表将排版校对中的错漏改正外，重新加新式标点。原本扉页还影印有吴佩孚的题词手迹，并附作者小照，因于阅读无妨，作删略处理。原书前又有前清遗老陈夔龙等人的书札，对了解蔡氏生平、交游和这部笔记的付梓过程，略具参考作用，故仍予保留，改为附录。

限于水平，勘误和标点中的错误或当不免，希望读者指正。

上海书店出版社

目 录

自序

　　昔扬雄作《太玄经》，稿成将付梓，刘歆谓之曰："徒自苦，吾恐后人覆酱瓿耳。"昆山顾亭林氏有云："文不关于经术政理之大者，不足为也。"山阴胡天游氏有云："古今人皆死，惟能文章者不死。虽有圣贤豪杰，瑰诡奇行，离文章则其人皆死。"谨按刘氏之言近讽惜，顾氏之言昭慎重，胡氏之言极痛切，推论之，胡氏之言以为学人断不可无文字以流传，刘氏、顾氏之言又以学人未可轻视文章而漫为撰述。今人如欲著书立说昭示后人，讵不重且难哉？仆自束发授书以来，消磨于章句之学者几二十年，科举停后，奔走于报界、军界、政界者将三十年，深惭学识谫陋，垂老无成，生平所存诗文各稿已无一顾之价值，惟著有《蛰存斋笔记》约二十余万言，尚未敢遽以问世。盖笔记所采多系实事，义取劝惩，体近记叙，于稗官野史之外雅足供参考之资者，非若近时哀情、艳情各小说装点情节，只能取悦中材，不足牢笼上智也。现当文字竞争时代，以白话与译文为风尚，我国固有之道德、精粹之文言已若悬千钧于一发，拙作笔记虽语体文言参用，深慨美人迟暮犹画蛾眉，将不免时贤之窃笑，第追溯四十余年，积篝灯呵冻之劳，乘羽檄飞书之暇，仅有此稿录存。藏名山，传其人，仆固不敢存兹奢想；委泥沙，饱蠹鼠，仆亦不肯自虚此生也。惟念所见异词、所闻异词、所传闻异词，鲁史且然，何况他种书籍？恐讹谬挂漏之点在所难免，目能见千里，每不能自见其眉睫，尚希海内有道俯赐观览，不吝纠正也，幸甚！

甲戌秋七月盐城选青蔡云万序于申江寄庐

仆早年驰骋名场，后即奔走各界，前后四十余年，依文为活，垂老无成。现已剩孑然之身，境尤窘苦，谨守尼山知命之训，固早已安之若素，视死如归。昔靖节先生曾为文自祭，司空表圣曾自营冢圹、自撰墓铭，均足见前贤之旷达，至后世以诗文自挽者则更不胜指数矣。再考靖节卒年仅六十有三，已先期为文自祭，仆今已虚度六十有七，倘系中寿，墓木早拱，此际拟联自挽，明达诸大君子阅之或不致訾为躁妄也。谨将自挽联句并感怀两律附印如下：

自挽联句

盖棺定论死何知，肯留余地处人，可预卜誉者多而毁者少

没世称名实难副，深悔空文误我，徒自暴德未进并学未成

感怀两律

卅载奔驰类转蓬，归时两袖剩清风。

谋生顿觉文章贱，垂老难教意气雄。
遭际多同弦上箭，知音谁拔爨间桐。
狂如阮籍今弥甚，哭罢途穷哭道穷。

飞书羽檄忆前尘，滴露研朱老此身。
忌我认为知我者，怀才须遇爱才人。
干将补履谁之误，利器盘根自有真。
不解彼苍钟毓意，既生复屈亦何因。

例言

一、拙作笔记，初原投稿于各报馆，与陈蝶仙、王钝根、周瘦鹃诸先生联文字神交，嗣经同学友程君铁青阅及各稿，谓此种稿件无论报纸登否，如汇抄成册，可以刊传。当闻其言，即怦然有动于中，厥后又奔走军政两界多年，积四十年之见闻与心得，成笔记四百余则，都二十余万言。

一、底稿计三十余本，近已零落不全，各稿均经数易，倩他人清誊，辨认殊觉困难，不得已由自缮。五阅寒暑，分抄四大清册，因系笔记体裁，故无起结次序之可言。

一、陈尚书夔龙题签、吴上将佩孚题句，均未先将全稿寄阅，仅迭次寄呈刊登各报之稿多则，兹将陈、吴两公与刊书有关系各复函附印简端。

一、原稿间列有清代事迹，因系陈尚书题签，又未先阅全稿，特删去数则，如宣统之母、祖龙之续等稿，并修改数则，如侍御蒋式星、安维峻等稿。士各有志，未便陷遗老于不义，合并说明。

一、拙作古今体诗及骈散文，另有稿本，笔记中文仅十数篇，均稍有关合之作，亦系以客观的眼光作广义的敷陈。

一、稿中偶列有时贤事迹，仆既无恩怨之念，措词或带抑扬，亦无迎合之私，曲笔以谀权要，惟念易君左著《闲话扬州》一册，致兴讼端，杜重远刊《闲话皇帝》一文，亦被友邦指控，仆故借鉴前车，虽言论出版有自由之权，落笔自应加慎。

一、事属异常之迷信或涉他人之阴私，多略而不记，言易招尤，讦以为直，昔贤久垂为训诫，然千万语中或偶有一两语违心之论及迂旧之见，则未敢自信其必能免也，尚祈博雅君子谅之。

一、书稿之成，基于程君铁青之倡导，书册之成，甚感陈君蝶仙（即天虚我生）之赞助，两先生均乐成人美，信可谓君子人也。

一、拙稿半成于窗下，半成于军中，在窗下名《蛰存斋笔记》，在军中名《盾鼻墨余笔记》，嗣因盐城续修县志，采访人员谬承其将拙作列入县志艺文类（蔡云万著有《蛰存斋笔记》），兹故决定用"蛰存斋"名义云。

曹彬应与关岳合祀

关壮缪、岳武穆之合祀，久经全国奉行，而我国军人崇拜关、岳，尤为唯一之典型。二公均好读《左氏春秋》，其平日严气正性功夫，可以推想。小子于二公亦深致景仰者也，然证以昔贤所论，则又不能已于言者。史称关羽爱养士卒，骄于士大大；张飞礼敬士大大，好鞭挞健儿，君子均谓其气质之偏。昆山顾亭林氏尝论关壮缪在汉季勋业无甚表见，而后世庙貌遍天下，隆以祀典不稍衰，其《日知录》且云岂神圣亦有运气耶？朱子《近思录》曾论及岳飞太横，非保身之道。朱子擅修史全才，褒贬严于一字，且配享孔庙，升列十哲之次；顾氏亦从祀孔子庙庭，其于《春秋》家法知之稔辩之详矣，凡所持论自无不允当。考宋之曹彬，字国华，佐太祖定天下，以次削平，勾当江南一役，先托病以感动诸将佐，城下时兵不血刃，卒谥武惠王。夫武而能惠,则为谥法所仅有也,宋人有赠武惠王句云:"收兵四解降王缚,教子三登上将台。"自古亡国之君,肉袒牵羊,面缚舁榇而至,大都得邀宽典,然四解降王之缚,虽唐之郭汾阳王、明之徐中山王均所未有,此曹武惠王之名称其实,所以为独优也。子二,曹璨、曹玮,皆将材,太宗数授以兵柄,均称职。史称曹彬为宋代良将第一,愚谓曹彬不仅为宋代良将第一已也,关、岳二公具泰山岩岩气象,凛然不可干,武惠主抱纯正宽和之度,故克善始善终也。欲垂军人模范,昭示来兹,应以曹、关、岳三公合祀,其位次以武惠王居中,左壮缪,右武穆,庶乎可矣。管见如此,仍留待当代名贤之论定。

慈禧后之愤语

清未入关前与明代世为仇敌,崇祯时,调集倾国之兵二十余万扼守山海关,相持多年,时有战役,清曾降诏云"我景祖显祖亦被害",可见当年战事亦烈。李自成、张献忠因乘间扰乱于内,一片石之战,吴三桂已将李自成击败,复又出关请满人入关,致洪承畴亦败绩松山,遂降于清。与满清初订条件,承畴亦有隐祖汉人处,如汉不选妃、满不点元之类是。嗣代清人经略西南,亦颇著劳绩,然虽忍辱负重,终难见谅于清人,卒仍立承畴于《贰臣传》之首,亦所谓功之首即罪之魁也。所以满汉界限,虽至亡国时,满人究未能化除。光绪之季,中山先生正奔走吃紧时间,革命潮流业已澎湃全国,清廷亦感觉不安,曾密召近支亲贵开会讨论,无如亲贵多酣嬉醉饱者流,集议多次,迄无应付良策,最后慈禧叹而言曰："国是难以久保了，宁赠友邦，勿与汉种。"言毕泪下，亦可见其衔恨汉人之深。其实此言有何用处，与黎总统"沦于异族，不如屈于同胞"之言正相反，盖慈禧后为愤语，黎总统乃让德也。

曾国藩

湘乡曾文正公国藩，洵堪推为清代贤相，其恢廓大度、以人事君，尤为前后诸将帅所不能及，固不仅道德勋业足资后代钦崇也。予生平极景仰文正，早年即爱读其家书，颇觉得力。盖其家书所载，凡求学立身、处世交友、居官治兵之要罔不备，即家庭闾里亲戚之琐事亦偶论及之，每一展卷，如侍坐于名师益友之前，其增我之学识为不少也。清末有御史奏请以黄宗羲、顾炎武、王夫之、曾国藩从祀孔庙，奉朱批："黄宗羲、顾炎武、王夫之均着准其从祀孔子庙庭，曾国藩应缓议。"其实文正之德业文章已足昭垂于后，长沙王益吾师曾批文正之文云"其光气足以烛天地贯日月而不朽"，又批云"其气能负山岳而趋，非他人所能学步也"。是文正初无俟乎从祀孔庙而始显，惟国府近已特隆祀孔典礼，并及诸贤，文正未克邀准从祀，想见获享两庑特豚，亦关乎前定也。

李密　范仲淹

季汉李密、宋代范仲淹，后儒尚论，不仅钦其品节与道学，堪推为贤者，其内行醇挚，允足垂范来兹，动人仰慕。鄙意谓李密、范仲淹均不得推为孝子也，读密之《陈情表》云"行年四岁，舅夺母志",是以母之改嫁指为舅所强夺,窃念母果贤母,应以死殉,讵能为舅所夺?按原表既云"生孩六月,慈父见背",应接云"行年四岁,慈母见背,赖祖母刘躬亲抚养,至于成立",如此叙述非不可用,乃密竟诿过于其舅,其母焉得置身无过之地?范仲淹,父名雍,父故后,母改嫁长山朱氏,时仲淹年尚幼,遂亦从朱姓。登庸后,知己为范氏子,表请复姓归宗,有句云:"志在投秦,入境遂称张禄;名非霸越,乘舟乃效陶朱。"一为范睢,一为范蠡,均曾改易姓名,又切范氏,可谓妙出天然。然文字虽佳,而母氏改嫁之名亦即著称于世,当日是否板舆迎养,仍为覆水之收,亦或珠椟显分,仅作留珠之计,兹已无从考证其事实。夫大舜之隐恶扬善,是对于普通人尚宜如此,何况为生我之亲?密与仲淹徒知成一己之贤名,未免彰母氏之秽德,律以善则归亲之谊、有隐无犯之文,试起两贤于地下问之,能无内疚于心,追悔之而莫可自解耶?小子非敢漫诋前贤,亦援《春秋》责备之义耳。

辨讹汇志

老人结草之事迹,《左传》称"魏颗败秦师于辅氏,获杜回"。先是,魏武子纳一妾,甚宠爱之,后患病,嘱其子颗云:"吾病将不起,妾可听其另嫁。"及病笃,复嘱颗云:"须以妾殉。"颗乃从治命嫁妾。从与秦将杜回战,屡为所败,夜梦有老人告云:"予某妾之父也,感君厚德,不从乱命以吾女殉。明日与杜回战,可诱往青草坡前,予当有以报君德。"及再战,颗遥见杜回马前有老人结草,连续为之,杜回马致被绊倒,为颗所获。奈《阅微草堂》、《秋水轩尺牍》均引用此典,均称为杜回结草。按老人姓字未传,结草所以坑杜回,非杜回结草也。

"城门失火,殃及池鱼"二语,解者多以池鱼为人名,其实"池鱼"两字系近附城门之池塘,众取水灌救,鱼遂为波及。按此二语见周之檄梁文,上两句云"楚国亡猿,祸延林木",益足证明池鱼非人名也。

杜牧之《泊秦淮诗》云:"商女不知亡国恨,隔江犹唱后庭花。"按秦淮附近无江,即使隔江唱曲,亦非对岸所能闻声,应改为"隔溪"似较近理。

古今书籍之流传,汗牛充栋,其间讹谬之处可想而知,苟智识不高、学术不深,即读至讹谬处,或限于不知,其误人为不少矣,端木赐为孔门最颖悟之贤,尚未能悟及"三豕"为"己亥"之讹,他人更何论焉!甚矣,书之难读也。

各有所眷

《七修类稿》载欧阳文忠公私其甥女,赋有小歌词,颇艳丽。愚谓未可置信,庐陵畜道德,能文章,读其所作《五代史·宦者传》论,方以女祸、女色垂戒于人,讵能躬目蹈之?即使暮年或有所眷,亦未可知,何致私其甥女?未免厚诬名贤。相传曾文正公涤生晚年曾有所眷,名秦淮藕,为秦淮河船家之女;又闻彭刚直公雪琴晚年亦有所眷,名杏花。勋劳晚景,偶尔钟情,初无伤于大雅。昔谢太傅受制于夫人,求畜一姬侍而不可得,虽子侄辈对夫人婉讽谏之,卒弗听,辄以"恐伤盛德"语相抵御,此乃妒妇之饰词也。近时熊希龄、齐燮元两氏亦曾有所眷而娶,《孟子》云"饮食男女,人之大欲存焉",君子多不加以刻论,更非今之青年男女谈解放、自由者所得藉口。早年阅劝善书,载有少年读书别馆,有邻女每乘隙窥之。一日投函于窗间,约其夜会,少年赋句云:"人非木石谁无意,座列箴铭自有书",置原函内答之。天长戴兰芬修撰《戒色诗》有云:"莫自信心略形迹,濯缨濯足要分明。"两诗温婉端严,大堪劝世矣。

清末之京谚

前清末造,京师有一种谚语云:"神机营刀枪,翰林院文章,光禄寺羹汤,太医院药方,御史台弹章,织造府衣裳。"皆暗讥其有名无实也,试略为说明。洪杨之役,提督向荣驻防镇江,神机营(时呼为旗营)三万余人,一战而全军覆没,左文襄时客骆文忠幕中,闻之慨然曰:"得此扫荡,后来者可以措手矣。"翰林院均是官样文章,所有御赐祭文、碑文及诰敕等文,大都依样画葫芦。光禄寺承办御膳,不敢不力求精美,余如赐宴各王公大臣,转不如外间酒馆之佳。太医院代皇上诊病,所用何种汤头,后往诊者不敢有歧异,仍照前方酌改一两味而已。御史台弹劾案件,或派钦使,或饬疆臣,查复核夺,总不外事出有因、查无实据等套语,令双方均得过身。织造府一缺,为各亲王家调剂家奴之优差,红顶花翎、绿呢大轿,俨然贵官,其实毫无所事,尸位素餐而已。积此种种,政令所以日趋废弛也,有名无实足以亡国,录之亦可垂鉴于方来也。

柳亚子之论与诗

民国甲戌春,来沪理青毡旧业,未几商务印书馆因受"一二八"之摧残,为求此后出版途径,登报征文,以便采择。予塾中仅有马以钊、马以君男女两生,男生十一龄,女生九龄,均聪明易于教授,故尚有余暇偶弄笔墨,当即拟文应征,并撰联书赠,嵌明"商务印书"四字,句云:"商量劫后宜何务,印就人间有用书。"嗣承赠阅《教育杂志》一年,有一期杂志专为解决读经问题,亦复各抒所见,各有理由,及阅至柳亚子先生解决读经意见,文仅百余字,意谓"读经够能抵御日本飞机大炮呢"? 固属一语胜人千百。管见以为,读经关乎教育,御侮关乎军事与外交,未便并为一谈。经固不必普遍皆读,于人方面,志愿读经者读之;于经方面,选编适合现代者读之。设竟根本推翻,则"礼义廉耻"四字于何征明而踵行之,未免"皮之不存,毛将焉附"。柳先生为党国要人,学识高远,自非浅见者所能窥测,但此论终觉近于偏。乙亥冬,南社开纪念会,先生有赋呈同座两绝句云:"江山已落侏儒手,坛坫犹寻旧日盟。忍泪伴欢吾事了,可堪拭目俟河清。""酒龙诗虎卅年前,剑胆箫心未化烟。倘向新亭作豪语,夷吾江左我犹贤。"随又赴大华舞场,赠宋友寰公句云:"垂老英雄百感伤,难驯龙性尚轩昂。金戈铁马辽阳梦,忍遣温柔老此乡。"赠任友味知句云:"三十五年成一瞥,撑肠芒角醉颜酡。欧刀醇酒沙场血,后死吾曹可奈何。"读前两首,声情激越,弦外有音;读后两首,借杯浇块,大是幽燕老将口吻,洵堪独步骚坛。前觉先生立论之偏,及读先生之诗,自不得不深加钦佩也。

何有于儿孙之力

孟子享年八十有四始卒，其子无考，恐系不能象贤之子，故孟子有"古者易子而教之，父子之间不责善，责善则离，离则不祥莫大焉"等语，始悟孟子皆写己之怀抱，因又有"君子之泽五世而斩"之叹也。箕畴五福，未列儿孙，盖以儿孙有贤不肖之分，如系孝子慈孙，可以继承先志，光大门闾，倘为不肖之子，且能招祸而败名。刘后主、陈后主、李后主，先人传以皇帝之位，尚不能安守；丹朱、商均，其父为尧、舜之圣，尚不能感化，他如公卿之子降为皂隶，簪缨之胄沦为舆台，更何论焉。此类儿孙，何从言福，此五福所以不加入儿孙之意也。关、岳之武功，程、朱之文德，韩、柳、欧、苏之文学，皆系一己之义烈，道德、文章彪炳史册，垂范千秋，令人景仰，何有于儿孙之力？每见世之人一过中年，无儿孙者莫不以嗣续为隐忧，有儿孙者百计经营，几欲为子孙谋万世业，此真庄子所谓"大愚不灵"者矣。"伯道无儿，天道无知"，此语尽人皆悉，愚按伯道当时若果生儿，转为众人意中希望，事属寻常而不足称奇，天正欲以无儿显扬伯道之为人，使传之久远，其无儿实胜于生佳儿也。

吴佩孚之飞机

孚威吴将军驻节洛阳时，曾因事派员乘飞机前往，计乘机者十四人，中途机损倾堕，跌毙十三人，仅有副官一员幸存，可见当时飞行事业无进展，驾驶技术亦不精所致。孚威异常痛惜，即代印讣文多份,载明各员履历,广为征文以志哀悼,曾有讣寄至清江护署,予拟挽联云:"练风驰电掣之材,小视全球,绝迹高凌九万里;叹骨化魂消而去,一落千丈,抚怀痛悼十三人。"现在飞机部分已居军事上重要地位,与陆、海两军鼎足而立,我军事当局已积极造就飞行人才,并筹款添购飞行机件,举凡战斗机、驱逐机、轰炸机、侦探机、运输机、水上机等,均已应有尽有,近见各要人因公他往亦多系乘机,轻而且快,毫无危险,是我国空军之实力此后大有把握矣。

胡汉民

胡先生汉民,字展堂,党国中推为正义分子,人亦平易近人,惟遇事不惜据理以争,或不为同人所谅解。在首都任立法院长后,因病来沪就医,未几古应芬同志逝世,先生曾作七律一章挽之,仅四韵,其能字韵云:"拯我于危知最苦,极君行事更难能。"可见其关爱契洽之深,当和其原韵云:"年来时作穷途哭,今见先生哭故朋。弱国那堪多扰乱,强邻谁代制侵陵。君如贾谊空筹策,我愧冯骥未署能。欲固金汤须众力,厦支一木恐难胜。"即经挂号邮递,当承裁答,时在民二十年冬月间也。此次推为中政会主席,回国后,因身体健康与气候寒燠关系,久未来都,予复迭前韵赠之,句云:"海外归槎九万里,欢迎远道晤良朋。传家经学胡安定,忧国诗才杜少陵(先生客瑞士时,曾有诗稿寄刊《申报》)。党赖主盟群有托,老居人下百无能(谓仆年已近古稀,仍旅沪教读糊口)。得贤辅政中枢幸,我纵贫时喜不胜(结句借用邵康节句意）。"彼因先生港方住址频迁，正拟探明函寄，不料丙子初夏噩耗惊闻，先生已归道山，思之良堪痛悼也。

知财为祸

光阴似箭，等过客之难留；日月跳丸，有弄人之造化，此岁序之不能待我也。吴宫名在，难寻响屟之廊；台城路遥，空舞笼烟之柳，此往迹之足以动我也。陵谷变迁，慨江山之易姓；干戈纷扰，痛闾里之何存，此劫数之足以警我也。良田千顷，日食二升；广厦万间，夜眠八尺，此居处之足以劝我也。人生不过数十寒暑，富贵功名须任其自然，以随遇而安为最适当。若必终年奔竞钻营，惟利是务，或用威权，或施欺诈，取不义之财，填无厌之欲，如萧宏之黄标紫标、刘景之黄米白米，岂非大愚之极？即为分所应得金钱，尽可多创慈善事宜，补助地方公益，亦不致蒙守钱虏之名。且积蓄过多，本身能享用几何？徒留供后人挥霍之资、讼争之的。然此等自然趋势，而名公巨卿、达官豪富，多躬自蹈之而不觉其非。民国以来，如盛杏荪宫保、李少荃相国（前报载少荃幼孙年仅十四五，月须消耗费三千金）及南京蒋二驴子、寓居大连李伯行钦使（亦系少荃家子）均因所遗资产过巨，分析不平，姜女子孙发生诉讼，对簿法庭，报章腾载，致令盖棺论定之贤，翻引起舆论之批评与慨叹，试起逝者于泉下告之，能无追悔于贻谋之不臧耶？昔孙秀矫诏收石崇，崇已被执，愤然曰："奴辈利吾财耳。"秀在后大声斥责曰："知财为祸，何不早散之？"崇默然。秀之为人本不足取，然此两语，大足为世之视财如命之聚敛家作严厉之警告也。

器大才大

自来器大之人，量必大，才亦必大，绝不妒人之有才；器小之人，或小有才之人，则无有不妒人之技能者。盖以人之才名大噪，势将涵盖己之才名，即妨碍己之进取，必多方诋毁之、倾轧之，甚或诬陷之，纵观古今，比比皆是。李白仙才天授，过黄鹤楼赋句云："此处有诗吟不得，崔颢题诗在上头。"是何等崇拜倾服之至，迄今李白诗名，初不因推崇崔颢而稍减，转因之而名益高。清代纪文达公晓岚，才华过人，目无余子，偶阅及朱文正公石君之文乃大叹服，自是交谊弥笃；袁子才先生，见人有一艺之长，誉之不去口，此均足为高才者不妒人才之证明也。温庭筠为令狐绹门下士，颇优礼之，一日问及《齐物论》，庭筠对曰："见《南华》第二篇。"又云："相公于燮理之余，亦当博览书史。"遂得罪令狐，即闲散置之，庭筠曾有感赋句云："因知此恨人多积，悔读《南华》第二篇。"李文饶为白香山前辈，因门户之见弃绝之，香山每寄文稿来，文饶多搁置箧中不阅，或询之，答云："阅之则回我心矣。"亦可见其衔恨之深。愚谓令狐、文饶均位居宰辅之任，爱士怜才本为天职，乃一则挟牛李之党见，恶之如仇，一则拒幕僚之谏言，愧而成妒，此种偏私，根本未能化除，实由于器量未能宏远。贤者且然，况其下者乎？

吴大澂疏请抗日

吴君大澂，字清卿，素工书法，篆隶尤精。廷试期前，论者咸谓本科殿撰不作第二人想，不意君忽患痢疾数日，致精神委顿，写策时腕力甚弱，鼎元遂为洪钧所夺得。然各座师均心爱其才，嗣君以翰林院编修累官至九列，简放湖南巡抚。甲午中日之役，有前湘军宿将刘君，富军事学，年虽老，有据鞍顾盼之雄，乃诣君自荐，愿效偏裨，以身报国。君为所动，遂疏请从戎，奉优旨奖许，爰简马步二十余营，整队出关。及抵三韩国境，委定向导，择要扎营，即出示安民，内有两句云："本帅具七擒七纵之能，倭酋有三战三北之兆。"文经武纬，先声后实，足壮军威。布置既周，即分派哨探四出，及至夜分，本军哨探与敌探适相值，突惊传敌军掩至，各营自相溃乱，退二十余里始止，虽未大有伤亡，而士气已馁，不得不出于议和之一途，割让台湾，赔偿军费，李鸿章与翁同龢遂为议和全权大臣。御旨对君云："姑念疏请从戎，志切御侮报国，从宽议处，着仍回湖南巡抚本任。"书生谈兵，恨未能对强邻痛加剿灭。蠢尔岛国，远则明代戚武毅公继光所著《纪效新书》，实专以抵御倭人，近则强占我东三省，尤为切肤之痛，可推想倭人与我华世为敌国，刻正在中日调整间，此后或可有亲善之希望也。

临阵为洋教习所制

拳匪肇乱，遭八国联军入京之惨，乘舆播迁，诚孟子所谓"以一服八"也。当日死于是役者，如前山东巡抚李秉衡殉节于宣武门外，侍郎许景澄、阁学袁爽秋为端亲王载漪矫诏杀之，刑部尚书赵舒翘系赐令自尽，此其尤著者也，功罪是非，颇难论定。直隶提督某君，先因督战不力，奉旨革职，令带罪立功自赎，二次与联军接战，该提督奋勇进战，终以众寡之分，遽尔阵亡，御旨有云："多年讲求洋操，原期杀敌致果。乃临阵为洋教习所制，言之殊堪痛恨。该革员力战捐躯，尤深悼惜。着即开复原官，从优议恤。"按拳匪之乱，联军入京，清史载之，无庸复述，予所以节录于此者，实注意"多年讲求洋操，临阵为洋教习所制"二语。昔贤云："前车已覆，后车当鉴。"纵观我国现状，内战不足亡国，惟列强环伺，外侮频侵，恐领土完整、政治独立二语，不克收协约之明效，而门户开放一语，洵足为亡国之主因，自应加紧整顿军事。现闻海、陆、空各军却已兼筹并进，无如战术军略，不取法于德、日即步趋于英、法，在本国境内亦必以重金延聘洋员充教习，结果仅得他国军事上皮毛，即诩诩然自居为军事专家。殊不知学技术于他人，且不肯尽量授以巧妙，何况现代军事，为各个国家存亡生死所关，今如勿问任何国人，概以战术军略之秘奥授之，万一国际不幸发生战争，岂非为本国树多数强敌？以情理推之，各友邦断不至如此之愚，而我国青年军人，偏尽弃祖国固有之兵书，又不能从军略上发明新义蕴、从战术上发明新器械，甘屈服于外人指导之下，吸其糟粕，岂不大愚？窃恐他日必有类似"临阵为洋教习所制"之痛语，唉，悔之晚矣！愿我军政当轴万乞注意及之。

淮阴市

幼年读唐贤"酒酣夜别淮阴市，月照高楼一曲歌"之句，即觉悠然神往。彼时初不知淮阴市究属于何地，殆后应府试赴淮安，始知淮阴市在府城内，偏于东南隅，即为淮阴侯韩信受辱于胯下处。尚有石碑矗立市旁，碑不甚高，上刊"淮阴市"三大字，两旁附刊"国士留芳，王孙遗址"八小字。予徘徊于其侧者久之，曾有感赋句云："空有遗碑勒字存，门庭何处访王孙。今朝我过淮阴市，买醉高楼与孰论。"

异光是否星光

予在童年，已过腊月祀灶之夕，晚餐后，先大夫锡朋公呼令随往浴堂。敝庐世居本市文曲沟北岸，因距浴堂不远，无庸笼烛。出大门方行数十步，忽天空明亮，如月当头，惊骇仰观，则云开见月，大是初七八新月之状，一闪光即敛，先大夫晓予云："恐主来年大旱。"予按其形式论之，绝似一眼，殆俗所谓"天开眼"也。民国癸酉十月廿三日下午七钟后，时已万家灯火，突见天空发见白光，附有红光，末后光色灰黄如烟雾，且行时有声沙然在空，照澈远近如白昼。当时万众聚观，惟其光猝然而来，飞驰而过，莫能形容其何状，逾刻接南京无线电云："顷有强烈亮光异星一颗，由北向南，光芒四射，疾驰而过，尾长数丈许。路人皆见，莫不诧为奇异。"此为予六十余年来所见之第二次，是否星光，尚未敢论定也。

吴县书办

前清吴县有蠹书某，声名恶劣，为害地方，值端方为江苏巡抚时，访闻得实，曾经通饬拿办。后端离苏抚任，阅时未久，某竟化名捐纳佐杂职，以典史分发陕西试用，循例应呈请本省藩司给咨前往。当时藩宪，予回忆似是樊樊山先生，随奉批云："尔非吴县书办，经端抚宪通饬查拿者乎？而今也做起典史来了，所请给咨赴陕候补之处，准如所请行。诚以仕途滥杂，如尔者何止一人，去尔一人，不过污潴中去一勺之泥；留尔一人，不过大槐中添一蚁之蛀。"言之慨然。此可见清末宦途实有不堪论及者，人民国后当然廓清此种积弊，乃袁政府时代曾有通饬文云："近来吏治混乱，流品不齐，贩夫走卒亦绾铜符，仆隶优伶亦膺民社，殊属有乖政体，即应通饬严加沙汰，以肃官常。"其滥杂更甚于清末。党治以来，整顿仕途，严格遴委，近多出以考试，尤见慎重吏才，与民更始。然才德兼备之员，自古即不易觏，何况今日！操守是否可信，廉洁能于造成，证以近时目见耳闻，所谓"今吾于人也，听其言尚须观其行"。

各带土宜

从前疆吏发号施令，动关亿兆之安危，即偶尔通权达变，亦必酌乎情势之宜，有适中办法，方可收恤民之效。洪杨一役，南京省垣初克复后，百业凋敝，瓦砾堆触处皆是，市面萧条不堪。时曾文正公为两江总督，因奏请于冬十一月举行本省乡试，一以慰藉士心，一以广示招徕，隐培地方元气，并先期通示各县应试诸生，准各带土宜，以资津贴旅费，可谓法外施仁，体恤士民备至。本科系江苏巡抚李鸿章入闱监临，头场微降雨雪，诗题为

"桂树冬荣"，而上下江产盐县份，士子以带盐为多数，聚宝门、水西门外，试船衔接数里，盐包有明堆于河干者。曾公一日减从乘舆，游览各门，见男女老幼提筐把钱，往来络绎，或论价，或给款，或秤盐，环集沿河一带。曾公掩口微笑，令舆夫轻驰而过，洵古大臣以安社稷为悦者也。庚午科试期，两江总督为马新贻，萧规曹随，意非不善，乃办理稍有变更，即以恤民之政转以害民。曾公准各带土物之告示，系在各县考生动身期前半个月，以致为期迫促，猝不能收集多物。新贻于五月间即布告两省准各带土宜，及至武生赴省，而大帮盐船数百只咸集于仙女庙大涵子之上，五台山缉私营忽侦悉，急调炮艇多只，拦河堵截，坚不放行。武生恃力抵抗，兼有武器，即严阵整备欲冲过，俨成敌对形势。炮艇不得已开炮抵御，其时开炮尚须用线引火，炮尾垫有阶级式之木座以支炮之低昂，便于瞄准。哨官瞥见炮已着火，恐酿巨祸，急跃至船头，一脚踢去炮尾之木座，则炮尾低而炮门高仰，一炮向空放出，流弹将武生仇茂森击毙，遂演成私盐拒捕一惨剧。当事即以仇为聚众抗官之首，业经当场格毙，将案奏结。自是每届乡试，击毙仇茂森一案，例出皇皇示谕以儆众人。疆吏之措施，可不慎哉！今日之省长，类似昔日之疆吏，可不鉴哉！

苗沛霖

苗沛霖本前清诸生，始授徒于家塾，颇郁郁不自得。天生枭桀之雄，即偶尔发为文章，亦复拗狠异常，尝有《咏石》诗二首云："精金朗朗耀三台，辱没泥涂实可哀。知己纵邀米颠拜，摩挲已屈补天才。""位置豪家白玉兰,终嫌格调太孤寒。何如飞去投榛莽,赚得将军当虎看。"自然流露,借题写怀,奇肆惊人,不能不佩其另有一种才智。后人捻军中推为巨酋,与张洛行、赖文光等各带十数万众,扰乱北数省,清军疲于应付,当时未及与发军切实联合,否则清室早亡于四十年前矣。苗在安徽省曾投诚于清军,当事者认为真降,即由省垣派道员四人前往接洽,苗设盛筵款待,遂将四道员即席杀之。曾文正公致九弟沅浦书云:"苗沛霖踞寿州复叛。"此语曾载入文正家书中,可见苗之来降确有其事,惜文正未能察其诈降,遂为所欺,冤矣哉四道员也。

蒋式瑆侍御

清末亡国之主因,当以慈禧后垂帘听政为始,次则诸亲贵政以贿成。朝廷之上有市道焉,量缺肥瘠,为价重轻,国用告匮,漠不关心,议设人清银行,招官商入股,月息给以八厘,而应者寥寥。庆亲王有私款数百万,拟存汇丰银行,该行表示不愿接受。御史蒋君式瑆侦知之,乃据实劾参,谓"奕劻有私款若干,拟存汇丰银行,数往返始允收存,月息仅给四厘,为利亦薄。请旨饬令该亲王移入大清银行,月息给以八厘,于该亲王私产亦属有裨,岂非公私两便"。旋奉旨饬尚书鹿传霖曾同该御史前往查明,复奏核夺。查汇丰银行纯系外国人资本,往查时态度颇强硬,经理答称:"银行账目向不示人,亦无庆亲王奕劻存款之事。"复奏奉朱批略云:"御史虽准风闻言事,似此名誉攸关,亦未便轻率入奏,该御史着回原衙门行走,以示薄惩。"未几奉御旨着派蒋式瑆巡视南城。可见两宫当时为顾全奕劻颜面计，故薄惩蒋君，未逾月又钦派蒋君巡城差使，是对于蒋君可谓寓奖于惩，对于奕劻之行为亦属明知故昧。其时沪报详载两奏折，并附加按语，均连称蒋侍御则传矣。

金圣叹

金人瑞，苏州吴县人也，相传其父亦清代诸生，闭户授徒，生瑞之夕，塾中所供至圣孔子神位旁若有人大发叹声，故号"圣叹"。托弛不羁，有才无行，好批评说部，文笔翻澜，有剥蕉抽茧之妙，君子每讥焉。性好侮慢神圣，尤为不敬之大者，故卒陷大辟。据传者云，一日观音大士降坛，瑞居然问及妇人隐处作何状，乩判词四句，后两句云："无知小子休弄乖，是尔出身所在。"关帝临坛，瑞乃敢问及被杀时痛苦若何，乩示有"尔十年后便知"之语。后因吴县诸生十六人抗粮，瑞实被众要入，时适有海寇一案，吴县知县遂将诸生纂入逆案，均论斩。将刑日，其子先来哭别，瑞乃从容不迫，以"莲子心中苦"句命子属对，莲读为连，双关语也。子方痛父被杀，猝不能对，瑞代对云："梨儿腹内酸。"梨读为离，亦双关语也，可谓巧矣。临刑笑而大声曰："断头天下之至痛也，圣叹竟以意外得之。"复口占云："炮响催魂去，刀开血染沙。黄泉无旅店，今夜宿谁家。"较文文山公临刑之口占四句云"浩气还太虚，丹心照千古。平生未报恩，留待忠魂补"，真有天渊之别矣。按《宋史》附注有云，文山公就义时，第四句仅吟得"留待忠魂"四字，头已落地，口中喷出鲜血在地上成一"补"字，其精诚可谓至矣。死或重于泰山，或轻于鸿毛者类如此，惜哉圣叹也！痛哉圣叹也！

骂攘鸡

（此稿前已经《申报》选登）

昔陆放翁家蓄一鹦鹉，忽失去，曾赋句云："低飞常恐为人得，竟去何须报我知。"放翁真可谓豁达，有置得失于度外意。予乡姚叶唐先生，系乡榜副车，性耿介，作诗颇有风趣。一日失去家鸡，知系邻人所攘，戏赋句云："忙教稚子寻三日，也学村婆骂一场。"令人阅之失笑。予于甲戌春来沪忝作西宾，瞬经两载，八月四日，忽被盗窃取夏衣四件，破旧棉衣未取，予亦赋句云："黑夜来宾惭失迓，青毡旧物感承留。"当即报告捕房亦无效，予不独不骂之，而且感之也。

先正典型

杨士骧字莲舫，原籍本非淮安人，其尊人杨殿邦先生曾为漕运总督，遂留居于山阳。关忠节公天培亦山阳人，其后嗣兄弟因争袭爵，控于漕督，鏖讼不休。杨公念其为忠勋之后，乃将互争之案改为互让，请旨定夺。上嘉其互让，不愧忠义之门，并赐袭爵。即此一端，可推想杨公生平多阴德。生子四，均掇巍科，予赴淮应府试，曾数过其门。厥后士骏官浙江监司，士琦官侍郎，士骧官至直隶总督，卒于任所，赐谥文敬。山阳丁衡甫先生时官山东巡抚，调四川总督，未赴仕即请病假回籍，当送士骧祭幛一帧，题"先正典型"四字，系本《诗经》"虽无老成，人尚有典型"之义意，而神经过敏者遂发生一种异议，谓四字含有调笑意。查从前御旨中原时有"着即先正典刑"，奏折中亦偶有"业经恭请王命，先正典刑"云云，所谓应用之当时语也。且型与刑异，虽古通，可无土字，而祭幛上却有土字，未便以谬解吹求之。可见无心文字，竟阴动有心之误会，致议论横生，几成嫌隙，文字间可不谨哉！

贝叶经

（此稿前已经《申报》选登）

汉时西域无纸，即中土汉纸，厚如丝织，不易运至西域。按西藏古多贝树，叶大如芭蕉，可以代纸，正如僧怀素种芭蕉作纸也。写经文多用贝叶，又称经文为"梵筴"，宋人有"贝叶应多此处翻"之句。然贝叶经多伪造而真迹绝少，不独珍若球图，稀有亦如《广陵散》矣。吾盐提督军门祁公子修，以御前头等侍卫，曾任云南总兵，与海州苏提督德海为儿女姻亲。苏军门家旧藏有古贝叶经一部，计八十余页，袁项城秉政时曾悬重金购求，复派员物色至苏府，请一观，认为真迹，愿出价五万金，苏府坚不肯售。原经曾寄存祁府，予亦乘机前往一观，后仍归苏家。贝叶长约尺余，宽约三寸，原贝叶未必作如此样，想系当时加以剪裁，故能一律。色灰黄，叶软如绵，又疑当时或另加以炮制方法，所以能经久而不稍破裂也。向日照之，内有细纹如蕉扇状，决其为生就植物，非出自人工所能造也。经词系用西藏文横写，究竟有何用处而宝贵若此，予固不解藏文，亦不留心内典，不敢漫加评议也。

苍蝇虎

动物无巨细，皆各具有天然技能，乖巧殊不在人谋下，其理不可解也。虎卑其势，将有击也；狸缩其身，将有取也，固也。若苍蝇虎则其细已甚，其力亦微，乃对于捕蝇竟具有特长，种种方法雅合军事家知识，故宜冠之曰虎。瞥见有蝇飞落，即蹑足潜踪驰往，不取直线，多取曲线，由远绕道而前，并不攻敌之正面，或环伺而袭其背，或攻其侧面，距离在二三寸之间，即蓄锐伏而不动，令敌熟视若无睹，然后突出其不意而击之。蝇或先与之戏，时飞起，时仍落故处，作左顾右盼状，而蝇虎则狙伏如故。大约蝇虎见蝇不轻易击之，审慎后发，故击则多中。捕时不抟之以爪，惟噬之以钳，捕得寻常之蝇，仅能鼓两翼呜呜作乞救声，大蝇被捕则鼓翼挣扎，随地逬跃图脱走，蝇虎亦随之逬跃，紧贴之不稍松，逾刻则蝇疲而僵矣，蝇虎乃举重若轻，从容衔之驰去。按蝇虎殊不大于蝇，且能以小捕大、以走搏飞，辄足制其死命。噫，异矣哉！今日世界之人类与国际，居然有以小侵大，辄能制其国之死命，不尤足痛矣哉？

金国灿

专制时代，州县官本七品阶级每加五品虚衔，其威权即能熏灼人思之可恨，有时亦可以快人意者。扬州有评话家金国灿，以说《平妖传》最著名，时有谚云："要听金国灿，不要吃中饭，吃过中饭没处跕。"可谓盛极一时。每当夏秋间，富商宦家，好于晚餐后招往说数段书以消遣，非多金预订，灿尚不易惠临。一日有前两淮都转之公子某，偶来广陵访旧，闻灿名，命仆往邀，灿竟托词不来。某公子大怒，翌日片书数语，"金国灿在某茶园高搭板台，妖言惑众，希即酌加惩儆，以端风化"云，送至县署，江都县奉片后，立饬差提灿来，笞责一百板。所谓"妖言"，即指《平妖传》也，从此无人过问，灿遂愤闷以终。

饶汉祥

饶君汉祥字宓僧，鄂省人，前清甲榜也。工骈体文，警饬雅隽，不同凡响，洵堪独步一时，人亦纯谨敦笃。黎大总统聘为秘书长，待以国士，遂相从以终，黎退居津门时，君亦相随。予客清江护军使署，曾因事与通讯两次，文笔典赡风华，足征名下无虚士。段芝泉执政时，电请君出任参政，谢电有云："时非帝汉，敢言田客之高；志已报韩，窃慕留侯之隐。"运用雅切得体，不愧名手。厥后郭松龄对奉张倒戈，不知君为何人所误，强令入其幕中，代拟讨奉张通电。郭亦旋被炮兵旅长邹作华倒戈而败，君急图走脱，兵士商令易妇人装，雇人力车单独行，未及走，已被俘获，张雨亭闻而大笑曰："大名鼎鼎之饶汉祥竟为俘虏，真是出人意料外的事。"即示意部下纵之归，并给以相当途费，君一再婉却，奉方一再推诚赠予，雨亭总司令此举大是英雄作用。归后未几即病卒，家境异常萧条，黎总统赙以五千元。君遭际之隆，虽未克才尽其用，较之高阁之空函、深山之远志，固已附骥而彰矣。

李纯自杀

李纯字秀山，津人也，微时佣于鱼行，及遇机能自崛起，累迁至江苏督军。后忽以自杀闻，其事颇类烛影摇红之疑案，当时论者既莫敢明言，而暗中推测，宁河某氏嫌疑甚深，不仅有蛛丝马迹之可寻，亦正如匣剑帏灯之可指，好事者又刊《苏民泪》一册以佐证之。曾参三杀人，其母亦将惊疑投机而起也，以纯之环境与心理论，实无逼迫其自杀之缘因。由赣至苏，事均顺利，且有丽都如夫人者四人，纯暇则消受艳福，袁项城知其多内宠，曾荐清宫太监四名与纯，以供其邃室香巢之驱使。纯以一督军俨然享有帝王之尊贵，其乐且无央，及允南北议和代表，全国固引领仰望，双方亦群相信从，诚所谓荣幸事也，即使调解不成，代表亦无愧愤自杀之理。事后据内部人员漏出消息，言纯在未杀之一周前，曾有德国造手枪一枝发交制造局修理，越数日，又下手谕催其速修，此一点似可为自杀之证明。时总统为徐世昌，参核遗嘱各件，亦认为自杀无疑义。予亦平心论宁河某氏之为人，窃谓曾参到底未杀人，惟纯之弟名馨，字桂山，拥厚赀几二千万，大约系醇酒妇人，酣嬉醉饱者流。对此事所最疏忽者，当时何不详加检验，自杀人杀，凭《洗冤录》自能纤隙皆明，何致如烛影摇红，流为疑案？或曰纯之死实为其马弁某所戕，帏薄不修，急兔反噬，恐彰其丑，故托言他事自杀也。

马新贻

马新贻字榖山，以甲榜作牧令，值洪杨之乱，由军功累擢至封疆。在两江总督任，因谋占友妾小荷花，用计杀友，卒为张汶祥所杀。时江陵藩司梅启照暂护督篆，曾文正公由直隶督任调回两江，与钦差大臣郑敦谨会讯张汶祥，未肯照原供转奏，竟坐张以凌迟罪，将案奏结。嗣文正入觐，陛见时，两宫垂询及"马新贻之事岂不甚奇"？对曰："这事很奇。"又询"马新贻办事很好"，对曰："他办事精细和平。"可见马之为人久邀两宫眷注，在当时疆臣中可推为能者。鄙意谓在前清既为督帅，何求弗得，即举大梁城物色一美妇人亦非难事，乃竟使用卑劣手段，致结此恶果，思之甚不值得，岂不可惜！其时发逆甫平而总督忽被杀，殊骇听闻，省垣全局震动，立呈扰乱状况。上元知县为万青选，即由盐城县任调署上元者，该案初发生时凶犯猝未能获，为县令者奔驰应付，身命几有刻不能全之势。案结后，上海戏园编成《刺马》一剧，初演时，观众致无容处。饰上元县者为丑角，冠带欹斜而出，胁肩谄笑，状若夏畦之病，鞠躬摇首而言曰："孽重为州县，像煞磕头虫。下官乃上元县万青选是也。"时青选本人适在座观剧，见之骇绝，私谓此种丑态流传后来，讵堪入目，将衣冠摹绘，永留嬉笑于俳优矣。不得已仍与原编戏者婉商，并奉银三百两为寿，始蒙允改为正生。予之母舅万公小丹即为青选受业门生，言青选暇时每慨谈前事，云："宦海多风波之险，州县官尤不易为也。"

吴梅村与吴三桂

（此稿前已经《申报》选登）

三代上人患好名，三代下人患不好名，孔子垂教，以没世不称名为疾。名之为义大矣哉，陶太尉侃尝慨叹云："生无补于时，没无闻于后。"羊太傅祜登岘山，垂泪云："古今贤达，登此山者何可胜数，当时则荣，没则已矣。"此贤哲之好名也。桓温夜抚枕叹云："大丈夫不能留芳百世，亦当遗臭万年。"贾颋自知所为不德，每忧身后谤传，难逃史笔之诛，此权奸之好名也。大凡古今知好名之人，对于一切败名之事，自必有所顾忌而不肯恣意妄为，苟不好名，不独荡检逾闲，即失地丧师辱国之耻亦恬然安之而不以为非。吴三桂忘君父之大仇，辱身事虏，其人固不足责者也，一日阅及吴梅村所作《圆圆曲》（圆圆系三桂妾名，姓陈氏）有云"痛哭六军斋缟素，冲冠一怒为红颜。若非壮士全师胜，争得蛾眉匹马还"，又云"妻子岂应关大计，英雄无奈是多情。全家白骨成灰土，一代红妆照汗青"等句。三桂读竟，汗流浃背，惶愧几无地自容，乃派员密赍万金往谒梅村，请将此数联删改。三桂可谓固有之天良犹存一线者矣，较之"笑骂由他笑骂，好官我自为之"者流，尚觉此善于彼。奈梅村既不受金，复不改诗，此其所以为诗史也。三桂又有复其父吴襄书二则，（一）"奉谕云陈妾骑马来营，如此青年女子，岂能令其远道独行，父亲何以失算至此"；（二）"来谕云，以时日计，陈妾当已抵营，何曾见有踪迹？呜呼哀哉，今生不可得而见矣"。附录于此，是三桂之重视女色而轻弃君亲也，益信矣。

贝勒载涛

贝勒载涛，本清室中一穷近支也，性好演武装戏，曾因演《花蝴蝶》一出，致跌伤头部，遂请病假，不敢朝见，其冥顽竟若此。清季厉行新政，正是残灯复明之象，将六部议改，于吏、户、礼、兵、刑、工之外加添学部、海军部、邮传部、农商部，共成十部，涛因得派充海军部总长。任职以来，假公济私，历半载余，宦囊积七百万金，可谓极搜括侵渔之能事矣。江北提督雷震春，知涛总军政，且知其爱金钱，欲巩固己之位置，乃派员携银五千两赴京报效，不料去员颠顸异常，将函银直送至海军部，致败乃公事，遂泄于全部人员。涛闻之恼羞变怒，即以公然行贿，有玷清名，据实劾参，旋奉严旨革雷职，永不叙用。继其任者即为段祺瑞，据称奉暮夜金于亲贵，起码须以万计，今雷乃以数千计，固无怪求福而反得祸也。涛长部两年，家赀几逾十万，民国成立以来，遂挟赀蛰居天津日租界，面团团作富家翁矣。嗣因乾隆与慈禧之陵闻为孙某部下所掘，须款修复，宣统即召涛来商，向之挪款。涛甚称生活刻已难支，无款可挪，奈宣统时已成废帝，苦无法以处分之、惩办之，乃大唾其面而痛骂之，涛亦默然甘受。敛款如彼其多，用款如此其啬，满人竟生此种贪鄙陋劣之徒，其亡国也宜哉！

器 小

清道光朝有高捷南宫者（宋代考试进士多在南宫，其名遂沿称于后）请假荣归，道出山东临清，过一野外别墅，亭榭耸出，竹木翳如，风景幽雅，复绝尘嚣，遂投刺请谒主人一游览焉。随速客入，见一翁须发皆白，虽简朴不华而道貌岸然，雅不类乡僻中人物，终以己系少年新贵，意气自豪，睥睨一切。坐谈未几，即微露捷后假归意，翁既讶且笑云："原来与长孙本科同年。"于是接谈益洽。忽一童子来室，年约十三四，眉宇朗澈，举止大方，乃翁之幼孙也。即命与客见礼，问答间应对颇敏捷，随令煎茶供客，因问其连日在塾，师授何课程？童子以作诗对。翁不信，训以不可过事嬉游，有荒学业。童子坚称并未自荒功课，翁笑曰："果如所云，即以煎茶为题，作诗给吾阅。"童子爱操笔沉吟而书云："向来冷落无人问，一炬柴薪气便高。器小不堪成大用，两三杯水作波涛。"借题寓讽，不脱不沾，固不仅足警诫当时之新贵己也。如疑诗系夙构，则何以预知有此不速之客来，须托词示讽耶？童子竟能默会当时情况，信不凡矣。论者谓姓名俱不传，或出于讽世者之寓言，然《庄》《列》诸子文字诙奇，大都寓言十九，留以示今后之本无学术而器小易盈者，正可作当头棒喝也。因录存之，警人兼以自警也。

冯玉祥之题句

冯玉祥氏字焕章，皖人也，在军阀中久推为稳健分子，于沉毅中特饶智略，军队之纪律与战力可称优异，对于计划戎事、驾驭人才、应付外交，咸敏捷而周到，其廉洁自持、俭约自奉，脱尽权要人习气，尤为难能可贵。论者每议其与人共事，间有不推诚处，殊不知兵家要诀，闭门如处女，出门如脱兔，以冯氏军事知识素高,具有天赋特长,神速机密,其与人合或非真合,与人离或非真离,而局外不能领会,辄疑其或不推诚,所以冯氏旧部,年来袍泽之谊久而益坚。近因抗日工作事与愿违,仍居泰山五贤祠,以诗文自娱。本年六月初游鲁东、胶青一带,每过繁盛地方,与各界人士晤谈,多演说暴日侵略情形,语均沉痛动人,留有题句云:"救民安有息肩日,革命方为绝顶人。"词意慷慨激昂,富有责任心与唤起力,大堪玩诵。冯氏可谓将军不好武,雅能以诗寄意,非同于偶赋闲情也。甲戌六月抄志于沪寓。

韩昌黎

昌黎文起八代之衰,学者仰之如泰山北斗,读其《原道》、《辟佛骨表》诸篇,洵为孔门护法,吾道功臣。考春秋以降,谥法中单谥"文"字者绝鲜,新安朱熹单谥"文"字,后人称朱文公,昌黎亦系单谥"文"字,后人称韩文公。俞曲园先生任河南学政时,以唐儒韩愈上绍孔孟之道,功在宋儒朱熹之前,请援朱熹例,亦以韩愈配享孔庙,升列十哲之次,未获邀准。元儒刘因论宋代理学名儒有云:"程至正也,周至大也,邵至精也(谓程伊川、周茂叔、邵康节三子),朱子极其大、尽其精而贯之以正也。"愚按昌黎文章极谨严诙奇之致,似过乎朱子,而朱子之学邃密纯正,为孔孟以后诸儒所未易几也。

军中回顾

仆滥竽戎幕逾十年,苏浙之战、苏奉之战及剿匪各役,多囊笔奔走行间,躬临火线,帐篷濠沟中生活,迭经尝试,有感赋数绝句云:"野帐分栖即是家,飕飕扑帐响风沙。一钩遥挂关山月,绝少边城夜半笳。""木绳为架布为门,团坐如床藉藁温。官佐士兵都莫辨,睡时席地食时蹲。""羽檄飞书正此时,墨磨盾鼻未容迟。只余一事堪称快,弹雨枪林卧咏诗。""隆声是炮嚢声枪,血肉横飞又一场。酣斗情形如在目,健儿团坐说来详。""人民迁徙半离家,风鹤惊传夜尚哗。我本孑然无羁恋,隔濠任听炮开花。"每朗诵一过,犹想见当时情况云。

南京蒋二驴子

日前《申报》载有《蒋骡子后裔争产涉讼》一则新闻,略称南京有蒋骡子者,其孙蒋云阶,没后遗有一女并一妾,妾曾另生子女,遂霸勒财产,前女因在沪控争遗产。末云蒋骡子当洪杨时代,被虏入军,因系粗材,迫令任牧放骡马之责,久之,发军搜得财物,率以骡马驮载他往。后至一巨镇,所驮悉属珍贵宝物,监督兵士稍一松懈,蒋因乘隙将财物俱倾于深潭中,默识其四周地址,纵骡他逸,己亦远逃。事平后,复往前地认明,设法捞取,将财物运回,遂成巨富,事将百年,首都人犹津津乐道云。报载如此,与予所闻于江宁友人者,颇觉歧异。按蒋骡子实系蒋二驴子,非骡子也。予却另有一证明,当洪杨军败灭后,在清同治时间,蒋年尚幼仅识之无,时父母与兄先亡,兵燹之余,无可觅食,即代磨面坊与豆腐店看放驴子三数头,藉博微赀糊口。蒋放驴只多至孝陵卫一带,暮则驱归,各还原店。先是,彭刚直公水师中有一带舢板之哨官，历搜得金珠宝物，为数甚夥，埋藏于山麓，终恐不妥，乃密于乡僻处造一夹板底大舢板，将金宝悉储于内，以灰油封固完好，开来省垣，知者绝鲜，只有该哨官之亲随差弁知之。未几该哨官等均病没，舢板为他人所乘，不知其底蕴，兵事久平，此舢板遂委泊于孝陵卫附近小河内，经多年日炙雨淋，船身朽败不堪，益无人顾而问之。蒋于午后放驴时，任其龀草涧边，毫无所事，辄奔入破船内小睡数刻，习以为常。一日睡起将晚，见船之裂缝处放出异光，按此项巨额财物，当然须乎命所应得，非侥幸者所能攫取。其时蒋亦福至心灵，知为宝物发见，遂分次携归草舍，致成巨富，甲于省城。后并独建钟英学校一所，门闾大启，报捐职衔，俨然富绅矣。当时有人以诗嘲之云："水晶顶子挂朝珠，暴发横财用仆夫。记否灞桥风雪里，扬鞭高唱脚都都。"按"脚都都"为北方旱道上赶驴声也，兼之"灞桥风雪"四字，均可作驴子上详确之证明。蒋本行二，众因其由放驴子而发祥，遂奉以"蒋二驴子"之绰号，其非骡子益信矣。甲戌七月并识于沪上寄庐。

左宗棠

左宗棠字季高，在清同治中兴时代，决策运筹，体国经野，可推为勋臣中有数人物，然素具竞胜心，较彭刚直之恬退、胡文忠之协和，殆不如之。先是，左氏以举人客骆文忠幕中，久之因事牵连，奉旨饬两湖总督查办，某督即咨骆公解送左至武昌对簿，欲加以不测之威，经曾文正、胡文忠分奏代白，并保荐其才堪大用,事因得解。旋以四品京堂发交曾文正军营委用,后名位几与文正埒,复有不甘居下意,文正度宽如海,概优容之。一日宴集,文正戏出联令左续对:"季子才高,与人意见辄相左。"嵌明"左季高"三字,亦偶寓调侃意。左对云:"藩臣谋国,问他经济又何曾。"亦嵌明"曾国藩"三字,可谓工力悉敌。后文正薨逝,特旨予谥文正,左闻之愤然对部下语曰:"他谥文正,我们将来还要谥武邪呢!"其自负而不肯居人下如此。后在陕甘总督任,忽奏请简派大员接署督篆,臣拟来京会试,言属员中甲榜甚多,臣每对之怀愧云。两宫以陕甘接近边疆,地关重要,该督未便擅离,着赏给贡士,准其一体殿试,并将试卷试题驰寄督署,无庸来京。寻点授翰林院检讨,没后因得谥文襄。其实何必争名若此?彭玉麟谥刚直、曾国荃谥忠襄,其勋业威望殊不在左文襄之下。调署两江总督阅兵至清江浦,知山阳有瞽者汪志秋,精子平术,当时督抚耳其名,大半曾经汪推算。汪虽系瞽目,出言具有特长,随机应变,婉曲动人。左在舟中召汪谈命,汪云:"爵相位极人臣,功盖寰宇,命格与李傅相无少异,惟有一事不如傅相。"左惊问为何事,汪徐徐微笑对云:"傅相富能敌国,爵相富不能敌国。"汪盖暗夸其不爱金钱,左闻之大笑数声,遂给命金二百元辞去。有知县某参谒,时左已由协揆拜东阁大学士,属员晋见例称中堂,左以中堂与宗棠同音,深恶人称之,某县不知,谈次连声称"中堂恩典",左冷笑作色云:"予号季高,请老兄喊号吧。"该县惶恐无地自容,而左之令人难堪有如此。

大鳝鱼

予乡濒海，距所居十数里外即见出盐场，土人以草煎盐，称为灶丁，又称为煎丁。张融赋海遗盐，续添四句云"漉沙构白，熬波出素，积雪仲春，飞霜暑路"，即指此也。有灶丁陈某仅夫妇两人，与七旬余祖母同居，勤苦不懈，尚堪自给，一日于坞子旁获得大鳝鱼两条，坞子即深塘，储淡水以供饮料者，凡灶丁家均凿此塘，呼曰坞子。两鳝鱼长逾三尺，粗于儿臂，一重五斤，一重五斤十余两，因祖母喜食之，遂蓄于大瓮中。偶值大雷雨，忽飞去其一，灶丁夫妇商量，恐此条再飞去，遂煮以供祖母午餐。食未毕，祖母突委顿于地，气息仅属，惟胸部尚微动，知其未死。夫妇哀痛，深悔大鳝必有毒，不应煮食，历一日夜忽苏，惟称身痒难搔，令灶丁以小木棒遍挞之，既而周身坟起小瘤，祖母渐复常态，强健逾于往年，后寿至百有八岁仍健在。时予方整装赴袁江，奔走于军政界，不知其于何时逝世。按鳝鱼本为补品之一，大以斤计者已不易得，况重至五斤乎？取鲜血和酒吞之，足以强筋骨、增膂力，拳技家每物色大者，灶丁祖母，其必食此异常难得之补品而获享修龄也。

公鸡生蛋

二十三年一月十二日盐城《民声日报》刊有海门悦来镇朱姓农民家公鸡生蛋一则，谨按此事极不为异，惟不多见，袁子才《新齐谐》曾载之，纪晓岚《阅微草堂》亦载之。其大如大指顶，形似闽中落花生，不能正圆，壳外斑点或有或无，向日映之深红如琥珀，合药以点目眚甚效，一枚可值价十余金。然虽罕见，亦可以人力造成。择肥壮大雄鸡一只，置竹笼中，纵群雌于笼外，使之相近而不能相接，久之精气抟结，自能成卵，于理可信。然鸡秉巽风之气，故有外症者须禁忌之，犯之则必动风发毒。盛阳不泄，郁积而成，自必蕴热毒于内，语所谓无毒不成胎之意，何以反能明目？《本草》既未之载，医经亦未之详，惟蕴极热于内而性则转凉，所以能明目，因目疾多由肝热之故也。古今来寒热、阴阳之物性，有偏胜而无偏绝，极热之物造其极则性即转寒，极阴之物造其极则性即转阳，所谓奇暖者冰霜，最甘者药石也，敢以再质之当代格物家与医学家。一月十四日雪夜草。

翻不得

至诚之道可以前知，国之成败兴亡必有先机之兆，善卜吉凶者可以理推测之。壬、遁、星、禽，作者之谓圣，述者之谓明，亦必有至理存乎其间，不得屏为谶纬术数之学。幼闻河南某县曾掘到大石碑一，平覆于地，上刊有"翻不得"三大字，掘得者疑碑为镇魔之用，其下或为凶祸所关，遂不敢翻。传闻所及，观者愈众，有识者决其可以翻阅，遂招数壮夫力举而翻之，亦系刊大字两句云："教你莫翻你要翻，大清光绪三十三。"余无他字，亦不知其埋藏于何年，其时约在光绪十三、四年间也。嗣宣统继承时正光绪三十四年，碑中所谓"三十三"者，盖谓其不得过三十四年也。又忆予儿时偶与诸邻儿嬉游，每唱"要得大清灭，天下路成铁"两句,亦不知此语来自何处、创自何人,群儿竞相歌唱。家庭间或乡父老闻之,立加叱斥,恐诸童无知,以言招祸也(谨按此类童谣,据史册所载,云系上天荧惑星下降,化为红衣小儿,教群儿唱,不数日间即一唱百和,此言未知可信否)。后清廷议筑铁路,刘星使使英甫回,先建议阻之,彭刚直公又专疏谏阻,当时赞成、反对分两派,各执一说,其条议均刊入《皇朝经世文编》中,几经周折,始获开办。现在"路成铁,大清灭"之谶已验,言闻诸数十年前,事验诸数十年后,似不得谓为附会之谈,訾其妄诞也。

樊樊山

樊增祥先生字樊山,由翰林历官至藩司,在清季可算一词章名家,继袁子才而起者,然论才华奔放,仍不逮子才。洪宪时代,袁政府授以少卿,樊山谢折有云:"若与远宗嚼伍,已身跻少将之班。迥思西岳峰高,更职比少华之峻。"联中两点"少"字固佳矣,上句切己姓氏,下句切己曾任陕藩,尤见工巧。晚年客居京师,以撰述自娱,有时亦藉文字谋生活。曾于冬月咏柳,用渔洋山人《秋柳》原韵,登报征和,将逾月无和者,复步前韵登报云:"《冬柳》久无诗家赐和,今乃自和之。"予谓樊山此言未免小视天下无人才矣,予按渔洋《秋柳》原韵四首,当以箱、王两韵为最难和,予阅之不禁技痒,即和其四首,其箱、王两韵云:"拂岸有情犹带腊,染衣无汁缓开箱。征途雨雪歌行役,羌笛关山句忆王。"亦曾刊入报端,以下走之诗与樊山相颉颃,诚所谓小巫见大巫矣。一日有京友家行亲迎礼,先生往贺,喜筵将半,众宾请作喜联,要求嵌明"洞房花烛夜"五字，先生允之。久未见其示人，至临行时以笺书联语，投入信封交主人，嘱于明日拆阅，众宾不及待，拆视，乃"洞房昨夜停红烛，深巷明朝买杏花"两成句也。吾邑陈君绍五，亦为当时贺客之一，在袁江戎幕中，为予面述如此。

荷池乳凫

民国十三年冬，客清江护军使署时，由东隅迁至西隅，窗外即大花园，开窗则全园景物都在目。窗距荷池约二丈余，池中央有八角石亭一，十数丈红桥曲折以达石亭。偶于夏夜闻池中有鸭鸣，声甚宏大，类似家凫。因思日间游览池之四周，并未见有家凫梭行花间，至夜则闻其声，久亦置之，不以为异。然初不料野凫孵卵于池中也，偶于夕阳欲下时，正凭栏观鱼，忽见凫雏一行，衔尾绕行水面，见人即避入花深处，约有十数只。家园而来野鹜育雏，大有山林陂泽之风趣，未几见副官处捉得四只，予向其差弁索观，细加审视，与家豢之鸭雏无少异，即劝其仍放入池。嗣又见过一两次，遂不复闻其鸣声，想系翼成飞去矣。或曰为石亭下水獭所吞食，盖水獭常夜至坡上攫食家畜之鸡鸭，则池中乳雏既至团翼时，恐难幸免矣。

随笔辨讹

谢太傅安石，偶值雪天，与兄子朗、兄女道蕴一堂闲话，因问曰："大雪纷纷何所似？"朗对曰："撒盐空中差可拟。"道蕴曰：

"未若'柳絮因风起'。"后人不察，因上二句系七字句，遂谓道蕴亦系七字句。殊不知道蕴实系五字句，"未若"乃商量之辞，言兄"撒盐"之句未若我"柳絮因风起"之句之为得也，此意知者盖鲜。

非熊入帐，俗多写作"飞腾"之"飞"，其实系"是非"之"非"。文王夜梦一物入帐，其状非熊非罴、非虎非彪，不知主何吉凶，即召散宜生卜之，云主得贤臣，而戏场中演《渭水河》一戏，于入帐之非熊且附以两翼，则更误人非浅矣，质之高明以为何如？

读史随笔

魏徵在太宗朝，直言极谏，可称唐代贤相，惟其品学不甚纯正。徵初为建成、元吉之府僚，建成、元吉败后，徵始入秦王府，厕十八学士之列，太宗登极后颇加优礼。一日趋朝，太宗适把玩一佳鹞，见徵至，急匿于怀，徵故奏事久之，鹞竟死于怀中。徵既为宰辅，见太宗手把佳鹞，即应直谏，请以禽荒为戒，不可玩物丧志，方不愧为骨鲠之臣。故令鹞死于怀，太宗仍不知鹞之不当蓄也。皇后崩，太宗思之切，乃作层观于禁中以望昭陵。偶与徵偕登层观，令望昭陵，徵故作不见状，太宗遥指云树尽处，令徵凝神望之，徵忽作猛省状曰："臣以为陛下望献陵耳（高祖李渊陵），若昭陵则臣固见之矣。"太宗闻之愧不自容，痛哭为之毁观。太宗作观之始，徵非不知，乃不谏阻于先，而此时竟为谲谏，宰相固应如此耶？太宗造苑成，召徵拟联句，徵作联云"大江东去，浪淘尽千古英雄，看楼外青山、山外白云，何处是秦宫汉殿"，下联云"小苑新成，莺唤起一帘春色，对溪边绿树、树边红雨，此中有舜日尧天"，上则有讽刺意，下则有阿谀意。徵虽为河汾弟子，终觉其学术不纯，在褚遂良、狄仁杰之下矣。

张学良

张学良字汉卿，其人亦聪明岸异之选。乃翁被炸后，袭其余荫，获握重兵，其威力已能贯注山海关内外，可谓善读父书，不愧少年英俊、北门锁钥，应非异人任。既不容强邻或有窥伺与侵略的诡谋，奄存一息之溥仪尤不容其有驻足地。奈张氏逼近东邻，乃翁突遭暗杀后，仅侧重外交亲善政策，未专注内部防御事宜。予在民十七、八年间主笔《盐城日报》时，门生马兴国来谒，适自东洋士官学校毕业回国。晤谈之际，论及张氏年方二十七、八岁，即巍然任东三省总司令之职，意似羡其英年腾达而自嗟时运之不齐。予谓士贵自立，有志竟成，当晓之云："先生三顾诸葛亮于草庐之中，咨以当世事，亮出山时年正二十七。唐末李克用为节度使，带有鸦军四千，当时各藩镇皆远逊其威望，朱温所以不敢遽然篡唐者，正以畏克用故也，其时年亦二十七。安知今人不逮古人耶？况张氏之占形胜，拥强兵，则尤倍于古人。"不意暴日侵略，误于依赖国联，致留失地辱国之隐痛。我国军政实力不充，难于抵抗强敌，固为一最大主因，未便持苛论以绳当局。然予独深惜其正当防卫之力，平日亦未讲求，其时予曾致书张氏，略谓日人劳师袭远，悬军深入，已干兵家之上忌，其侵略野心实为无厌之欲，关系此后华北全部之存亡，请速进攻辽宁以分日人在沪兵力，攻其必救，辽、沪必有其一可获胜利。并同时致书阎锡山氏，谓日人涎视鲁、闽两省，必欲攫得，始克控制黄河一线，扩张伊之海军，敢请乘机协助于关内，以固吾圉。均不报。书生纸上谈兵，本不值伟人之一顾，然言在事先，迥非事后言智，请留吾言以验将来。二十二年春二月，偶志于盾鼻墨余室。

大学士柏葰

清大学士柏葰，咸丰朝宰相也，时端华、肃顺正植党揽权，势焰熏灼，与葰两不相能。葰家有包衣名平龄，包衣者，即家园演剧伶人中头目也。据闻平与葰之某房妾有染，某科顺天乡试，葰被简放为正主考，其妾代平要求拟捐监入闱乡试，葰拒不肯允。一再请求，坚称中式后不再作伶人，因代平接洽，布置入场诸事宜。榜发中式，其时亦未有他异。京都丑角中有刘赶三者，在御班中名最著，触景生情，舌锋犀利，每能令座客哄堂。一日某亲王家堂会，演《磨房十八扯》一出，时平龄亦在座观剧，赶三忽发诙谐语云："众位，莫笑我们戏班中无人才，这位名伶平龄先生就是新科的举人。"言罢意颇自得，适有侍御在座，闻之密加侦查，即据实揭参，遂兴大狱，研讯多月，株连多人，或斩或绞，或遣戍或革职。葰供认受家人求请，咸丰帝亦拟对葰革职遣戍，不欲杀之，而肃顺主其事，坚请依法坐以斩绝。咸丰谓法无可恕，情尚可原，肃顺强奏情虽可原，究竟法无可恕，即请以遏必隆刀杀之，监斩者为刑部尚书赵光。后有人拟联挽之，云："其生也荣，其死也哀，雨露雷霆皆帝泽；臣门如市，臣心如水，皇天后土鉴愚忠。"措词两面俱到，堪称佳构。阅五年后，肃顺亦败事论斩，监斩者仍为刑部尚书赵光，此可见天道好还，又可见演戏之无益也。

洪杨军之前后两联

前清武功之盛，当以洪杨之役为最著。嘉庆川楚之役，蹂躏仅及四省，沦陷不过十余城；康熙三藩之役，蹂躏尚止十二省，沦陷亦止三百余城；洪杨之役，占有至十六省，分扰至六百余城，历时亦十有五载。其时清祚未终，居然危而复安。中如李秀成、杨秀清二王（此均为赐名，与天王洪秀全"秀"字排行）及石达开、陈玉成、李侍贤辈，捻军中如苗沛霖、张洛行、张总愚、赖文光辈，皆天生枭桀之雄，使之纵横于杀劫，武纬文经，俨然大有人在，曾撰有联云："旧主本仁慈，只因吏酷官贪，败坏六七王事业；新君更英武，行见人归天与，收回十八省河山。"味其词意，大有兴王气象，无如政治不良，崇尚邪教，大拂民意，互相猜嫌，致将东王杨秀清惨杀，对于翼王石达开尤加谗忌，遂有日就衰落之势，曾、左、彭、李诸公因得收削平僭伪之功，蔚成中兴大业。曾文正之九弟沅浦，以五万余众围攻金陵二年余，合围后，洪、李残军已成阱兽，不可复振。金陵系十三门，对径长四十余里，居民繁盛，故当地谚语有云"城内外一日所须，百牛千猪万担粮"，其大可知。此时又有人撰联嘲之云："一统江山，四十二里半；满朝文武，三十六行全。"政令既不改良，人才又复杂乱，固宜事业之不克有终也。

孙维中

吾盐孙君维中，邑诸生也，为孝廉孙大鹏之胞叔。孝廉为予之同学老友，曾谈及维中夙精子平术，村塾授徒，不足资生，即以推命糊口于四方。尝推本人之命，言有八抬显宦之希望，惟自顾乃一穷措大，安有此种非分际遇，其理殊不可解，姑笑置之。其时在清咸丰年间，洪杨军崛起已占有多省，维中正奔走于江浙间，忽被伪王独眼龙（该伪王眇一目，故称其为独眼）部下所掳得，按发军通例，遇有三种人多不加杀害，读书人与伶人及成衣，皆选留部下供使令。一日，独眼龙查阅各营，偶见维中，询知为读书人，随派入本营司笔墨，知其吸鸦片，并优给之。经年余，大加信任，所有重要文件皆归维中拟稿。未几南京有开考示谕颁到，杨秀清为总裁，独眼龙遂力荐维中参预考试差，天王照准，维中即摒挡赴金陵，至则以椅轿满缠红绫，十六人舁之行，并有多人前后护卫，接之入试院。应试诸生大半由威胁而来，总裁杨秀清仅出一诗题"四海之内有东王"，得王字五言八韵。有一生前四句云："四海皆清士，何容丑跳梁。人犹怀北阙，世岂有东王。"后此生遂被磔死。维中试毕仍回营，先后瞬经五载，私念命中八抬之运，此其验矣。抵营未久，左宗棠派队袭击，全军溃败，独眼龙死于乱军中，维中因与独眼龙之妾偕逃，入乡僻处暂避。妾挟有金珠重赍，即妍居三月余，又为败兵所劫掠，彼此遂相失。维中不得已仍以旧术博微赀度日，拟由浙向苏，循路逃往江北。时南京已克复，道途渐安靖，商场亦渐有起色，维中遍历艰苦，屡濒于危，方逃至镇江。正拟觅船渡江，突闻岸旁有呼"孙先生"者，注目视之,则即数月前相失之爱人也。喜出望外,立相偕往旅舍,倾谈别后经过并目前宗旨,妾劝其暂勿回里,商量设法谋生,云已尚有金钏数付可以兑钱,即议定在镇开设烟馆。有当垆之文君,生意异常发达,日积月累,大有赢余,于是趋附维中者亦颇不乏人,茶坊酒肆,晨出夜归以为常。惟镇江系交通巨埠,富商大贾络绎往来,不料妾忽另有所欢,乘隙席卷所有而去,维中自伤命薄,无可追寻,不得不归。抵家屈指计之,离乡已十有七年,爱感赋"妻疑予已死,儿问客何来"之句,自知寿数不永,不敢远行,年余遂卒于家。

随　笔

陆剑南诗醇厚雅隽,直可与白香山对垒。放翁不独诗品之高,其人品亦不可及,计偕入都,因策中讥刺时政,秦桧阅而怒斥之,遂报罢。其选本诗最末《示子》一首云:"死去原知万事空,但悲不见九州同。王师北定中原日,家祭无忘告乃公。"亦可见其心存君国,惜乎当时未克大用也。王安石有咏谢公墩诗云:"我名公字偶相同,我屋公墩在眼中。公去我来墩属我,不应墩姓尚随公。"大程夫子见其诗,尚不敢明议其非,仅谓其与死人争地界。同为宋代诗家,其品格学术不待尚论而已自见矣。诗以言性情,最是自然流露,愈足以概其人之生平。文天祥少时咏石灰云:"千锤万炼出深山,烈火焚烧若等闲。粉骨碎身全不顾,要留清白在人间。"兴化郑板桥咏竹云:"咬定青山不放松,立根原在破崖中。千磨万击还坚劲,任尔东西南北风。"两诗调格魄力看似相同,乃一则忠烈之气溢于行间，所以终能殉国，一则孤介性成不甘随俗，后任山东某县令，为民请赈，忤大吏罢归，仅以诗人目之浅矣。

清相国董醇之对联

相国董醇，为董文恭公诰之次子，清道光末宰相也。咸丰时发捻两军交乘，清社几屋，兼值夷氛犯阙，銮舆出守热河，适有某国领事官出联请对，语带讥刺，续对已觉不易，又难于得体，其联语或系出自汉人手笔，联云："朝无相，野无将，小朝廷玉帛相将，将来可虑。"此联宣布已遍，迄未有能对者，时董相国予告家居，闻之心颇以为歉，深慨中原无人才，致贻笑于友邦，乃苦思累日始得之。是对之难，难在中间忽同一"朝"字，"相将"两字又读作平声为"相将"，接连又重一"将"字，又须抵制其讥讽之意，实属异常难对。董相国联云："天难度，地难量，圣天子宽宏度量，量也不妨。"不独词字工力悉敌，而义意正大，于其讽刺之意，可谓针锋相对，殉称佳妙。

子贡精相地之学

近见蒋总司令介石电饬陆军部通令全国军队，如有驻军于孔庙，应即转令限期迁让，以示尊崇而昭诚敬。际此人欲横流礼教沦丧之秋，蒋总司令此电洵足以维系道德，反正人心，为二千余年来孔道再获昌明之一大枢纽也。考孔门弟子，颜子而下，颖悟无若子贡。孔子年至七十余而卒，子贡精相地之学，为孔子卜葬地多处,并曾至江西龙虎山望气,称其山脉雄厚,包孕宏深,可以历千数百年而不变,复于夜深详察之,似觉其气邪而不正,姑置之,仍回鲁卜地,卒在曲阜昌平乡得之。葬后,子贡筑室于场,独居三年。论者或谓为尽弟子心丧三年之谊,此犹浅之乎测君子矣,此三年中,子贡分植树木,移栽花卉,大半系采自远方,意匠经营,别饶机趣,经三年后,望之蔚然耸秀,气象郁葱。子贡又续居三年,当时曾论及墓基已成,详观四周之朝拱,于水源稍觉其缺,容徐图之。至秦始皇时代,于鲁东开凿大河,有勘定之界线一段碍及孔墓,群臣谏阻弗听,遂开工凿浚,后凿至距孔墓数里地方,掘得大石碑一,上刊七大字:"自有秦人送水来。"始皇见之惊骇,即对众云:"孔子信为圣人,及门诸弟子亦均属贤人,数百年后事竟能先知。"即令抵此停工,而孔墓于水抱山环之地理遂臻完备,可见子贡当日独居于场,不仅在外观上多所布置也。后经列代帝王谒圣瞻陵时,又复划地附益,墓道遂衮广有四十里之遥,自足与河山并永。民国历有二十三年,蒋总司令于此时忽发保护孔庙之电,续又拨款二十万元,并解囊助款五万元重修孔庙,其必有感而发,当与孔教孔庙并垂也。唐代有张道陵者,素讲吐纳之方,因卜居于龙虎山修炼,嗣竟得道飞升,其后人号称"天师",相传至今,仍有其六十三代裔孙张瑞龄袭其道号,现正侨寓沪滨。据好事者传称,张天师总持敕勒之术,天师府委有官吏,其符印可以役使鬼神,驱降魔怪。据此以观,是天师属于道教,子贡邪而不正之评及历千百年不变之语,可云皆验。古圣贤至诚前知,断非后世之堪舆家、预言家所能望其项背者矣。甲戌六月记于沪上寄庐。

重到上海之感言

中国之有上海，与英之伦敦、法之巴黎、美之纽约、德之柏林比较起来，其繁荣颇不甚相远，在全球商场中，上海也可算占一个重要地位。仆与黄歇浦别已八年，此次旧地重来，并到各著名的游戏场逛了几次，据目所见耳闻者论之，觉与昔日的上海又大不相同，有高耸雄伟的建筑，有曲折凑合的交通，有飞驰追逐的代步，有锦簇花团的商店，有五光十色的市招，有整齐清洁的通衢，有日夜梭巡的保护，有中西珍奇的食品，有雕题交趾的人物，有露胸袒臂的异装，有轰嚹幽细的繁音，有诡秘深藏的巢窟（指娼巢、赌窟、烟窟言）。细数其实在情形，什么中外商业啦，转输金融啦，安居人类啦，这些事件，上海确有号召吸收和容纳的伟大力量。殊不知富有腰缠标记的大绅商，来沪上作寓公，住的是层楼大厦，享的是锦衣玉食，那排场真拟于王侯。如是苦力自给、食指浩繁的人们，转因处于繁盛区域，百物昂贵，辄被经济迫压，酿成自杀的结果。沪上地穷奢极侈，在我国内早已是首屈一指了，享用率多逾分，消耗每骇听闻，面积将及百里，大于省会，居户五方杂聚，不容易分出好歹来的，游惰的那一类人，恶劣的又一类人，以及江湖亡命，总以上海为密集地处所、逋逃地渊薮，所以上海的危险，较甚于他处。有形之危险，如电车、汽车、卡车、踏车，终日驰骤以为常，撞伤跌毙，时有所闻；无形之危险，掠夺套骗，随在窃发，而绑架暗杀，几于无日无之。斯上海的表面很觉得发达繁荣，其实危机四伏，一触即发，当局重视民众的卫生，独于民生安全一节，竟窘于防不胜防，而华界租界之分，其于居住交通上、经商行政上，尤显见欺压我民众，吸收我金钱。地虽为万国仕商所会集，默察大有隐忧，从便利方面谈上海，可算万有万能，环球各国所产各物，上海莫不应有尽有，多而且好，各国使节所经及我国重要人物，率以沪上为便利下榻处，任何人或发生困难事件，到上海一为活动，得强有力者之斡旋，其事立能消释。从顾虑方面谈上海，可算万险万恶，居民稠叠，火患时虞，马路往还，动遭撞击，富户尤有劫夺绑架之危，居则复壁重关，出则严加戒备，匪党仍复多方窥伺，欲得而甘心。其他如惨杀牲畜日以万计，拐卖幼孩日必数起，骄奢淫逸的丑态多倡于上海，穷凶极恶的奸徒咸集于上海，赶尽杀绝的惨剧皆演于上海。万有万能是上海，万险万恶亦是上海。呜呼上海，呜呼此后的上海！

白话文言之比较与须用

论到古今文字不同的缘因，人都系随时代风气为转移地一回事，大匡其目的来谈一谈，唐虞时代的文字是纯古简朴地，周秦时代的文字是浑穆平实地，两汉六朝即降而为沉郁瑰丽地风味了，旁及《庄》《列》诸子，又创而为奥峭诙奇地风味了，下逮唐宋则变而为骈四俪六、博大精深地风尚了，降至明清两代又变而格律谨严、声调铿锵地风尚了。不这样的分开来说一下子，恐对于时代、风气的关系究未必能十分明瞭了，现在风会所趋，潮流所荡，已自然造成一种崇尚白话文、推翻文言文的时代了。默察新旧双方，仍时有竞争两不相下的暗潮，《申报·自由谈》前曾选有刊登，偏重白话，尤见其力透纸背，令人望而却走了。好作文言者，多指摘白话文为浅陋，无甚实学的表现；好作白话者，又鄙弃文言文为腐旧，不适于用的工作。下走文言既不好，白话是更不好了，居然用白话来做文言文的辩护人，高调是不敢唱的了，就发几句持平的论调吧！现时人心的思想、社会的倾向、国际的往还，确有注重白话文之必要，不独是完成大同的原则，亦正合乎孔子所说的"书同文"一句话了。但是把文言、白话比较起来，物极必反，固是天演的公例，然物各有用，亦是自然的公理。类如教育儿童们与劳工乡农们，势不能不用白话讲授与宣传，令他们易于了解。假如遇到喜寿等事，或撰行状、事略等类及贺唁各函电，当然不能完全用白话了。又或纂修国史及私家著述等文字，又别有一类的应用语。更有官样文章，如廿三年六月间，刘监委侯武弹劾铁道部长顾孟余云："始则秘密进行，未经法定手续；继则巧立名目，伪称购料合同。事前既系私相订约，讳莫如深；事后又不正式公开，招标投筒。"此类语好似骈俪文的句法。又七月间上海市商会敦聘王君晓籁等为顾问委员，函有"履薄冰而知凛，恒朽索之时虞，幸有萧规，堪资曹范"等句；杜月笙先生所立恒社，曾阅其刊册，社友亦颇多淹雅之才，最近诸同志预祝蒋委员长五十寿文启，系纯粹运用《范经》，引证得体，可谓别开生面；又沪上闻人虞洽卿、张啸林两君生辰，读其寿启，庄重雅隽，一洗祝嘏浮词；又近阅报载胡展堂、章太炎两先生之事略，叙述简要老当，修词用笔雅具史才。但不知道为白话文捧场叫好的诸同志们，对于上列地各文件作何批评，有何攻击呢？下走老实不客气的说两句，大约擅长文言文者，总能勉强做几行白话文；专力于白话文者，恐未必能作文言文吧！仅能用几个的了呀吗等语助词，那就能算文字上最高地技艺了吗？再总起来论几句，文言、白话的两项体裁，以相题行文的为最好，譬之用物，竹头木屑均为可蓄之材，设为巨室则必广求大木，干将、莫邪其利截铁如泥，用以补履不及两钱之锥，作文如得此种秘诀，就能够应付一切地笔墨了。若竟一味的对文言文非打倒不可，见作文言文的人们即讪笑随之，好像犯了禁令是的，这不如将我中国数千年来的国粹，可仿秦始皇的政策，统通付之一炬，概行消灭地了为好。适中的办法，应听其分道扬镳，于国学进行上、国粹保存上仍可收殊途同归的效果。崇尚白话文的诸位同志们，阅及这样不合时宜的谬论，能否予以采纳或者加以辩驳，下走均认为系研求学术的机会，快联文字的因缘啊！

此为投商务印书馆之稿，附复函于下：

选青先生大鉴：

奉一月八日大函，只悉台端著有《白话文言之比较与须用》一稿，拟交敝馆《教育杂志》刊登，至感加惠盛意，惟该志以篇幅所限，未克照登，至以为歉。赠阅之二十四卷四号杂志业经邮奉，知注并复顺颂文绥。

商务印书馆编审部启

何莲舫

何君莲舫，扬州人也，奇才天授，以清咸丰朝名翰林，值洪杨之役，正需才孔急之秋，固宜克展其抱负，乃竟未能以功名终，较之巡抚刘孟蓉、按察使李次青，其遭际尚不如也。君曾入曾文正公幕中，文正深契之，一日大宴宾僚，君亦附末座，筵间众宾纵谈时事，欢饮未终，君已即席赋成七律四章，均分切适间所谈各事迹。文正大叹异之，即开签押房后之壁橱，取出运盐江票十张以赠之（按当时江票价银，每张值千两有奇），其赏识可谓特异矣。后以道员即补，遂参预军事，方谓可腾骧云路，自来奇异之才，深藏不露者盖鲜，辄好臧否人物，睥睨当世，徒作一时快谈，不虑及招至丛怨。扬州某中丞，与君本系同乡，因事积不相能，遂借端劾参君，奉旨革职永不叙用。君不得已郁郁归来，以撰述自排遣，后曾刊有诗文专集。未几某中丞亦因事被谴责罢职，旋又奉旨开复，归时扬城绅士公题"孤忠格天"额迎送之。两家居址望衡对宇，君先期侦知，乃自题"一败涂地"匾额，遍邀扬城绅士，亦同日迎悬。于是与君交谊素笃者，再四苦劝，谓此举可罢，君仅允迎而不悬，众友云："君所题额各界已周知，悬固不必，迎亦不必也。"君怏怏勉从众议。窃念君以"一败涂地"四字对"孤忠格天"四字，兼为本身写照，可谓工巧极矣，予因忆到王勃《滕王阁序》有云"屈贾谊于长沙，非无圣主；窜梁鸿于海曲，岂乏明时"，未尝不为君废书一叹，兼为予自叹也。

潘四农

淮安山阳县潘德舆先生，号四农，学术渊懿，制艺尤精，壮岁即刊有《养一斋文集》，年四十余尚困棘闱。主考官曾读先生文集，力加揣摩，遂得联捷，任江南主考时，暗中摸索，多方搜寻，始得先生卷,因拔以冠。谒见时主考喜而迎之曰:"吾所得四农,是吾师也。"其文望之高如此。长沙王益吾祭酒,选刊江浙制艺名家得十三人,先生居首,吾盐陈惕庵孝廉为殿。从前乡试发榜,诸生多回里听捷音,而居停主人,于终场后例备糕果饯行,并附以红柬,请同寓诸客,客写各姓县籍,注明中正榜酬房东银若干、副榜若干,此例相沿已久。本科先生终场后,房东循例办理,至先生名,同人询其酬金数目,先生以为久困诸生,每次写给房东之酬金均不得沾实惠,遂慨然曰愿酬千元,数目已写下,复申明曰非解元不出此数,一时戏语,亦属一时愤语也。榜发果领本科解额,房东购题名录来贺,先生家虽贫,素重品格,不欲失信于人,然为数太巨,承山阳县令代为张罗,得七百元,房东欣领称谢而去。先生没后入祀山阳乡贤祠,吾盐冈门镇许乔龄先生即为是科副榜,与四农先生为同年,曾有戏赋句云:"三载无人催岁考,四农许我叫年兄。"以"岁考"对"年兄",可谓工极,词意亦觉雅而有趣。

酒 令

清江护军使署,即为前清漕运总督旧署,署西有大花园,名清宴园,树木参天,古旧清奇,兼备其胜。予客护署将九年,为朝夕公余游览地。相传此园初名"清湘溪",后乃改今名,当时漕督与淮阴县因事不洽,愤欲奏参之,知县与淮扬海道为会试同年,道宪每阴为之地。一日因公会议于漕署,漕帅留饭,席间即以"清湘溪"三字为酒令母字,用增减格而成字,仍须觅俗谚二句,贯上一字，道宪得"清"字，漕帅得"湘"字，淮阴县得"溪"字。道宪云："有水也是清，无水也是青，添心便是情。不看金刚看佛面，不看鱼情看水情。"漕帅喻其意，知隐为该县缓颊，随云："有水也是湘，无水也是相，添雨便成霜。各人自扫门前雪，休管他家屋上霜。"淮阴县闻之，知其不容纳道宪之意，亦毅然直答云："有水也是溪，无水也是奚，添鸟使成鸡。得时狸猫雄似虎，失时凤凰不如鸡。"三令皆妙极天然，且各有命意所在，均跃然纸上，虽姓名失而不传，想此事定非虚构也。

又有知府某秉性刚直，因直言招祸遭戌，有同寅两友设宴饯行，席间亦拟行酒令以遣愁怀，用拆合格而成字，仍须成语一句，贯上一字。一友云："轰字三个车，余斗字成斜。车车车，远上寒山石径斜。"又一友云："品字三个口，水酉字成酒。口口口，劝君更进一杯酒。"以上两令，如见其倚装待发，曲唱骊歌矣，而知府本人之令云："矗字三个直，黑出字成黜。直直直，焉往而不三黜。"真是文章天成，妙手偶然得之。此则酒令，福建梁芷林中丞曾载入《奇闻随笔》，亦可见其有目共赏矣。

陈玉树孝廉

吾盐陈玉树先生，字惕庵，学术朴茂，以经史实学倡导后进，及门诸生均为本邑优秀分子。先生由优贡中式乡榜，著有《毛诗艺文笺》，王益吾祭酒激赏之，又著《后乐堂集》，均刊行，清史列先生于"经学"门。予之授业师陈公子砚，与先生系族谊，又兼戚谊，文字之契，相得甚欢。砚师亦两经荐中而因故被摒，先生莅伍祐时，多喜来塾接谈，予因屡获亲炙，偶有请业，先生欣然以告。道貌岸然，沉默寡言笑，早年亦偶以道学兼风流，记其《秦淮忆旧》有云："风动帘钩肠欲断，如闻环珮响丁当。"后以廪生又上彭刚直公雪琴诗四章，中有"琴鹤随身同赵忭，豺狼当道避张纲。遨游四海儒兼侠，谈笑千秋帝与王"。其时办理外交，当事者意旨多不合，而刚直亦素恶外人者，诗中又有"唐代尚资回纥力，宋人曾与契丹盟"之句，此可为办理外交先导。刚直亦以为然，批答云："四诗有长剑倚天之概，该生养成大器，以无负本帅之厚望可也。"（时刚直以兵部尚书巡阅长江）并赠画梅一幅、笔两枝，当时咸称彭刚直公爱士怜才，亦可见先生名动公卿云。

雷击物

淮安府东门外有黄浦桥一座，距城约数里，村落相接，直达城闸，盐阜考生抵淮必经之路。吾盐杨君子衡，老诸生也，与诸友同舟过其处，适遇雨，时已昏暮，不及进城，姑泊舟于河干。既而雨加猛，雷大作，由远而近，旋绕云中，势若驰逐，至夜逾半方休。心知有异，破晓出舱四眺，见里许外有墓林，村人聚观，来者仍络绎，北地多沙土，雨过后即平如砥，杨君因亦步往。至林表仰首一观，骇几欲仆，有长几逾丈之大蜈蚣一条挂于松枝上，枝已作下坠状，势必由他处追逐至此者。乃以竹篙挑下，头赤红大如月宫扇，脚粗如人之大指，背宽约五六寸，见者莫不骇怪，恐其复活，遂截为数段而分埋焉。民十八年间，予正主笔于《盐城日报》馆，沈家棋杆之东为女子学校，其东邻之山墙忽为雷击倒。

邻众因雷声甚厉,雨住往寻视,见一大壁虎,长几二尺,已击毙,色灰黑,遍身细毛,远望若大雄猫伏焉,异矣哉。前哲云雷霆之击,必于凶人,西人不信神权,辄谓动物大逾寻常,其体质间蓄电必多,故易于触电。按夏日之电,其力量能呼吸万里,如掣金蛇于空际。予本不谙电学,窃谓蓄电多即易于触电,试以此理推论之,世界所建设之电报、电台、电灯、电话、电车处处流通,若星罗棋布于全球,无一不以电为主动力,即所谓电造之世界也,将随时随地俱可以触发。万一有猛力之雷电,来强硬之震撼、作高阔之掣动,纵有避雷、避电机件,彼时即失其作用,缘人工制造之技能已尽泄天地之秘蕴,兹例以剥复否泰之机,将必有暴发时期而不可御遏,其灾害将不知其所终极。吾生有涯,吾知无涯,现在世界之交通,便利迅速皆赖乎电,此后交通之断绝毁灭,应亦系于电,盖人力终有不能抗天之一日也。近者每闻强烈之地震、决荡之水灾突然发生,人力亦骤难施救。乙亥冬至丙子春,气候奇寒,经月不转,为百余年来所未有,大沽口外结冰厚逾丈,长逾百余里,大商轮四五十艘被其锁陷冰间,不得展动者又四五十日,公司轮局迭开会议,中外人士咸认为无办法,惟有听其自然,此又可为人力不能抗天之一证也。

钱南园

昆明钱南园先生,官至通政副使,乾隆中叶由翰林擢升御史。时和珅方弄权,朝士有耻趋其门下者已可贵矣,而先生独抗词直奏,讼言其得失,并奏参和珅私人山东巡抚国泰赃私罪,和珅不敢偏袒,国泰遂伏法。和珅屡欲中伤之,高宗知先生品学,潜弗听。后简放湖南学政,勤于训士,外严内宽。曾因抗旱湖南巡抚陆公耀,以祷雨得热疾卒,代者将值生辰,拟称觞,阍人闻之请馈,先生毅然曰:"前抚军以死勤事,今遽举觞称庆耶?"命送巨烛两梃、鲜藕数斤,巡抚某惧而止,盖讥其外无眼光、内无心孔也。先生眉棱耸峭,丰裁凛然不可干,没后法时帆祭酒选刊其遗诗,姚姬传先生为之序,题曰《南园诗存》。

大　鸟

山海间之大鸟,有鲲能化鹏,应推为鸟中之至巨者,余如雕鹗之属亦异乎常鸟,振翮凌空,冲霄汉而蔽天日,所谓其"翼若垂天之云"是也。海东有大鸟,航海商船偶得见之,身重数千斤,飞时必九登十八拍而后身乃起,横飞沙漠间,见骆驼辄啄食之,其大可知。每至秋深,翼尾间多脱落翎毛数根,或拾得之,以锯截取翎毛之管,上安木把,即可作担水桶用。老友陈鹤山为前清花翎游击,初入行伍,随提督刘锦棠赴新疆征金积堡,云尝见海滩有死雕,想系在他处中枪弹,负痛疾飞而堕于此者。尾毛排若长扇,生就"福寿"两字,土人呼为"福寿雕",最不易得,后售诸西人,得价洋二千元。又见山崖绝高处,人迹不能至,有雕营巢其上,小雕当团翼时,每衔近村乳牛以喂之,村人无可如何,请兵士以枪击之,其毛革坚厚不得入,被击后,仅见其抖擞羽毛,周身蓬松,似觉适意,旋即高骞而去。天地之大,万物并育,真无奇不有也。

诗钟汇志

诗钟虽属小道，雅有可观，见人心思，增人兴趣，或以珍贵物品配贤哲，或以毒秽等物配奸佞，随意支配成题，以寄嘲讽，题面两不相涉，作者须组织工雅，趣味横生，方称妙手。予于此道不工，遂不多作，仅记有应征如干联，大约系应苔岑吟社、苏州隐社、浮泚诗社、菽庄吟社诸旧作，刻已不能加以区别矣，爰汇志如下：《姑苏台》(蜡烛)句云"美人一去余芳草，吟客双烧照睡花"，《霍小玉》(手)句云"薄幸十郎偏遇李，新香两袖喜搓橙"，《武乡侯》(笔)"三分纡策功存汉，五色生花梦忆江"，《岳武穆》(砚)"班师恨煞金牌诏，良伴欣逢玉带生"，《曹操》(便壶)"永留痛骂陈琳檄，难洗沉冤智伯头"，《秦桧》(蝎)句云"误国半成王氏舌，守宫能保女儿身"，《杨贵妃》(鳖)句云"唐宫爱过三千宠，洮水雄称八大王"，《杜甫》(并头莲)句云"吟怀忧国诗兼史，媚态凌波合又分"，《宰牲所》(律师)句云"此是屠门非佛地，须从冤狱障民权"，《跳舞厅》(寒暑表)句云"情场推挽欢俱暂，世态炎凉阅已深"，《猎犬》(草书)"驰逐围场寻狡兔，放开笔势若游龙"。以上三联系最近应征之作，附录于此，均未敢自信为可诵也。

安维峻侍御

安维峻侍御字小峰，清道光朝有御史吴可读者，曾因直谏获咎革职，咸丰朝查办废员案内特旨以主事起用，同治薨后议立光绪，乃兄终弟即之权宜，吴曾具疏，以一死泣请懿旨预定大统之归,遂自缢于皇陵,风节振一时。小峰即为吴之门生,锋棱崭然,雅能传师之衣钵。光绪中叶,德宗年事已长,亦颇思有以自立,而慈禧每阴挠之,母子间驿成参商,小峰特具疏奏参太后,谓:"皇太后之于皇上,遇事牵制,何以对祖宗天下乎?"举朝闻之骇绝,即交部从严议处,旋部议姑念言官,着发往军台效力赎罪。民国成立始得归,年已七十余矣。当时部议定后,中外惊叹,以为此等风宪官在古直臣中亦不多见,不旌之而反罪之,可推想汉人多不负满人,实属满人自取灭亡也。

蛇跌鳖

南海有鲲化为鹏见之《庄子》,雀入大水为蛤、田鼠化为鴽均见《礼记》,蝗化为虾、蜣螂化为鸣蝉,此则为习见之事。山潜而飞,由飞而潜,因时变化,此理已难索详确之解释,尤奇者为蛇跌鳖一事,或云是此叠字,盖取蛇身重叠之意。据予目所睹者论之,疑系此"跌"字,盖取由高下坠之意。予家有祖遗腴田十八亩,地属蔡家前巷,距伍祐市三里许,先大夫锡朋公曾于夏初往视所植瓜豆之类,予方十龄,招命随往。渡过运盐河仍隔一河,此河宽逾二丈,上担有独木桥,过桥即抵墙边,巡视一周,约息数刻,仍过桥循途归。先过桥时,桥之两头旧有大树多章,先大夫已见有蛇数条在树之丫杈中跌成鳖形,当时未奉指示,恐予年幼望之惊骇。归时已过木桥之北,始命予一观,遥见有蛇数条蟠结成团,各蛇头尾已不甚分明,先大夫言:"蛇上树已有两三日,再经一两日,由树上一跌入水即成鳖矣。"时在童年,不解此理,嗣遇老渔及老农偶谈之,据答此系常见之事,不足为异,但团结时须蛇三条,或云须蛇五条,此实难为精确之证明。第不解蛇何以能相约而均上树,成鳖之后仅如一蛇,又何以能幻化而熔为一体,且人之食蛇者绝鲜,成鳖又将自取刀砧汤镬之苦,何为也者?敢以质之当代精于物理、生化学家。

端砚印章

予于贵重玩品向来不甚珍惜,均视为身外之物,且物过珍贵,转为招祸不祥之品,亦恐子孙未必能世守。早岁有同学友徐赞元赠予端砚一方,为汪文瑞公廷珍旧物也,背刊句云:"生在端溪中,移入高人室。松使与管城,朝夕为相识。"稍加拂拭,即置书塾案上,用未数月被邻人窃去,予援楚弓得失之例,一笑置之。客清江时,有木商陶某赠予石章一方,上刊"仙露明珠"四字,侧刊"嘉靖己酉冬月文彭刊"字样,知为文山樵故物也。考山樵当日刊章有一癖性,刊成必投诸火中,使炼片刻,复取出投入一种黑油内淬之,故山樵石章皆色黑而光滑。予在《盐城日报》主笔时亦随带行箧中,表兄万纯夫精篆刻,评其可价值百元。一日适值窘迫,罗掘无从,不得已托友人转售于张姓,仅得洋二元,贫足病人,惟有一叹。又友人黄君师鲁家有端砚一方,海梅木箧,为汤文正公斌任江苏巡抚时砚也,曾往索观,刊有句云:"静默永年,膏泽下土。为民请命,用汝作霖雨。"汤公悯吴民赋重,拟奏请减赋,即用此砚作奏稿,故云。南京赛会,黄君曾携往陈列,识者评其价值千金,物因人与事而随之俱传,黄君现仍珍藏于家,此砚洵可宝也。

妇女能耐劳

妇女娇惰成性，不耐勤劳，大都出自富贵人家，城市妇女又较乡村妇女为脆弱，贫小户妇女类能操作耐劳，其天足亦不始于近代，且亦有该处相传之风气使然。读唐人"一身兼作仆，两足白于霜"之句，可见中国妇女久能远出谋生，兼是天足。大江南北两岸附近各县，其妇女工作之苦过于男子，予乡农民家亦然，曾有《高邮道中》句云："拦河筑坝浚兼疏，千百齐翻吸水车(时由马棚湾筑坝至高邮城浚河四十里，男妇数百人正在踏车吸水，此次因公晋省，改由陆行，屡见装饰可人之幼妇少女赤足立水中，殊可取也)。小妇似催人着力，艳妆笑唱鼓儿书。"又《过高邮城中书所见》云："鸦青刷鬓煮金钗，脂粉匀施不着鞋。半截美人双足健，一肩担菜卖沿街。"他如泰州、宜兴、高淳等县，其风俗素称浑朴，妇女无专依其夫之倚赖性，固足厚间阎元气也。

李次青

李君元度字次青，与刘孟蓉、郭云仙诸君子均为曾文正所器重，倚之如左右手，而刘、李两君皆未能以功名终。试以经济学问与文正九弟沅浦较之，平心而论，沅浦殆不如也，乃沅浦独能全始全终，勋业烂然，意者文正当时或厚庇其弟而薄待友人耶？以文正品学之粹，未必有物我之分，恐系两君仕途之偃蹇也。当军事吃紧之际，次青带队往守徽州，至则仅八日而徽州失陷，次青杂乱军中逃出，五千人均溃散，奉朱批："李元度下笔千言，兼人之才，素饶智略。此次失衄，殊属可惜，人才难得，着即迅速查明下落。"次青绕道多日，方克至大营谒见，时文正奉旨后，劾疏已具，详叙失陷情形，并自请议处，次青求给阅疏稿，文正慨然许之，阅后又求酌添一两句，文正复慨然许之。原疏稿称"李元度屡战屡败，咎无可辞"，遂接添两句云"然犹屡败屡战，勇尚可取"。厥后部议，所以仅得罢职处分，即家居以著述自遣，改《小题正鹄》一部，又成《国朝先正事略》一部及有关军事计划等稿件。文正后曾奏请起用，疏云："臣昔弹劾太严，至今内疚，惟皇上量予褒录。"终格于部议，文正又于家书中论及："年来在军与诸友相处，均抚怀无负，独愧对次青实甚。吾弟(指九弟沅浦)如有补救之策，兄决当遵从。"复函致浙抚晏端书，请其于全浙肃清案内附保，未几拜云南按察使之命。次青一生官运，盖无有顺于此者，以文章经济冠绝当时之选，既不能如文正兄弟锡封侯伯，复不能如刘君孟蓉开府秦中，其时不能谓君生不逢辰，或系有命存焉。刘蕡文字，转因下第而得传；李广奇功，翻以不侯而乃显。古今来任何人物，著作流传、勋名腾达，福慧二者固不易得而兼也。

晚晴簃之徐世昌

徐世昌字菊人，原系东三省总督，袁政府时代曾为内阁总理，其为人若何，亦所谓阅历深而趋避熟者。后复当选总统，时张少轩、段芝泉、冯国璋、曹仲珊、张雨亭均为徐氏旧日寅僚，以及各省督军，莫不握有重兵，徐氏沉着因应，驾驭对待，颇具匠心，各方面尚称妥洽。曾于总统府创立晚晴簃诗社，以为提倡风雅之助，其意良厚，并行文各省道县，征求海内诗家已刊、未刊各专集，以便汇选另刊，蔚为大观，予曾获读征诗原文，并照抄一稿，后竟索之不得，文系骈体，历溯古今来诗学源流，词意豪迈警动，内有"轮台风吼，石走一川"，及"篝火兴妖，金田孕异"等语。予与老吟友徐荔亭、黄穆安诸先生磋商，各人均有诗稿录存，深以选抄不易，且恐海滨下士，正如朴陋衣冠，未敢入宫锦行家之目，遂均未抄寄。其时我国甫由专制骤入平等，各人心理上与进行上动感凿枘，无论主治人物任何圆滑漂亮，久共则枝节自生，意见难治。苏皖赣巡阅使齐抚万氏，不知何所不满于徐氏，突来一电请其退位，世昌在总统舞台上一剧遂告闭幕，另演贿选一幕矣。嗣徐氏与郑孝胥均奉满洲国召入内阁任要职，闻徐氏曾婉辞未往，仍蛰居津埠，年已逾八十，而当日所谓晚晴簃者，早风流云散矣。

帽顶换山楂

清乾隆帝御宇整六十年，虽宠任和珅，尚可算一个明主。一日由勤政殿往南书房，其时仅有一轮值翰林朱君在内，独处无聊，遂作一京官自嘲词以排遣愁怀，驾至猝未及收，上即索阅，末有"勒窄箩儿没米淘，勒窄锅儿没草烧。还有几家份子（谓应酬各友人家庆吊之款），典当没分毫（谓罗掘已尽，并当质之物俱无）"。上阅毕，见其身穿之外套尚称整齐，内衣则破敝不堪，遂对之云："你们京官真是很苦了，你可再作一篇京官自慰的文字，明天给朕看看。"假使朱君运会不通，皇上日理万机，这样微细事件应早经忘记了，不意早朝时，特召见朱翰林，即索阅其文稿，当将庄书之稿进呈，末又有"撤金莲送归院，御烛灿生花。天恩普及，帽顶换山楂（山楂果形象顶，其色红，故云）"。上阅之大笑曰："很好，很好，结句尤有兴致，给汝一个山楂顶子戴戴吧！"即赏加三品卿衔，并月增饭银三十两，朱翰林可谓困极而亨，得遭逢于意外矣。

岳武穆之真迹

岳武穆书法真迹世不多见，其最著者，如山海关之"天下第一关"五字为其的笔，日人强占山海关时，五字亦被其夺去，近闻业已归还，未知确否。又安徽境内，武穆跃马过祁门时，曾驻马以剑划"高山流水"四字，或云系以笔书，后人遂摩勒于石上，亦为武穆的笔。他如所拓之帖，实系两河义勇军参赞梁兴所书，其时兴亦在武穆军中，故文件大半系兴代写，非武穆手笔也。惟武穆书武侯《出师表》手卷，确有评论价值。相传武穆督师过武乡侯祠，遂入敬谒，忽遇雨，即暂住祠内，因展读武侯《出师表》，即乘兴书此卷。后虽代易时移，千余年来各赏鉴家莫不宝之，卒乃辗转入苏州潘世恩家收藏。洪杨之役，苏州失陷，而此卷亦失去，乱平后多方搜寻，并悬巨金购求，计图珠还，久亦弗得。乃请仙指示，乩判此卷遗落盐城西乡一农家，发现尚未至其时。又经多年，始有客携此卷过伍祐，曾小住予友谭立春家，时予年已冠，尚授徒于家塾，闻之立往请借一观，当承来客周君慨出见示，并协助予展放饱观，窃幸眼福不浅。卷长约五丈余，宽约二尺余，纸色已黯敝，字如茶杯口大，惟笔势飞舞，字体则偶有大小相间之处。武穆秉天地刚大之气，笔致跌宕流走，毫无停机，绝非后世俗手所能摹拟于万一者也。卷首有明太祖批八字"豪迈磊落，书如其人"，兼印有"洪武御书之宝"，末有"阮元珍藏"之章，诚属见所未见。嗣闻张副总司令学良曾得有岳武穆书《出师表》原卷，已拓出多册公之于世，其意良善，第不知是此原卷否也。又吾盐杨中将绍彭家有武穆书《出师表》挂屏八大扇，一日与金友绍卿偕往观之，金君谓为真迹，予窃笑其为优孟衣冠，难免赝鼎之诮矣。

焦山焦公竹

彭刚直公玉麟，字雪琴，系衡阳廪生，曾文正耳其名，委办水师，以平发军功累官至兵部侍郎。生平不耐服官，迭辞督抚恩命，并请开缺回籍，疏有"臣以寒士来，愿以寒士归"等语，蒙优诏许致仕，即返湘江故居，而长江水师从此废弛不堪，水兵公然拦劫商船，竟有哨官棍责举人，金谓水师可裁。忽两宫起用公，诏授兵部尚书，钦派巡阅长江差使，公一出即劾罢贪污不职官佐八十余人，江湖肃然，巡阅所至，豪猾闻风避匿。惟性严毅，安良锄莠，果于杀人，难保无过当处。安徽有副将胡开泰，招妓侑觞，令妻行酒，妻弗从，愤而杀妻；又一副将某（偶忘其名），谋占友妻，用计杀友，两犯均因系副将官阶，狱久不决。公至皖侦得实，亲赴臬署，提出该两犯略讯一过，立挥出以军法斩之，沿江闻之股栗。公每年避暑例在焦山，时焦山方丈为大须，字芬航，俗家为盐城伍祐蔡氏，与予为同族兄弟，善画墨笔兰竹，暇则陪公谈画法，颇相契洽。焦山旧有焦公竹一种，枝甚奇异，一节向左微侧，一节即向右微侧，节甚短促，由根至梢率如蛇行之步浪，派一僧专司管理竹园。公有护兵，一日折竹，园僧不肯予，护兵坚欲砍取，遂起冲突。园址与公之居室甚近，公闻大怒，立令缚兵来杀之，复令缚僧来斩之，大须即往跪求宽宥，公冷笑云："杀我的人，你就不来求情了？"大须汗流浃背，惧不敢再言，仍将该僧斩决于竹园。事本轻微，罪均不应死，律以情法之平，未免失入矣。

势利之天下

妻不下衽，嫂不为炊，苏秦家庭间之势利也；廷尉家居，门堪罗雀，翟公宾客间之势利也；饭后闻钟，碧纱笼句，王播遇方外之势利也。他如戚友之势利，更属指不胜屈，古今来本势利之天下，然究以官署机关交际场为特甚。仆在金陵听鼓三年，遇衙参期，可乘车直至省署大堂，督署则严重异常，坐普通黄包车往即止于栅栏外，坐自备包车往即可许入栅内下车，乘马车往可许抵头门之左下车，乘汽车往即驶进头门下车，不问车中坐者为何如人，门岗且可对之举枪致敬。窃谓各大官署及各要人居宅，其主任人或不甚存势利之见，而传达处对于来宾之衣冠装束往往显分轩轾。犹忆张香涛在两湖总督任，敦聘俞曲园先生掌稿席，曲园貌清癯，衣履整洁而朴，至则通刺请见，号房以午睡辞，曲园姑回舟。翌日复往，仍以午睡辞，曲园即回舟解维去，张氏醒后得知，派员往追已不及。曲园系特聘之幕宾，第二日往仍不即时通报，岂非号房之咎？予生平不修边幅，所迢受轻侮之处不堪告人，现在世界上观人的那些眼睛大都总是皮相，只要你能穿几套最时式的西装，鼻跨托力克，手执司的克，脚下橐橐而来者履亦是革，虽胸无点墨，仅识之无，保可到处得人重视。假如你简陋无华，任是通天的本领，即请你老先生奔走风尘，憔悴终老而已。倘或因环境不良，势须远出以图机会，予小子谨以两语留赠，宁可败絮其中，不可不金玉其外也。

四寸小金莲

黄体芳先生，字漱兰，浙江瑞安人，两督江苏学政。性方严，然颇爱士。按临上元时，有某总督最亲信之仆，其妾于中元节乘舆往城隍庙进香，方向蒲团合十下拜时，适有士人在旁，见妾足甚纤细，戏又拇食两指量之，与友哗笑曰："却好四寸小金莲。"妾含泪急归，抵家娇啼欲绝，以为受辱于广众之场。某仆愤不可遏，即侦悉士人姓名，赴县指控。知县既慑于假虎之威，不得不推屋乌之爱，士人闻风早避匿，知县遂详请学宪先予斥革，再饬提归案讯究，先生批云："女子入庙烧香本干例禁，秀才偶尔游戏活泼文机。黉门士子虽微，究属朝廷之选；督宪家丁虽贵，不免仆隶之班。本部院方阅文饮酒之不遑，该县以此等事率尔具详，殊觉败人清兴也。"一面又密传该县学官，令传该生扑责二十以示警，盖仍欲加以教刑，不令其受州县官之侵侮也。各界闻之同声称快，咸谓先生不愧孔门护法。初督江苏学政约在光绪十年间，又有一轶事可传。当时考试一场均系两题，所谓头题、二题也，先生曾合三邑归一场考，所出题目亦三分之，（一）头题"老彭"、二题"非吾所能及也"，（一）头题"王顾左"、二题"是为社稷臣也"，（一）头题"有李"、二题"国人皆曰可杀"。有解者云，知先生盖指当时彭玉麟、左宗棠、李鸿章三公而言也，用意固甚巧合，夫亦觉皮里有阳春矣。

旧事重提

现在犹常谈科举时代的旧话，脑筋真是太腐败了，然而古物古迹，既有当然保存之例，则旧话亦有传述之当然。其理由何在？倘再过二三十年后，虽欲闻此等旧话作谈资，恐没有亲历考场地书呆子来重提旧事了，令人解颐的趣话并不在乎多，爰汇识以博一笑。有学宪出题为"昧昧我思之"一句，考生将"昧昧"二字写成"妹妹我思之"，学宪批其上云："哥哥你错了！"又有一题为"有托其妻子于其友而之楚游者"，考生文内云："吾之妻即友之妻，友之妻即吾之妻。"学宪批其上句云"好大方"，批其下句云"未必然"。又有"割鸡焉用牛刀"一句，考生讲下出题有云："是鸡也，何鸡也？是黄农虞夏之鸡也。是刀也，何刀也？是斩钉截铁之刀也。"学宪并批其上云："好老鸡，好快刀。"又有年近八旬之老童应考，学宪批其卷云："文在题外，诗在韵外，字在格外，吾不忍置之孙山外。"遂取列殿军。应科举之人才乃如此，考设科取士之制，汉唐已行之，本不始于明清两代，特其目稍有不同耳，此固为专制帝王笼络人才，使其消磨岁月之秘计。唐太宗因有"天下英雄入吾彀中"之快语，即以有清一代而论，辅臣、疆臣大半出自章句之儒，是考试实为拔取真才之道，中山先生所以特加赞许，师其意而踵行之。士为知识阶级中最高份子，不令其心志有所维系、才能有所专精，则陇上辍耕，秦时有陈胜；投身异域，宋代有张元，其为国隐祸殊非浅鲜。现于专制一切的诡秘均已铲除，我国正厉行新政，第教育能否造就全才、考试能否抢拔真才，窃恐尚未至其时机也。

总督食馄饨

　　恩艺堂为清江漕运总督时，与两江总督周馥意见不洽。按前清定制，漕督官阶虽与督、抚相埒，但职掌专在漕运，地方事件不在其职权中。艺堂欲奏改漕督为江北巡抚，冀分督、抚地方之权，而江督周馥持之坚，改抚事遂未果成。一日周氏因公莅淮阴，循例先往查县监狱。艺堂闻知即呼驺往拜晤，并设筵款待，周氏谊当往扰，爰乘舆赴漕署。查官场宴会通例，有所谓三道茶、进门点心者，初献清茶，次为特别参汤，再次则为点心，点心式样或不尽同，均精美巧小，不过为未入席前之一种小点缀品，来宾可以多谈片刻，然后入席。而艺堂所供者不是点心，系精制馄饨一小碗，中衬鸽蛋三枚，周氏食之称美弗置。当时未及会悟其用意，归后偶与幕宾谈及，乃知其以"混蛋"讥之也。周恚甚，致江北巡抚终未告成，不得已改为江北提督，厥后雷振春、段祺瑞、蒋雁行均曾任过此职云。

大刀队之创始

管仲立女闾三百，即为后世妓女之滥觞；齐宣王以好色为疾，孟子晓以内无怨女、外无旷夫，亦为王政之一端。梅启照任江陵藩司时，拟封禁钓鱼巷各妓馆，曾文正公阻之曰："此为六朝古迹，可姑仍之。"想见自古圣贤，以饮食男女为人之大欲，莫不加以体贴，所谓王道本乎人情也。张文襄公之洞为两湖总督时，汉口市场繁荣拟于上海，妓馆林立，有人拟请示禁止，文襄抱放任主义，不允所请，因而附近驻防兵士且得时至娼家，作问柳寻花之雅。始尚少数人来游，继而来者增多，月来堂妓馆有房间四所，各兵来时床榻椅凳均满，妓家兢兢招待，惟恐开罪丘八先生，渐至委曲求全亦复动辄得咎，掷毁器物，殴打男女各仆，隔日必至，至则多寻衅蛮闹以为快，大有不可一日居之苦。娼家乃愤不顾身，因设计与之一拚，料其下午必到，密于厨房小楼上煮粥一大锅，多备小勺与杯碗之类以待之，又临时添佣粗笨男妇多名以为助手，届时果联袂蜂拥而入。此次既有心愿拚一闹，自然易起冲突，未几均哄闹至天井中，娼家预定之计划，即纷用各器物舀锅中热粥向下乱浇。所以用稠粥浇者，取其烈热沾身之久；用小器物者，图其烫伤部分不大。时方过端节后，人皆赤体，其计划亦甚巧，兵士烫伤十有八九，男女仆亦被殴伤数人。事态扩大，该管营官据探报告，即派传令往传各兵及娼家各人等齐赴县署，会县审讯。结果丘八先生失败，理由谓兵士往娼家闲逛，原不禁止，乃竟纠约三十余人之多，娼家岂能逐一应酬，其为有意寻闹可想。兵士先以为烫伤多人，案情必可占优胜，初不料反因受伤人多，适足证明去者之多也。文襄闻而亦大怒，立出示严禁各兵无事不准外出，并饬营务处筹设大刀队一队，日夜巡查。前行为队士八名，均手执明亮大刀，后有军官奉大令随行，如遇有前项事件，即以军法格杀勿论，而兵士遂从此绝迹于娼门，各娼家均感荷宪德，大刀队亦即创始于此时矣。

嵩山四友

袁世凯醉心帝制，久罗致天下人才，广事羁縻之术。筹安会成立后，洪宪已具雏形，当时入其彀中者，咸为拥戴劝进等工作，以为黄袍之加指日可待矣，间有不受其笼络驾驭者，则即暗施以激烈处置手段，如宋、陈、赵、徐诸人之被暗杀，令人皆不能无疑于袁氏，而袁氏所尤为痛恨者则为蔡松坡氏。据京友谈及，当曹锟率师南下，将与蔡氏开战时，袁氏乃密召红教喇嘛僧以邪术诅咒之。蔡氏后适患喉疾在日逝世，此或为袁系诸人造作是言以为快，予窃未以为信，人之死生有命，岂邪术所能操纵乎？袁氏又对于资望崇高等人物，不敢以术笼络，即虚隆以礼貌，如张季直、李经羲、段书云、赵尔巽是也。四人均为其前辈，张、段且为袁氏肄业师，乃仿商山四皓之例，尊为嵩山四友，用银铸"嵩山之友"印四颗，分派专员赍送焉。嗣闻张、李两氏均婉却未受，洪宪亡国后，四银印不知抛弃收藏于何处，大可陈设于博物院，为洪宪朝之纪念品矣。

饮食之人

饮食之人，昔贤所鄙，然食物过于粗劣，亦复有碍卫生，要以净洁清淡为适合。民国之元，陈君仲安任伍祐场知事，一见如平生欢，时有宴集，盘飧不过四五品，藉樽酒论文而已，如后浴蘅、吴东园、黄诗汝、智亭荪诸友皆与焉。其庖人善烹调，每次例有醉猪腰一碟，片薄于纸，用温水漂至白色，先醉以酒，食时加秋油、麻油、滴醋，嫩如腐脑，美不可言。偶令办东坡肉，尽用秋油、绍酒，火候得宜，啖之别饶风味。客清江护署时，其庖人技术亦高，办江瑶柱一味，能煨至极烂，想系别有秘传。按万国庖厨当以中国庖人为最擅长，中国庖人又当以扬镇庖厨为最精美，年来奔走大江南北，所预中西筵宴亦甚多，惟醉猪腰、江瑶柱两味非硬即腥，前味盖成《广陵散》矣。

宝竹坡侍郎

清代宝竹坡侍郎任福建学政，归时乘江山船渡江，因娶船女为姜，抵京乃上疏自劾，有人赠以句云："宗室八旗名士草，江山九姓美人麻。"竹坡著有《诗草》一卷，美人麻者并非美人面麻，系江山船九姓中之麻姓者。按江山船为浙省江山县之别一种航业，盖即变象之花船也，与南京秦淮河之花船略相似。惟只有九家，考其历史，相传为陈友谅旧部，太祖定鼎后不容其居于陆地，限令为船业，多往来于桐庐、严滩一带，泛宅浮家，别谋生活，每有仕宦渡江，多乘其船，久之遂为此九姓之专业，并有大差、小差之分，船亦有大小之分。初因生意不甚发达，遂以妇女为帜，藉便招邀，获利甚厚，由明至清，相沿未改。而船亦踵事增华，门舱、中舱布置雅洁，而房舱内绣帐锦衾尤为精美，芳泽之气袭人，末并附有火食舱，应时小吃嗟咄立办，乘客无不称便。船中妇女多系浙之桐严产，已嫁者呼为"桐严嫂"，未嫁者呼为"桐严妹"，软玉温香，给事左右，有真足令人销魂者矣。前沪上中华图书馆编印之《游戏》杂志中曾载此则，惟觉略而不详，故特复记于此云。

但听屠门半夜声

不以口腹细故，动戕多数生灵，仁人所以戒特杀也；见生不忍见死，闻声不忍食肉，君子所以远庖厨也。世既生鸡鸭鱼豚等物，原以供人之大嚼者，然苟为食时可以减免之物，何妨少尝一品，藉为惜福减过之资。唐之宰相李林甫，当午膳时适大觉禅师来谒，庖人将上肉，林甫笑问禅师曰："肉当食耶，不当食耶？"禅师答曰："食是相公的禄，不食是相公的福。"语带禅机，大堪玩味。窃念动物中当以豚为最惨，被杀之后立即支解，分为诸家俎上肉，任其若何脔切，不数刻又可作诸家杯中羹，寸磔千刀犹不足尽其烹醢之罪也。其宰法各地亦未必尽同，惟时间均在黎明之前，予乡宰豚，缚其四足于凳上杀之，号叫之声澈于四境。客清江时，当地宰豚，先将豚牵至益桶旁，以极坚实之木杠，出其不意，奋力当头一击，豚即昏伏于地不能展动，然后杀之，所谓经两痛而方死也。客南京时，曾居近一屠人家，每日售豚以五六头计而寂不闻声，不知其于何处杀之，嗣悉其欲杀此豚，先以网络其口，使之不能作声，随将其前两足悬于树上，仅后两足着地，则豚必辗转回旋，急求解脱而不可得，久之力疲，任屠所为矣。综观上述情形，皆属惨不忍言，"放下屠刀，立地成佛"，此实为昔贤借以奖劝悔罪者也。劝善诗有云："欲知世界刀兵劫，但听屠门半夜声。"试观现时战地居民，遭兵匪之蹂躏，突然侵扰室家，老稚惊惶逃命，其呼号之惨，实同于豚之被执被杀。论者莫嗤为腐旧迷信之谈，未始不可作暮鼓晨钟，冀动饕餮家之猛省也。

蛰存斋记

（此文早经上海《希社丛编》刊载，兹因关系本
笔记取名之义，故特附录于此）

《易》之《系辞》云："蛇龙之蛰，以存身也。"礼经《月令》云："孟冬之月，蛰虫咸俯。孟春之月，蛰虫始振。"气候之寒燠不同，动物之启藏亦异，大而蛇龙，小而昆虫，其蛰固有自然之时也。人为万物之灵，其行止、居处宜何如乎？士大夫幸生盛世，风云际会，泉石膏肓，俱可各行其是，不幸生值乱离，铁骑纵横，铜驼荆棘，无可栖迟，但求能如蛇龙、昆虫而即得也。窃尝近而征之明季，当时之乱极矣，如顾炎武、黄梨洲、孙夏峰、金振希诸先生，皆有冠绝一世之才识，其于持身涉世之道，辨之明知之稔矣，一旦值国破家亡，矢志恢复，亦尝大有所设施，卒以国祚告终，气数难挽，不得已僻居讲道，立说著书，冀延正学于不坠，斯诚隐合乎

蛰存之义。且夫蛰之为义岂一端哉？动物之按时而蛰，人尽知之，人生有兴必有寐，寐亦蛰之时也，有动必有静，静亦蛰之机也，正不必绝人逃世，窜伏于深山穷谷之中始谓之蛰，举凡不与人争，恬然自适，合眼放步以听造物之低昂，皆蛰之至善者也。彼北邙山下，数千年来一蛰而不复起者，不知几十万辈矣，又何论乎百年一瞬，其蛰直须臾间事耳。仆数椽老屋，随遇而安，斋之外松竹萧然，斋之内诗酒陶然，知我者或谓为保身，罪我者或谓为偷生，而皆弗计也。盖不蛰不足以存身，亦不蛰不足以见志，谓我为蛇龙可也，谓我为昆虫亦可也。

舒铁云

清代舒铁云孝廉，名位，又字立人，清史"文苑"有传。曾随勒侯征缅甸，参赞戎机，勒侯颇礼敬之。性至孝，淡于宦情，著有《瓶水斋诗集》，纯以意胜，超拔可诵，在清代诗家中洵称独树一帜。居江苏赋有句云："百份桃花千树柳，颜红腰翠画江南。"摩诘诗中有画，信然，予亦有《高邮道中即事》云："轻车不觉客途遥，堤上风光入画描。四十里程如织锦，数株杨柳一株桃。"与孝廉诗之意境适同。孝廉又有句云："名士不生朱户里，美人须死少年时。"令人读之击节叹赏。前人有咏美人句云："美人自古如名将，不许人间见白头。"意盖惜美人多不克享寿，予翻其意云："美人本以红颜美，何必鸠盘到白头。"亦与孝廉诗之意境相似。尚不敢谓可以媲美前贤，亦不过偶然适合耳。

谈阴之灵

阮瞻作《无鬼论》，东坡又好说鬼，后人尚论，将何以定其有无？然孔子仅云"敬鬼神而远之"，不闻其言无鬼神也。壮岁里居，一日赴顾姓友人家祝寿，主人留饭，并以竹战供来宾娱乐。未散席前，有人传说，予家西巷之邻人于姓，其子忽因事吃鸦片自杀，尚未绝气，正施灌救，闻之颇系念。及客众散时，夜已逾半，天黑如翳，主人乃取厚玻璃小灯特加拂拭，给予提归，明亮如诸葛灯。予行过中市板桥，六街四巷已绝行踪，向例予均走东巷归家，此次因关心于氏子，即改由西巷归。方至于氏宅外，见大门半掩半开，即驻足凝神听之，内隐隐有妇人哭，夜静闻此声，令人倍加酸楚，此时又不便入内探问，方欲移步，手中灯忽若息，提起观之，则灯光惨碧，小仅如豆。此灯系长方式，转捩之机在灯外，即停步以手捻机，见灯光升起逾寸，明亮如前，复提灯转步前行，而灯又若息，视之惨碧又如豆，再捻灯机，明亮又如前，如是者三，约共行十数武，已至巷口，转身向东，敝庐即在目矣。予出巷口时，觉背后旋风大作，尘沙飒然，至此际，予始讶巷内有怪异，尔时方在三十三四岁间，年少气盛，且生平自信爽直坦白，不作阴险不德事，扪心可以对鬼魅，故鬼魅未敢当面现形，否则岂不为众鬼所揶揄耶？时先慈万太安人尚在堂，早已安寝，予即细述所遭以告，言于氏子恐无生望，太安人因谕曰："后宜早归，不可过迟。"予唯唯称是。翌晨尚未起身，已闻左右邻人慨叹于姓事矣。遇鬼本为不幸事，即鬼未现形，亦不得诩为光荣事。惟读书以敦品为先，予素重人格，向不作谎语欺人，此事实所亲历亲见，附记于此，盖以见冥冥中真有鬼也。

称呼之不可解

近来社会上有几种通行的称呼，积习相沿，细思之殊难索解。一曰"女公子"，报纸上时见有此三字称呼，凡经报纸登入，其家长必为显宦名流，然后始值得附登，或称某公或某先生之女公子云云。谨按公子之称，为春秋时国君与公侯之子弟，如公子荆、公子宋及各国之公子是也，降及后世，已成通称，或称为翩翩浊世一佳公子也，或称太原公子裘裘而来，沿至近代，凡可奉以公子之称者，必系乔木故家、簪缨世胄，因袭其先人余荫，始得此尊贵之称。申言其义，盖即系称为某公之子也，今乃对于女子而曰女公子，虽左氏曾偶见之，试问作何讲解？将对于长大之儿童，亦称为男公子耶？一曰"大小姐"，按小姐两字本不见经传，大约系富贵人家钟爱幼女，怜其细弱娇憨之态，称为小姐，似无庸称为大小姐，或即简称曰大姐。今乃于"小"字上冠以"大"字，称为大小姐，推而论之，当然有二小姐、三小姐之称，鄙意谓不如简称大姑、小姑，或二姑、三姑之类，为近是而兼典雅。又扬州镇江各名胜地方，每见人家雇用少年女佣，多称为"小大子"，或称为"小大姐"，斯"于"大字上又冠以"小"字，是否以大小姐与小大姐之称，即为主仆尊卑之别乎？种种习非成是，相沿而呼，均觉不可解矣，世有知言君子，以为何如？

说部不可看

文字能移人情，却须因人而定，尝谓读《陈情表》而不动心者，其人必不孝；读《出师表》而不动心者，其人必不忠；读《讨武瞾檄》而不动心者，其人必不义。大抵读文字而能移情，非系真文学家，难以领会古文义意，如其学术不精深，识见不朗澈，此类人对于词严义正文字既不深解，自不喜阅，偶见有说部当前，如《水浒》演义、《西厢》传奇，把卷作声，兴高采烈，群推为才子之书。论者谓《水浒》诲盗、《西厢》诲淫，金圣叹批《西厢记》云："淫者见之谓之淫，文者见之谓之文。"窃谓此语殊欠允当，人非木石，愈是文者见之，愈足动其欲念，如"听琴"、"拷红"等文字，真是绝妙好辞；如"惊艳"、"酬简"等文字，岂非诲淫之极？《红楼梦》一部，以"怎奈他如花美眷，似水流年"两语为最好；《牡丹亭》一部，以"踏草怕泥新绣袜，惜花疼煞小金铃"两句为最好，然总不外乎形容美貌与恋爱而已。《水浒》诲盗固也，核其诲淫之处，颇不弱于《西厢》，王干娘口中之十分光，雅足为渔猎美色者之导师，此外如指宋江系明龟、杨雄系真龟、武大郎非龟、卢俊义硬龟，种种奸淫事迹，相望于册。按《西厢记》纯为子虚乌有之谈，作者恃有不羁才，掉弄笔墨为能事，不顾贻害后世青年，大是罪过。《水浒传》之来历，按《宋史》载海盗宋江等三十六人纵横河朔，掳掠十郡，知海州事张叔夜讨平之，全部《水浒》盖即根据于此，作者添波助澜，遂成芜秽文字。现时各校男女学生及家庭子弟，实心求学者已如麟角凤毛，其一种浮动淫靡之习，早不学而能，对于《水浒》、《西厢》各种说部及近时艳情、哀情各种小说，断不可容其购阅,助长其荒学迂异之思。家长与教师均应负严禁监督之责,俾不致纷乱其心志,少年血气未定,向善则难若登天,趋恶则易于下水,可不谨哉,可不诫哉!

唐绍仪

中山县长唐绍仪,在清末已跻九卿之列,曾充出使大臣。溥仪登极时,报载唐大臣绍仪因敬避御名,已改用"绍怡"字样,与刑部侍郎伍廷芳齐名。民国之元,颇尽力于清之逊国,促成共和政体。民国成立后,虽无须乎冥冥鸿飞,亦大可以洁身引退。此等元老资望,诚所谓高不可攀也,乃复任中山县长,其时予方为《盐报》主笔,曾著论非之,惜其不能适可而止也。近闻县之队长林树巍率兵叛变,以武力逼迫县长,同于禁锢,经五日之久始得脱险,殊出意料之外。窃念中山县为总理生长之邦,本县行政当然可以模范全国,乃今日之政治尚未能作各县模范,而军官叛变,武力胁制县长,反足为模范先声,总理有知,能无心痛? 未几唐公请惩祸首,并引咎退职,亦可见民国之县长不易为也。

文彬之七根柴扇骨

文彬字质安,在漕运总督任时,购得七根柴牙扇骨一柄,颇称宝贵。知慈禧太后喜玩物,意欲进呈,闻丹徒有诸生吴某,雕镌之技绝工,特派员赴丹徒请吴刊刻扇骨。询其须润几何,吴答不敢领资，请给洋十二元，以便订制极小钢刀数把，惟求附名于扇末，文准其刻"丹徒某敬刊"字样。吴乃于每骨一根，两面各刊《红楼梦》美人二，细入毫芒，栩栩欲活，极鬼斧神工之妙。进呈时大邀慈奖，答赐甚厚，内有御绘兰花团扇一柄，并他珍物，同列莫不荣之。后文漕帅仍送吴润资二百两，以酬其劳。按近代雕刻专家，曾推嘉定朱氏，松邻、小松、三松，三世有相承之绝诣，能以牙角竹石等不寸之质刻成山水人物、花鸟虫鱼，无不精妙，惟珍惜己之绝技，不轻易代人刊刻。壮岁应省试，曾于古玩店物色图章石，有刊成之石章廿余方，内有一方仅如小牙牌之长方式，上刊阳文《陋室铭》全文，印出朗若列眉，为生平所未经见，因索值过昂，无力能购。又闻乡父老张君利宾谈，曾见一雕刻家，检得大蚕茧一个，髹之以漆，上刊洛神一，意态生动，余地则刊《洛神赋》全篇，可谓神乎技矣。汇记于此，亦可见古今来何时何地无人才也。

陈筱石尚书重宴鹿鸣

陈夔龙尚书，字筱石，晚号庸庵，贵阳人也。清光绪朝以翰林历官至内阁学士，寻升侍郎。八国联军入京，两宫西幸时，先生为留京办事八大臣之一，和议成后，未几即简放漕运总督，又历任河南、江苏巡抚，调两湖总督，最后又调直隶总督。民国成立，即蛰居秦皇岛，嗣因关外不靖，又迁居沪上，寓孟德兰路，以诗文自遣，颐养天和。癸酉秋七十有七，适值重宴鹿鸣之期，感赋四律，征和于海内各诗家，续又溯洄前韵四律，答谢和诗各家。

予先后步其原韵八首，并拟骈文序一篇，均承来函奖许，附寄松寿笺十六张，嘱将诗文原著书寄，俾付装池而资印行，当即庄书寄奉。犹忆和其围字原韵云："公趋内阁曾随侍，我困愁城孰解围。"彼时感承先生厚贶，嗣已将唱和各诗编印成集，装订精工，蒙赠两部。丙子夏五月初三日为先生八秩寿辰，时予仍客沪滨，接到征文启，并原作《八十述怀》八章，当即和其原韵，以代嵩呼之祝。先生学有根柢，胞与为怀，文章经济节概，洵为清末疆臣中所不可多得者，心性亦极慈让宽和，故宜食大年之报。按重宴鹿鸣盛典，在清代殊不易逢，入民国谈此事，颇嫌腐旧，然天爵之尊，断难幸致，现又值八十寿辰，神明仍聪强不衰，信可谓国家人瑞矣。

阜邑顾把总

阜宁有把总顾君，其子顾珣，生而聪颖，喜读书。顾君因己系武职微官，自惭卑屈，遂竭力培植其子，年未冠，文名即大噪。左宗棠署两江总督，因大阅至清江浦，按册点名阅操，各员照例均应射马箭三、步箭五，奈顾君一箭未中的，左公见之怒，斥责其平时任职，究何所事？顾君唯唯，复徐徐答曰："卑闻误于教子，因荒本职。"左公闻之甚注意，询以尔子现干何事，顾君复徐徐对曰："系本科中式二十九名举人。"左公立霁颜笑谓之曰："那是很好了。"即在顾名下加批"箭虽未著，驾格可观"八字，把总因得保留。按左公亦系湖南省搜遗而得之举人，嗣由新疆奉召入京备顾问，曾偕大学士、军机大臣等陛见，因越次奏对，经御史劾参其恃功骄蹇，紊乱朝仪，并指摘其不由科甲出身，请交部严加议处。两宫阅之意不怿，命醇亲王奕譞议驳，略云："左宗棠职居宰辅，当尽知无不言之义，本可不以常格拘之。至谓其不由科甲出身，试问由科甲出身者，其功业尽能如左宗棠乎？该御史所奏偏谬，着与左宗棠一并罚俸六个月，以示薄惩。"故左公闻顾君之子系新科举人，不觉怦然深动于中，爱屋及乌，立加爱护于其父，亦可见当时朝野上下均异常重视科名也。

外国医院之毙牛

清宣统间，予与老友刘君益三因事客居首都，闻鼓楼街有外国医院一所，院长西人，喜食牛乳，因购有乳汁牝牛两头，雇一中国牧人喂养之，轮日取乳食之，颇称便利。惟用人力取乳，与乳牛之吸乳究有不同，乳牛吸乳，乳汁自在流出，人力取乳，牛乳或不旺时，则取乳须稍着力，牛亦觉乳房隐隐作痛。一日晨间取乳，院长步往观之，牧人方在取乳，牛之后蹄忽一踢，伤及院长腿部。院长怒，即入室取一药瓶来，去瓶塞给牛一嗅，牛立时倒地而毙，即呼工人扛出埋之，众以为牛系病毙，亦未有异议。附近贫民得知，侦其埋毕，于晚间潜往掘起，剥而分之，各携归煮食。后食此牛肉者，至翌晨已毙四人，尚有食肉而病卧者多人，均已气息奄奄。旋有人探悉为医院毒毙之牛，不得已往求西人，诉明实情，西人念贫民无知，当慨然给以解毒药物，因获救而庆更生者十余人。窃念贫民轻身贪食，情固可怜，而毒品辗转犹能毒人，思之大可畏也。

偶话扬州

（此稿前已经《申报》选登）

郑板桥先生系兴化县人，兴化旧属扬州府，故板桥刊有"扬州兴化人"五字印章。曾有咏扬州句云："千家生女皆教曲，十里栽花算种田。"袁子才先生阅及此联，拟将"算"字改为"当"字，以为算字不脱口，自是通论。并论及板桥工八股文，善书画，诗间有可采，如"月来满地水，云起一天山"之句，与咏扬州之联，同为可传之句。按板桥咏扬州一联，骤读之，似觉扬州不愧为名胜之区，地方有繁盛气象，其实习俗奢侈，已可于言外得之。

论三多

上海商业储蓄银行经理资耀华君，曾出洋赴各国考察银行业，以作借镜。资君本有心人，回国后谈及，以最近目光环观之，觉各国均有三多，如乞丐多、妓女多、飞机大炮多之类，并言二次大战之必然性，已无人敢加以否认云。愚按各国均有三多，其事实或未必尽同，惟飞机大炮多之一多，想象而悬揣之，恐各国无不相同，此世界第二次战争所以难幸免也。予忆从前南京有三多，说者谓驴子多、大脚仙多、红顶花翎道台多，今日上海亦有三多，富户多、绑匪多、摩登女子多（忆去岁沪报载，据调查所得，沪上富逾两万万者两户，富逾五千万者二十余户，此外如一两十万及数百万、数十万者则指不胜屈，总以沪上为安居之乐土，其实富翁均麇集于此，初无异树帜招盗，据闻沪上绑匪分匿各处，数近五六万人之多）。予念上海繁荣甲于全国，仍不止此三多，尚另有三多，离婚多、暗杀多、律师多，如各国飞机大炮多之一多，我国却不见其多。今据资君考察之谈及下走推测之论，国际战争，恐爆发之期不甚远，我国此次断难避免漩涡，他时将有不得意之三多，要无非供给多、损失多、伤亡多而已。

国际之杞忧

盲左有云"周郑交质"，夫质即交换条件也。既已缔盟，当可永好，未几郑又取周之麦与禾，盲左寻书"周郑交恶"，并附君子之言曰："信不由衷，质无益也。"古今来须乎盟者必寒盟，历试不爽。约纵连横之盟不坚，六国所以终为秦并也；楚汉以鸿沟划界，楚方欲东，张良、陈平即劝高祖乘楚人兵罢食尽，正可违约攻之，盟约之不可恃也类如此。我国此次外交失败，始终误于信任国联，夫日内瓦之国际联盟会尚在幼弱时代，对于国际发生纠纷仅能尽调解义务，双方是否听从，国联非制裁机关，不能对任何一方加以判断而强制执行也。日本无端侵略我华，我国惟依赖国联与九国协约，查日本亦为协约国之一，中日战事起，余七国未闻有仗义执言者，门户开放，我国已照约履行，领土完整、政治独立两语，以华北情形论之，日本对于同盟国实行侵略主义，适得条约之反。凡立盟约国家，要在已励精图治，养成伟大力量，足以雄视海上，方克行使条文义意，保障盟约利权。盖盟约效力，胥视国之本身实力为增损，倘国本贫弱，专恃纸上盟约，谓可赖以苟安，岂不败亡随之？凯洛非战之条、国际军缩之议，莫不是纸上空谈。最近意国恃强侵略阿国,国联已通过之制裁案,结果仅收得阿国覆亡之效,徒令各弱小国一同掬兔死狐悲之泪;德国违约驻军莱茵,抚剑疾视,近接之各国自未敢加以忽视。缘阿系弱国,德于欧战败后,经二十年之生聚教训,复一跃而跻于强国,故敢作此强硬态度。试将欧西之意与阿一比,德与阿又一比,远东之俄与日一比,日与华又一比,则国际之维持和平,主张公道,还不是唱的高调吗?此后国际趋势可以推想而知,故急急扩张军备,各国多不约而同,已成不可掩之事实,第图穷匕见,尚未能定爆发时期。我国因迭经内战,耗丧元气,国际战争,自料未堪一试,致留失地辱国隐痛。苟从此力加猛进,顾犬补牢,未为迟晚,若仍用外交上敷衍联络手段,希于危急时盼他人援助,则为必不可得之事,合力尽其在我,实为必不可缓之图也。

山阳丁氏妇

淮安府山阳县丁氏本为府城望族,丁蔗塘孝廉,在有清道咸间名震一时,生子二,均聪颖而优秀。蔗塘屡上春官不第,遂专力课其二子,期继厥志,二子亦勤学不稍懈,后均掇巍科入翰,一补授御史,一升授翰林院侍读。先是,兄弟两人礼闱报罢,遂愤不归家,寄居府城内勺湖书院前之三仙楼上,昕夕伴读。蔗塘次媳亦故家女子,颇善文墨,曾赋诗句致其夫并夫兄云:"功名迟速都缘命,无恙归来抵万金。"兄弟阅之相视而笑,即翻然偕归。清乾隆时,百菊溪为浙江巡抚,李露园为杭州知府,同为汉军,意甚相得。后忽因事不洽,露园不赴抚署将三月矣,拟具呈辞职,时当盛夏，菊溪知露园有辞职意，遂书折扇赠之，中有句云："我非夏日何须畏，君似清风不肯来。"露园接阅，立乘舆往谒，欢笑如初。诗能移情，有如是也夫。

鉴史从何说起

文文山云："一部十七史，不知从何处说起。"汇至今日，已成为二十六史，事迹更觉繁颐难分，第扼要以言，不过为帝王统系牒、战事调查表、人才尚论录耳。其间成败兴衰之往迹、奸贤邪正之互生、才德节义之代出，大略如是而已。然列代史传之流传，其用意实系著明治国之要，使后世有所观感而获前事之师，对于治国之人，使其知所鉴诫而重身后之名，此孔子作《春秋》，乱臣贼子所以惧也。

十串钱教一年馆

邑之东南乡有一田舍翁，祖遗腴田百余亩，雇佃自种，足食丰衣，家颇饶裕，惟悭吝成性。有一子，拟请师教之，又异常惜乎金钱，物色年余，始得一人，议定束修十千文一年，外供饮食。至年终乃称教师无学问，不能训导其子，遂不给束修。教师因愤而控之县，时陈公又桥宰吾盐，晚堂传讯，各执一词，陈公谕云："无庸多辩，我自有法试之，即凭此以判决此案。"遂出对令教师续之："半枝烛放四面光，白白明明，照遍东西南北。"教师沉吟半响，求给纸笔写句呈上云："十串钱教一年馆，辛辛苦苦，历尽春夏秋冬。"陈公阅之，拍案斥责田舍翁云："尔悭骨俗眼，不识好人。着尔岁出束修百千文，关聘先生三年，包管教尔子将来可以稍明大义，违即办尔。"翁唯唯称是，即具结完案，陈公可谓巧于解纷矣。

学无分派别

文章宗派最为误人，读圣贤书，所学何事，握要以言，惟求其是。朱陆异同，千秋聚讼，然陆九渊讲学鹅湖，讲君子喻于义一章，朱子深称其切中学人通病。斯朱陆在当日，未尝不有时而同也，无如后人各执己见之偏，致滋异议。自来门户之见，不仅在交游进取间，而文字语言间，尤为牢不可破，此种偏私，惟圣人大贤能无之，贤者多不能免焉。胡瑗、孙复为布衣交，读书泰山，同学十年，及入经义、治事两斋，因讲论不合，至相避不面。王安石六诣莲溪之门，拒而不见，程子谓新学之祸，吾党激成之也。动存物我之见，要皆气质之偏，不能以诚感人也。才智之士为尤甚，孔子道统不传于颖悟之子贡、高明之子张，而独传于质鲁之曾子，可见士以诚笃为贵，其议论诙奇才华奔放者流，大都有竞心多客气而无容德也。考宋代诸大儒，洵为吾道承上启下之枢纽，列圣之心法，咸为吾徒躬行实践之导师，宗汉学者多诋宋儒，宗宋学者多非汉儒，殊不知汉儒、宋儒有相须无相悖也。汉承秦火之后，惟《易》为卜筮之书，未经秦火，此外早成灰烬。然秦政欲天下愚而己独智，阿房宫实贮有列代全书，留供子孙诵读，萧何入关，只收图籍不知收书，复被楚人付之一炬，后儒曾有诗讥之云："到底未离刀笔吏，只收图籍不收书。"劫后掇拾烬余，章分节解，义意不贯，触处皆是，固不独郭公夏五、华黍由庚为显著之阙文也。当时斯文坠地，而欲继往开来，自非加以训诂，逐句逐字绅绎之、探讨之，则古人意旨终晦莫能明。孔颖达疏训诂为注解之别名，训者顺其义而导之，诂者古今异言通之使人易知也。汉儒专力于此，而经籍之疑义始复明于世，宋儒因汉儒既训诂于前，隋之河汾、唐之昌黎又能推阐之而绍述于后，则宋儒自无庸词赘，惟专心致志于义理，使汉儒训诂之学至宋代而益大明，理学之名遂特著，盖其事有相须之妙，而诸儒亦复毫无成见，易地皆然。设宋儒生于汉代，亦非从训诂入手不为功；汉儒生于宋代，当亦不以训诂为急，而以正心诚意致知格物为归也。有清一代，巨儒辈出，"儒林"、"经学"、"文苑"之采入者，相望于册，然门户之私仍不能化。名儒首推陆清献、陆桴亭两先生，恪守程朱家法，其兼宗陆九渊、王阳明之学而不畔于程朱者，则为孙徵君夏峰、汤文正潜庵、关中李二曲诸先生。何文贞公丹畦续《理学正宗》、唐恪慎公镜海著《学案小识》，均推二陆为直绍洛闽之统，其救正王学末流之功甚大。唐氏《学案》既摈夏峰不录，复深致鄙夷，而彭尺木、程鱼门又议清献攻击陆、王太过，未脱讲学家习气。鄙意谓彭、程两氏之论，亦属明于责人。再考经学专宗汉儒，好抵程朱之隙者，则有毛西河、惠定宇、戴东原诸人，其理义宗程朱而仍博稽汉唐注疏者，则为李安溪、姚姬传、方望溪诸先生。纪文达晓岚每议宋儒空谈性理，晓岚曾充《四库》修书总裁，凡一部书卷首均作提要数百言，以便进呈，所以重博览而不重理论。江子屏作《汉学师承记》，凡稍近宋学者皆摈之，致取裁益隘。阮文达芸台刻《皇清经解》千四百卷,于李安溪、方望溪两先生一字不收。安溪为理学名臣,望溪为古文专家,江、阮两家之持论皆所谓派别之念深也,李次青氏亦曾论及之。窃谓儒者读书尚论,须知古人立说著书必殚半生精力,岁月消磨于铅椠,始克成编,而私家评议,当必求此心此理之同,庶可传世而行远。夫中道不外持平,若徒发快论于一时,偏私不能自克,则后之视今,亦犹今之视昔,将掊击无已时也。老子对孔子曰:"子所言者其人与骨皆已朽矣,独其言在耳。"山阴胡天游氏有言:"古今人皆死,惟能文章者不死。"是自来文字之关系,实赖以存宇宙、志事物、昭政治、导技艺、垂劝诫者,倘不克递相阐述,代有发明,适成一混沌世界矣。后人读前人文字,不可自囿于派别,须融会诸家学说而采择之,折衷于尼山之教言以身体力行为根本,庶乎可矣。

谨以孔子之言证明三民主义

我中华孔子之道已历二千余年了,切于民生日用,正如饮食衣服与居处,不可一日或离地。孔子之教合修身、齐家、治国、平天下为主旨的,孔子之志以老安、友信、少怀为素愿的,所处环境或患难、或夷狄、或贫贱,皆能素位而行,故其道亦宜古宜今,一些儿成见与窒碍都没有地,可推为时中的圣人。我国府已竭诚尊崇孔教,并议订奉祀典礼,当此训政与立宪切要地时期,全国闻之,均认为适合民众心理的措施。伏念孔子之道,不独包括新生活的"礼义廉耻"四个字,即总理民族、民权、民生的主义,亦为孔子所论之详筹之熟者,试略举其事迹与训言证明之。

孔子周流七十二君之庭,原冀得行道于任何一国,发展大同政见,虽绝粮于陈、蔡两国,及被围于匡、微服过宋,而濮濮道途之念,曾不因困难而稍衰,正与总理数次之蒙难相同,是孔子民族的观念,早为后世联合弱小民族的导师。至论及民权,孔子尝云“民之所好好之,民之所恶恶之”,又云“得众则得国,失众则失国”,又云“举直错诸罔则民服,举罔错诸直则民不服”,如将此句解释一下子,颇有合于现代的情势。按照法律言之,民或不服,必有抗告、上诉等激发;按照宪法言之,民或不服,必有复决、罢免等请求。况在孔子所处的时代,人心尚屈服于尊王呢,而孔子论及民众关系国的存亡,已严重若此了,现在国属于民,民权是当然特重的了。再论及民生,孔子尝云“财聚则民散,财散则民聚”,又云“不患寡而患不均,不患贫而患不安”,并以博施济众,难于普及为病,偶尔适卫,仍以既庶宜富为先,是孔子当日轸念民生,真可谓要言不烦。现值农村破产,商业萧条,新生活所以培民德地,三民主义即应侧重厚民生了。崇奉孔教,通饬遵行,是于总理的三民主义,不啻对全国下一道谆切的训令,督促进行,又可于新生活“礼义廉耻”四字上加一重巩固的保障也。是国家之有赖于孔教也如此,国府之尊崇孔教也意亦在此,小子漫然加以证明,其希望与感慰也亦不此外。

两文绣均为贵人妾

清宣统之妾金氏,名文绣,居天津时,宣统厌故喜新,因虐待之，金遂向法院诉请离婚，并索赡养费，此可为亘古的奇闻了，嗣经各遗老调停，商定年给生活费五千元，与后同居，始获粗安。黎总统之妾危氏，亦名文绣，黎故后不安于室，在青岛与一商人姘居，当时报章曾载其事，危氏并具函申辩。丙子五月十二日，危氏在天津犯赌被逮，报纸犹载称黎总统之下堂妾危文绣，一若与黎尚未脱离关系云。我想两位如夫人皆名文绣，可谓巧于相同，虽分属小星，但是两位的命格总算很高贵了，一侍皇帝、一侍总统，均为一国元首的资格。然我终嫌两位的命运不旺夫，侍皇帝者皇帝已逊位了，侍总统者总统已逝世了，而且金文绣僻居深院，琴瑟难调，危文绣自愿下堂，琵琶别抱，所遭皆觉仳离，益信红颜命薄。鄙意谓人当少壮时，姬妾万不可多，当衰老时，姬妾万不可纳，仆因用古乐府两句赠宣统云："故人虽故昔经新，今人虽新应复故。"又用白香山诗句赠黎公云："黄金用尽教歌舞，留与他人乐少年。"浮生若梦，为欢几何？无论或壮或老，何必多取烦恼、多留余孽也。

王仁堪

王仁堪先生，字可庄，以殿撰出身，曾奉钦派为江南乡试正主考，文章经济，咸推为他日封疆之选，非风尘中吏也。吾盐陈惕庵孝廉即其所取士也，嗣孝廉以门下士礼谒见座师，颇邀先生奖许，临别请赐训言，先生云："吾愿汝为古之志士，不愿汝为今之名士也。"其素抱可以想见。逾年即外放为镇江府知府，本省督抚藩臬各宪，前因先生任主考时曾以钦使礼节接待之，此次虽为属员，而各大宪当时对于先生仍未肯自居为长官，每有通饬案件，均直饬镇江府丹徒县，文末附云"并仰该县转报镇江府查照"云云，可谓特予优异，亦可见先生之品望，令人心仪。未几突卒于任所，赍志以终，闻者惜焉。

江建霞

江标字建霞，在科举时代以能文称于当世，乡闱中式，以二场经文中"为电"一艺最为主司所激赏，对于电学颇有所发明，当时传诵。嗣遂联捷成进士，授职翰林院编修，未几即简放浙江学政。闻其幼年读书于鸳湖之侧，曾有艳遇，作绮怀诗八章，前中华图书馆曾刊入《游戏》杂志，予刻已记忆不全，一首云："自嗟无福引文萧，写韵楼荒久寂寥。（次联忘却）灵犀扣领松知瘦，绣凤鞋帮窄更娇。世上支矶空有石，年年望断鹊填桥。"又一联云："身无粉饰妆都洁，室有秋兰体章芳。"又一结联云："可堪掬月纤纤手，碎却温家玉镜台。"玩其辞意，大约为欢未终，有感伤追忆之概。嗣因挂名党籍革职，亦可见清末党禁之严也。

鲍　超

妇女貌过美最不相宜，盖以有甚美必有甚恶，自古称为美人者，非贫夭即孀居，或无嗣，甚或历艰苦之境，大概不出此范围。鄙意谓妇女要以温厚端庄、五官相称为贵，决其为旺夫宜男之相，苟粗蠢悍泼见于词色，大足以妨夫败家。清代鲍超，四川夔州人，号春亭，曾文正公为之改"亭"为"霆"，状其勇也，为当时清军中最著名之骁将。微时娶妻，貌不扬而性多癖，夫妇穷困，致不能支生，闭户拟自杀，得邻友李姓劝慰，令各自谋生，超因富有膂力，遂投军效用。自是事机顺利，未逾年即拔补哨官，历大小七百余战，积功擢至提督，封一等子爵。其妻别后，为佣糊口，兵乱时代，颠沛流离，仅得不死。嗣闻其夫已大贵，欲投无从，直至军务大定后，始悉超之驻扎处所，沿途乞食以往，经数月始达目的地，求人为之通。超早疑其妻没于战争中，已另娶生子，闻报即出视，从容谓之曰："你的命不好，我自从娶你过门就困顿欲死，与你分离后，我就日见发达。此刻我是万不能认你的，给你银子三千两，你可寻个尼庵住居，以终余年吧。"其妻闻言，知道多诉苦衷亦属无济，只得领款称谢，挥泪而去，糟糠之妻不下堂这样腐旧地话，当然不必提及了，此又可作为一种协议离婚论也。

《盐城日报》之回顾

民十五年秋，赣省战事吃紧，予正听鼓于金陵省垣。吴君彝白适至，劝令回里，彼因南洋旅馆已积欠百数十元，吴君代还廿元，余承郝君心源代为担任，予遂向陈省长陶遗请假回籍措赀。时金君绍卿任内河税务总稽查，将由省起行，承其挈带回盐。十六年春间，党军已长驱北上，朱生息武，函请赴城筹办报馆，时盐城尚未有他报，此实为创始之报馆，予认为适合时机，即订名为《盐城日报》。随分别呈请县党部、县政府、省党部、民政厅立案，藉以宣扬党治，鼓吹新猷，予忝任主笔，息武为主任，黄商会长笠衫、袁副会长振声均承其设法捐注，以资进展，及吴彝白、马钵循、金绍卿、凌慧庵、曹厚培诸君子亦复各有协助之处。当时印刷机尚未能购办，每日报纸姑请吴君际虞开办之光华印局代印，吴君桥梓诚信待人，诸承通融商办，时本报编辑为黄友碧山，访员为王友慕尧，学识俱优，克勤厥职，供事亦极和衷。老友杨子江、臧退庵两先生时来清谈，加以指导，晨夕聚晤者有徐尚卿、倪志清、纪景开问字诸友。既得各友好维持，兼承各机关津贴，本抱有可以发展希望，惟息武以主任兼会计，报销不旺，致营业不敷馆内开支，渐呈拮据状态，月薪积欠日增，虽经同乡友购赠印机，亦未能有起色。荏苒三载有余，予早萌去志，一岁已入严冬，敝装尚存质库，曾赋诗请黄会长答和，末两句云："寒衣太薄祈天暖，说与知交唤奈何。"当承和句云："迟迟总有投桃日，怎奈先生近况何。"两诗均刊报端，末几送来番佛卅尊。综计三年余，黄会长迭有款补助个人，殊为可感。殆予离馆时，《民声日报》已出版，未逾年息武亦迁往兴化营业，由是《大公报》、《民铎报》、《盐城时报》先后应时而起，办理均各见精神，亦可谓地方有繁荣气象，而当年称为《盐城日报》者已成《广陵散》矣。

寒夜巨声

予在戎幕司笔札十数年，遇有机要文件，除急电须立拟外，余均于夜间创稿，图时静而心定。每届冬令，仅脱外套长衫，即拥被而卧，久成惯性，盖恐军中突有事故发生，易于起身耳。年来蛰伏乡间，兴居仍未改旧态。二十一年一月二十日，即古历十二月十三日夜三句钟，虽细雨连朝，而月色西沉，朦胧尚可辨物，予方暗灯欲睡，闻有声自北来者，悚然而听之。初疑天欲酿晴，朔风陡起，继若盛暑暴雨将至声，又若排多数巨舰开足速率，破浪直驶声，屏息凝神以听，中似含有数量数之鼓翼声。俄顷声过，四境寂然，正欹枕沉吟推想间，而声又作，其势如无，其止亦如前。此时予颇深骇诧，燃灯复起，而声三作，遂启户急出，则见成千累万之鸟鹊横蔽天空，在空际略作回翔，即相率向东南去。噫，异哉！此无量数之鸟，分三起而行，胡为乎来哉？以理测之，予敢决其为关外之山鹊。我国东三省所有深山丛林，袤延千数百里，为数百年来人迹所罕至者，故鸟类生殖甚繁。奈东邻原系一岛国，小若弹丸，国内久有人满之患，今竟强占我辽、吉各省，骤然得山脉雄厚、物产富饶之区，其恣意驰逐而搜索也，夫何待言！飞机掷弹、荷枪四出，示威掠夺以为快，不独民间鸡犬不宁，即鸟类亦不能自存，倾巢避去，不惮于夜深远飞数千里，另觅善地借枝栖，则我东省人民，其不能一日居也可想见矣。

山阳忆旧

　　淮安府山阳县，今已改为淮安县，为童年应府院试之游览地，科举停后，足迹不至者几二十年。嗣客清江护军使署，曾因公数过其地，重到旧游，恍如隔世，市廛已顿改前观，贡院则沦为营部，惟北门外业工艺者，尚有昔年遗迹。《宋史》称韩世忠屯兵楚州，通商惠工，山阳遂为重镇，是世忠当日所惨淡经营者可知矣。梁夫人为京口良家女，内助之贤，载诸史册。夫人不独谙军事，兼擅手工，以柳枝、藤枝及劈竹成细枝为原料，能编织各种器物，如筐篚筥笼之属，精巧适用，远近争购，客或携归以赠戚友，并选民间妇女入署，授以编织法，竞相仿效，风气为一变。迄今千余年来，其地仍有业此艺者，父老相传，偶谈往事，犹追念夫人遗风不置，笛听山阳，未免情深忆旧矣。

围炉感言

壬申仲冬，友人因事函邀来城，与同寅老友金绍卿及门生马兴国，昕夕畅叙。气候颇觉寒冽，兼之风雪交加，室内贮水之杯盂，夜深结冰已厚，奇寒殊可畏，偶有重要文字，每于更柝起时为之，夜寒贾岛，双耸诗肩，恒炽炭于旁以取暖，所谓冬烘先生是也。昔通州有朱人杰者，以甲榜作牧令，颇具骨鲠，致浮沉宦海十数年，中年后始获迁擢，历官至巡抚，节概转逊于前。一日与僚友围炉闲话，有咏炭句云："一半黑时犹有骨，十分红处便成灰。"可谓不沾不脱，意亦为本人一生写照，自是可传之句。予谓炭之为物，洵不可无集合力也，当严寒逼人时，公熏置之座隅，燃炭满中，其光熊熊，顷之一室生温，大是满炉榾柮，漫腾腾地暖烘烘，当此之时，可以煮酒、可以煮茶、可以煨芋，乐何如也。倘有人突将炉炭倾于地上，且分散之，则烈焰蒸腾光气立见灰冷，即置之通风处，而各炭亦逐渐息灭，因其势已离散故也。或于将息未息之际，复聚之炉中，煽以微风，又呈不可响迩之势，盖合则令众能因热，分则即各处单寒，是集合与不集合之关系固甚重也。

呜呼！外侮日逼，国难日深，须同具热心，推诚集合以挽救之，我国人勉乎哉！

制造火器速求精进

人心之灵，愈用而愈出；艺术之巧，愈研而愈精。华人向不注意工业，所以机械制造之学远不逮外人，然技艺进步非仅手术力求精进，实赖心思大有发明，推陈出新，应付世界潮流之所趋，而制造火器尤为任何国家本身命脉之所系。戚继光为明代名将，在闽粤各省迭败倭人，所用火器为满天烟、佛狼机、大蜂巢、飞天喷桶等类，其时倭人制造未精，戚之军略固优，兼精造械，故能屡胜。清代以红衣巨炮为最著，辇毂前后多用豹尾枪，乾隆朝阿文成公与勇毅公督兵征乌什时，犄角为营，距贼垒约二里余，每相往来辄有铅丸落马左右，幸不为击，疑沟中有伏，搜之无获，颇怀疑虑，后执俘讯之，乃知其国有宝器二，铳力皆可及一里外，试之不虚，纪文达公曾载入《阅微草堂》。夫铳力及一里外，当时即称为宝器，如与现时套筒枪、小口径、自来得较之，其射力均可出二里外，他如小钢炮、迫击炮、陆路炮、野战炮，其弹力由二三里可至二三十哩，更不知若何惊叹矣。大约制造之术，可随时代为精进，齐抚万氏为苏皖赣巡阅使时，留心军备，曾购得荷兰国快枪一枝，二十五响，价洋三百六十元，即令制造局总技师某仿造。该技师拆视一过，答曰能造，遂令试造四十枝，阅四月余而功成，呈请试放，竟炸毁三十九枝，仅剩一枝未放。齐氏大怒，将总技师钉镣收禁，直至江浙战事将开，须用枪炮弹甚夥，始释令戴罪效力。我国人制造技术之不精于此可见，近虽有普通制造人才，终未能入精微之奥，纵观环球各大国最近之趋势，虽经会议减缩军备，此案尚未成立，故暗中仍各加紧制造补充而未已。盖非军备具有伟大力量，既不足称雄海上而保其商务之发展与利权，又不足增高国际之地位，其势实有不得不注重军备者。况倭人对于我国，破我藩篱，夺我要塞，几欲入我堂奥，我即不欲宣战而战祸已蔓于中国领土，掣动我中国腹地，其受侮之弱点，即系海、空两军无实力可恃所致。应从速物色制造械弹专家，从事精研，惟制造须兼精化学，方足以充实力而资对付，嗣后当注重工业，加以提倡，继以补助，使之日有进展，富强之基不外是矣。

游踪汇志

囊客淮扬护军使署，以秘书兼师部书记官，几于无役不与，足迹遍大江南北，游览名胜。每为职务所牵，鸿爪偶留，率如走马看花，然遇有各地佳联，日久皆能记诵。扬州平山堂，因堂址与隔江群山相平，故名，登临颇快人意，欧阳永叔曾饮酒赋诗其上，有句云："两行官妓红颜老，三个门生白发多。"所谓"三个门生"，当为苏氏昆季与曾子固无疑矣。此为永叔当年之游迹，堂内楹联林立，以一联为最佳，句云"偶然杯酒成千古，无限江山送六朝"，登临凭吊，意味悠然。南京有方孝孺祠，当燕王棣南下时，姚广孝凤知方为节义士，坚嘱燕王勿杀方，杀之则读书种子绝矣。及渡江时，建文已失踪，燕王以方为人望所归，召令草诏，方执不从，燕王云："此朕家事，朕不过效周公辅成王耳。"方诘之云："成王安在？"遂大书"燕贼篡位"四字，燕王大怒云："汝不顾九族乎？"愤然答曰："十族又何妨！"遂族诛。其祠内楹联亦多，予乡李龙门一联，高挹群言，推为绝唱，联云："管仲不为，十族惨于真召忽；成王安在，一言愧杀假周公。"莫愁湖为南京最著之名胜，胜棋楼下悬莫愁女子小像，楼上奉徐中山王像，即与太祖下棋处，所有楹联至不可以数计，以一联称最，句云："湖号莫愁，看南朝迭起群贤，还让佳人独步；棋何能胜，为北道误投一子，致教此局全输。"下联盖暗指上述之燕王事也，妙语双关，试起太祖于地下问之，能无追悔？予曾登焦山之枕江阁，上悬有集成句联，云："虚室生白，飞阁流丹。"颇觉天然入妙，予复按其形势集成句云："下临无地，江流有声。"尚未敢谓媲美前人。民国十五年间，在南京听鼓经年，一日寅友高邮刘哲邀往秀山公园之逍遥游茗话，在座都为听鼓之同寅友，不得志而留滞省垣者，如朱幹青、李勤斋、金绍卿诸君是，倾谈间命予留题，予集成句，云："此处正安吟榻好，何人不起故园情。"回首旧游，都昨日爰汇志之。

袁子才之戏谑

钱唐袁子才，以翰林院庶吉士改为县令，有咏残雪句云："未经酝酿成霖雨，敢为漂流怨太阳。"即为此事感赋，想见其才情，可谓清代知名士，清史"文苑"有传。才华奔放如天马行空，当时惟孙渊如、赵瓯北可与颉颃，平生仅心服山阴胡天游一人。姚姬传先生作袁之墓志铭云："乾嘉百余年来，极山林之乐，未有及君者。"惟其人有才无行，时或佚乎礼法，君子每讥之。尹文端公继善深契之，刘文清公石庵深恶之，尝见其"一物有情皆人赏，半生非病不孤眠"之句，大怒，绝之如雠。时刘文清以尚书兼翰林院掌院学士，嗣遂被摈为外吏，袁有咏落花结句云："莫嫌上苑遮留少，宰相由来铁石肠。"又即指此事也（以上各诗句均见于仓山本集中）。分发江南，知沭阳县事，有兄弟争产涉讼，案久不结，兄乃请人关说，奉以暮夜金，袁受之。弟侦知其情，亦倩人袖金以进，袁亦受之。幕中客窃窃私议，咸谓此案将如何发落，越日袁提讯，并传有关系之亲族到庭便质。庭讯时，袁令仆自后堂取来大纸包各一，分置案头，两造在庭，袁拍案大叱，谓："尔兄弟擅敢贿嘱长官，玷我清名，先治尔等以应得之咎，贿银具在，更有何词？"即命役带下先行收押，两人惊颜如土，不敢置一辞，在庭之亲族代为求请从宽，愿听堂上公断，袁复云："此案自应匀分财产，何容苦争？"兄弟连称遵断，遂各具结完案。讯毕欲退，令各将原银带下，归启视之，则原包内并非银，乃斤两相等之细碎砂砾也。两人嗒焉若丧，案既未能取胜，银又无可索回，追悔莫及，闻者盖莫不发一大噱云。

徐树铮

徐树铮，字又铮，取"铁中铮铮"之义，徐州人也。任侠尚义，性好填词度曲，系托弛不羁之才。乙丑冬突被暗杀，人第知种因于陆建章之被杀，而其所以然之故，外间或不尽知。据护署参谋长吴训之谈及，先是，陆建章由陕督下野后，歧路徘徊，不敢进京。段芝泉时为参战督办，徐为边防军督办，段一日电召陆来京,将畀以职,陆因有恃不恐,摒挡抵京,即赴参战督办公署。适段不在署而徐在署,时段回鸡罩胡同本宅,公署忽来电话报告要事,乃为代接电话者张某所误答。越一点钟余,电话续来,段自往接听,闻陆已枪决,大骇,顿足曰:"陆系我以电邀来,岂非显蒙诱杀之名?"然事已至此,速宣布其罪状。可见陆之被杀,非出段氏本意也。直皖战后,此事遂停搁六七年之久,此次纤道南通小作勾留,当有政局上重要接洽。抵京时,段氏即促其速行离京,乃因友人饯行稍留,致有陆绳武者,以报父仇自承,要徐于天津车站击毙之,因果乃完。张南通因徐好填词,乃填一阕以挽之,首云:"策蹇彭城,看莽砀山川如昨。"又云:"壮岁不屠樊噌狗,声名曾骏燕昭马。"结云:"好男儿为鬼亦英雄,谁堪假。"亦可知其契洽之深。后徐曾降一扶乩之家,判诗甚多,惟对于本人被杀一层,云:"大好头胪待价沽,枪声月下血模糊。而今悟澈尘缘幻,放眼乾坤笑徇屠。"亦可谓觉悟于身后者矣。

陆润庠之水烟袋

吴县陆文端公润庠,字凤石。相传其封翁为润州教谕时,诞公于官廨。生之夕,母夫人梦至园中,见一凤凰落阶石上,寤而公生,名以润庠,言生于润州庠序中者,字以凤石,符母梦之祥也。年方总角,颖悟异常,一日偕老仆于署外嬉游,适有丐者过其前,年老龙钟,公见之忽谓曰:"汝非铁拐李乎?"老丐回顾久之,作揶揄声笑应之曰:"汝亦不过一亡国宰相耳。"言毕疾驰而去,老仆追之已杳,当时颇传以为异,久亦置之。后公通籍,人犹未之奇也，直至光绪之末，公拜协揆时，扬州镇江诸父老有知前事者，深用隐忧，今日状元宰相已与国俱亡，可谓数皆前定。然尚有一二轶事足述者，湖南汪某与公为拔贡同年，朝考报罢将归，公饯之于京师丰楼。时公已由殿撰行走上书房，汪相对之下，羡而兼愧，抑郁见于词色，公乃假词以慰之曰："他日予若主湘闱试，君定为药笼中物也。"汪请以何为密约，适公手持水烟袋吸烟，沉吟答曰："以'水烟袋'三字，嵌于试帖诗前四句是矣。"酒后兴到语，境过情迁，未可以为信也，倾谈将终即各郑重而别。未及三年，公果简放湖南正主考，将离京，先以函致汪，谓"丰楼话别，'水烟袋'嵌字于诗云云，犹记忆否？"汪拆函阅后，笑置于窗间而出，按汪有僚婿三人，均名诸生，惟汪偶好曲巷游，其妻窥其阅函而笑，疑为外舍情书，知母解文字，遂袖归以示母。母阅竟，解函中意，坚嘱勿泄，立招其他两婿来，示以原函，汪亦随至，慨然告之。入闱后，诗题乃"所宝为贤"，得书字，三人均完好终场。陆公阅头场诗文，留意嵌字，暗中摸索得三卷，诗均嵌有"水烟袋"字，疑莫能决，因文俱佳，遂皆取中，两正一副。揭晓后，汪仍中副车，叹为数奇而已，竟愤不再试，纳赀捐道员候补。其一取登魁席，并刊其诗前四句云："烟水苍茫里，人才夹袋储。惟贤堪报国，所宝见于书。"榜发轰传，有人欲据以入告，或解云："陆为人平易近人，且此举亦属念旧怜才，非贿通关节可比。"事遂寝。樊樊山先生认为韵事，爰作长歌以咏汉之，首二句云："湘闱万口传佳话，关节三言水烟袋。"结句云："停寝科场十载余，状元宰相总丘墟（时陆已薨）。徒留烟水苍茫感，谁复人才夹袋储。"即用其原句咏叹传神，雅有悠然不尽之致。

朱庆澜将军

朱庆澜将军,字子桥,曾任黑龙江督军兼省长,脱离军政界后即专办慈善事业,廉洁自持,贤劳卓著。前因事赴伍祐泰和公司,予时方里居,充文庙董事,因公晋场署,晤伍祐场长卢守之,适朱将军偕黄穆安先生、郏星五营长同入署,遂得一识荆州。将军体质魁梧,岸然道貌,时在五月初间,身着蓝竹布长衫,俭朴可见。厥后予即厕身军政界,与将军隔绝有十数年之久。乙亥春由沪假归,适将军又赴伍祐泰和公司,慰问股东张师长佩严之病,敝庐距公司仅数十步,认为天假之缘,即撰联书赠,句云:"济人誓起沟中瘠,兼善欣逢天下才。"将军临行前一日,派王所长樾樵袖致番佛四尊,并道将军垂询殷殷盛意。窃念物自史道陵来,初不以多为贵也,自应登受,当以拙作笔记即拟付刊,请王君转达朱将军与张师长,请酌助印资。王君本系契友,即承慨允先容。丙子春,始函致张师长沪寓,复函略称"现正办理慈善各事,补助私人刊书尚属创举,非取得朱将军同意,不能有确定办法"云。时朱将军已任全国赈灾委员会长,复函自系推诚之言,惟因"创举"两字,当即拟函答复云:"以助资刊书为创举,此则系我公少见而多怪。杨子云《法言》稿成,有富人愿助刊资,请留一名,子云婉却未受。蒲留仙《聊斋志异》,王渔洋尚书曾助刊资百千文,卷首题词有'莫惊纸价无端贵,曾费渔洋十万钱'之句。他如钱南园诗集系法时帆祭酒代刊,无锡耆宿邹翰飞诗文集亦系诸友出资代刊,海安韩紫石先生,诸友好代为醵金刊书,尤属最近之证明。是刊书请人助资及愿助人资,本为恒有之事,初非自弟创始也。"予既具此辩论之函,意已不望其补助也明矣,至于朱将军知与不知,更不必加以探询。惟朱、张两公豁达之度,兼善为怀,可信其绝无意见之存,予亦初无怨尤之念,认为运会未通也。陈君蝶仙,为廿余年来文字神交老友也,此次因旅沪日久,遂得握手倾谈,承其托友代印稿本,取价异常低廉,兼承贵阳陈筱石尚书助印资百千文,正与王渔洋尚书助蒲留仙之刊资不约而同,附函云:"藏山盛业,传信无疑。奉赠印资,聊以将意。"前盐城县长董君汉槎亦助资百千,以维新之才,雅有崇儒之谊,附函云:"执事学养有素,此次赴沪,以大著公之于世,定卜纸贵洛阳。附上赆仪,聊壮行色。"拙稿始克侥幸观成。汇志于此,可见寒士刊书不易,并可见求人之事,有难又有不难也。

读史随笔

何曾日食万钱,犹嫌无下箸处,后人每讥其侈。谨按汉赐苏武钱二百万,实今之二千串;刘逾家无担石之储,樗蒲一掷百万,实今之一千串;宋赐曹彬钱五十万,实今之五百串。足证明何曾万钱实为今之十串,窃见今日之阔绰官僚、富商大贾,一时之筵宴,中西杂进,招妓侑觞,动辄数百元,沪谚有云:"富家一席酒,贫户半年粮。"又如一时之堂会,重金预聘,名角纷来,动辄数千元,在昔人视之,不且惊骇为千数百万之多耶?现时生活程度之高,最苦者劳动小民耳,一家食指甚夥,谋三餐之饱且不易。或谓岁有丰歉,未始非一种缘因,殊不知贫苦小民自食其力,虽遇丰稔之年仍忧无以卒岁,富厚之家广厦细旃,锦衣玉食,虽遇荒歉之年仍有丰年之笑乐。大抵富人恒性奢侈自豪，挥金不惜，慈善求助，拔毛不为，若肯化浪用为正用，移充义举，不过在一转念间耳。

第二则

周茂叔窗前草不除去，云与自家意思一般；张横渠好闻驴鸣，云是天机自动处；程伊川好以盆水蓄小鱼数尾，云欲观万物自得意。此在他人言之则为大言欺人，在周、张、程诸贤言之则为深造有得。自古大儒，其胸中皭然不滓，纯是天理流行，随在见道体之呈露，故发于外者活泼泼地，怡然有得于中。所谓寻孔、颜乐处，岂必拘拘于疏水曲肱、箪食瓢饮已也。王逸少、苏子瞻非不风流自赏，潇洒出尘，然谓为才士则可，其于孔颜门径，尚属却行求前。至若嵇叔夜、阮嗣宗辈，有才无行，放荡名教，已为周、张、程诸贤所屏弃，而况愈趋愈下者乎？士生晚近，适当正学绝续之交，苟能知所鉴别，方不误于取法。无如今之少数新学家，自居新人物，殊无所谓新学术与新发明也，国术将湮，狂澜难挽，噫！

第三则

自古尚武力好战术者，鲜未有不败亡者也。穷兵有干天地之和，善战终触鬼神之忌，固无论为叛逆之贼、跋扈之徒，其败亡皆可以预决。即使师出有名，兵以义动，亦为古圣人不得已而偶用之，终未可久恃者也。楚项羽以拔山盖世之雄，力征经营，五载而成帝业，不可谓非古今特出之人豪，然专重战术，卒致会兵垓下，四面楚歌，自刎乌江，武力终于不济。民国以来，前后军阀大是唐之藩镇，即以有唐一代而论，安禄山则为其子安庆绪使阉宦李猪儿斫杀之，史思明则为其子史朝义与部将曹将军射杀之，黄巢乃为其甥林言所杀，朱温乃为其子友珪所杀，林言、友珪不旋踵又为他人所杀之。数人者充其当时兵力暴虐残杀，锐不可当，唐之社稷因以倾覆而不振，然皆不能自保首领以终，且并非死于敌国之谋、敌人之手，天特假手于其所生之人以戮之，孟子所谓"寡助之至，亲戚畔之"是也。夫拥兵自卫，杀机即伏于兵间，藉兵嗜杀，杀机即中于吾身，类如陆建章、袁祖铭、姜登选、郭松林、徐宝山、张宗昌、孙传芳其尤著者也，故孙子曰"全军为上"，老子谓"佳兵不祥"，君子以不战屈人，均足为千古军事家之指南语。倘不以国是为急务，国难为隐忧，专于巩固地盘，扩充军备，是前车不鉴而来轸多危矣。

第四则

自古圣贤豪杰，达而在上，体国经野之道，其措施略同；穷而在下，圣贤则安贫乐道，立说著书，垂训于后，豪杰则困顿无聊，每多玩世不恭，越乎礼法之外，非必有心放佚，亦落拓不偶者自然之流露也。汉淮阴侯韩信始依项氏，用为执戟郎，数以策干羽，弗用，亡归汉。坐法当斩，滕公奇其状貌，与语大悦，释之，言于汉王，以为治粟都尉，继以萧何之荐，遂筑坛拜大将而为汉代开国勋臣。唐汾阳王郭子仪初在并州为卒，与众犯法，均入囚车解郡，声辘辘过市而驰。适李白饮于酒家楼，偶望见之，惊为非常人，止其车，乘醉言于当道独赦之，遂克平安史之乱而锡王封。

岳飞为秉义郎时犯法将刑，宗泽一见奇之，呼与语，叹其为古良将所不能及，会金人攻汜水，以五百骑授飞，使立功赎罪，飞由是知名。兹三公者，史虽未详其所犯何罪，既曰当斩、曰将刑，则所犯恐非细故。予窃疑其绝非作奸犯科之谓，或系英俊沉于下僚，动鸣世事之不平，以武犯禁，及一旦赏识有人，为之汲引，遂令壮志得行，丰功伟烈，蔚为汉、唐、宋有数人物。且不仅为汉、唐、宋有数人物，即汇古今之将才而统论之，当亦为大将、名将、良将中之卓卓者也。圣人观过知仁，而德不逾闲，小节自不足为白珪之玷。因而感夫世有具知人之鉴者固不可以一节而遽定其人也，操用人之权者更不可以一节而遽弃其人也。倘使三公者，当日不遇夏侯婴、李翰林、宗留守，则力锯缧绁之威，早消磨其武纬文经之略，又谁肯弃瑕录用，使垂千古之功名哉？仆亦潦倒半生，浮沉宦海，安得有夏侯婴、李翰林、宗留守其人，再遇之于今日也。

钟洪声

徐慕雅，苏之吴县人也，在沪为教员。娶妻某氏，亦曾执教鞭于女校，合卺后夫妇尚相得。戊辰春间，徐赴沪校任职，未越数日，妻亦就某女校教职，徐闻而大恚，谓其擅自行动，不守妇道，暑假后，遂延律师在上海临时法院声请离异。律师至徐妻处询其对于离婚有何意见，徐妻称我不解法律，亦延律师代为辩护。庭讯日，钟洪声推事先讯原告徐慕雅，略称离婚理由，谓"予离家三日后，被告即擅行他去，实属有乖妇道。且予力能赡养，被告尤不应出此"云云。继讯被告，略称"就职某校时曾禀明翁姑，并得兄嫂同意，非擅自行动。我任教员系为社会服务，伊不能干涉阻止我。且原告时常打我，我均隐忍不告父母，冀其悔悟"，言时泪随声下。当经钟推事谕云："据两造所供情节，按之法律，均不够离婚条件，本推事对于此案不予离异，应夫妇和好如初。即不服原判，申明上诉，本推事可决其仍不予断离。结果双方终身幸福摧残殆尽，必至女居母家不能嫁人，男虽欲另娶，谁肯以好女许配有妻之夫？"双方复起辩论，经钟推事复曲加劝导，谓原告云："我看尔妻举动言论，尚非不良之流。尔既为教员，亦当随事施以感化，尔于给养外仍应予以相当零用。但被告此后有何行动，总须得原告同意。"谓被告云："中华民国虽改革，较友邦情形究有不同。外国妇女，今日离婚，明日即可嫁人，社会不以为异。我国素重礼教，再醮为极不名誉之事。现在虽云男女平权，但我国数千年来男权素重，一时未能骤达平权程度。尔仍当以夫为主体，期由和顺而臻好合。"原被以钟推事分别劝谕，婉曲动人，立即悔悟，言归于好，遂各签字完结。旁听群众亦深服钟推事讯判此案，情理两得其平，易于感动人，相率欢呼。愚按当此妇女竞言解放时代，而钟推事犹殷殷谈及礼教，侧重男权，洵属难能可贵者矣。戊辰秋七月偶识于盐城日报馆主笔室。

李鱓

江苏兴化县李鱓，前清孝廉，初名堂，改名复堂，才士也。托弛不羁，风流放诞，曾有"三革功名两革官"之印章，其才情可见，其狂放亦可见。与郑板桥先生齐名，为莫逆交，初学书，自以为不及板桥，乃改而学画，仅以淡墨绚染，花卉、翎毛、人物无不精妙入神，声名大起。最后又因事被参，且议罪，诏旨饬两江总督百龄复查。李知百龄爱才，筹思一策，贿托总督之修脚匠，以画一幅折置其皮夹中。皮夹者，乃修脚匠收藏各种脚刀之用者。一日总督招匠修脚，见其折置之画，果然索观，乃墨笔绘瓦两片成一合，束以草绳，内栽残菊一株，着墨无多，萧疏有致，上题有"霜摧晚节枝难傲，留得灵根赖瓦全"之句，下款直署"兴化李鱓画并题"。总督阅之，大加赞赏，袖画入内，解其默求成全之意，爱其才，遂将罜误案为之开脱奏消。

孙如仅

孙如仅为前清道光朝状元，山东人也，聪颖绝伦，读书十行俱下。两督江苏学政，按临淮属日即牌示云："本部院日视十行，诸生童但有佳文，断无屈抑。"即昌黎所谓"诸生业患不能精，无患有司之不明"之意也。惟内宠甚多，每试一郡均暗带四妾入院，据闻孙三日不与妇人交接，则两眼汪汪如水欲溢，不知其系何精怪转世。有自誓一联云："一篇不阅双瞳瞽，半点存私七子亡。"又有一联云："遵功令严搜夹带，奉母命不出难题。"其为人之品学皆可传。后有人作诗赋以谩骂之，仆只记得数句云："拔秀气于山东，鳌头独占；掌文衡于淮北，狗屁皆收。"又云："两对蛮腰，日取轮流之乐；一双瞎眼，大开侥幸之门。"诗云："四个小婆娘，围住状元郎。只图真快活，那管好文章。"此生殊觉骂之非理也。

张保生孝廉

吾盐张彝寿孝廉，字宝生，积学能文，尤工制艺，与弟张君益生，时有"二难"之目。犹忆吾邑学界，如吴苺臣、陶湛村、朱芯生、司云生、徐荔亭诸老先生，耆年硕德，品学均足为乡邦矜式，亦为予文章知己，当时概以师礼事之，均曾因事屡亲教益，即益生先生亦有相知之雅，独于孝廉殊少晋谒，未尝不慨亲炙之缘悭也。孝廉淡于进取，敦品砺行，每以吟咏自娱，一岁莅伍，闻赋有"太虚云气本飘然，剩得情根未化烟"之句。当张勋复辟时，又感赋有"已死寒灰或再燃"之句，未岁即归道山，此句遂成绝笔。予所得闻者仅此三句，此外孝廉文字未经见过。然古人诗句流传，本不在多，潘大临之"满城风雨近重阳"，徐勉之"今夕只可谈风月"，谢道蕴之"柳絮因风起"，崔明信之"枫落吴江冷"，皆系一句，吉光片羽，弥足珍也。

曾广銮

民国九年十一月十二日，报载曾文正公嫡孙曾广銮，以世袭一等毅勇侯，在清廷为散秩大臣，病故京师，身后萧条，几无以殓，赖清帝有恤典以赙之，始克成礼。呜呼，此愈足以见文正之贤也。文正尝称林文忠公则徐，其清德为世所罕觏，作督抚二十年，没后诸子分居，提去祭田刻集二万金，兄弟三人各得六千串，其廉洁为何如也。文正带兵十六年，又为总督多年，发乱平后，各路军费浩繁，奉特旨概免造册报销。若在今之掌兵柄者，其于浮冒克扣之所得，早有数千万家赀，难于核计，可以使子孙世世无忧贫乏也。今文正后裔不过再传，其嫡孙已贫无以殓，则文正当日之廉洁自持，只知有国不知有家，于此当益信也。

许星璧

端午桥在两江总督任并无经济勋业之可言，酷好古玩，兼耽丝竹。时鄂人许星璧为江陵府，与端颇相得，因许有嗜好，其时烟禁正严，许迭被地方绅士揭告，端不得已自行传验，日与许评论古玩，时复为吹竹弹丝之戏，共席而食，共室而卧，藉以为实行试验计。而许自称久经解断，与端相处六日，许谈笑自若，绝无染烟癖者之怪现象。至第七日端即令许回署，宣告其并无嗜好，临行且笑谓之曰："如老兄之烟瘾戒断，面试若此，真令鄙人深信无疑矣。"先是，许于被控后，诚恐调验，乃预筹替代策，密以重金请西人拔去一牙，另制一伪牙补之。所造伪牙令空其中，于近舌之一面钻一细孔，内实吗啡。倘偶觉烟瘾欲动时，只须吸茶一口，注于伪牙之一边，略如漱口状，吗啡性即外溢，旋复咽下，则顷刻精神焕发，许之计诚可谓奇幻莫测者矣。

花香藕

纪文达晓岚尝云天地间无绝对，犹奇之必有耦也，即偶然有之，亦系人之思想未到耳，东坡所以有"文章本天成，妙手偶得之"之语也。予童年受业于族兄慕康先生，先生学术湛深循循善诱,曾以"花香藕"三字命对,孰意此对似易而实难,久思不得,亦姑置之,二十年来咸称绝对。甲寅之夏,内人适以藕片进,又触前对,苦思累日,乃得一对曰"豆腐渣",当即函寄申报馆。时天虚我生陈君蝶仙任《自由谈》编辑,曾刊登报端,陈君复以"水蜜桃"属对,亦好。又丁子川、龚蔼亭两学友以"吸烟因有火"命对,予当未能续,出对两友,已预有一对云"种豆岂无山"。予以为对却可用,意欠圆到,久乃得一对云"开矿广求金",闻者莫不赞为工云。昔有"霜降如小雪"句,五字含两节令名,相传张玉书曾以"春分不大寒"五字续对,亦含两节令名,词意均妙。后有人将两句组为上对:"昨夜大寒,霜降茅檐如小雪。"中含三节令名,又添"茅檐"两字,愈觉难对。予主笔《盐城日报》时曾登报悬奖征联,期逾两月,迄未能有对出者,爰自拟一联云:"几时白露,秋分菊圃近重阳。"按端午、中秋各节皆属一定之期,白露后即为秋分,均系无定期之节令,故加"几时"两字,词意均尚自然,似可录存。又有两对似易而实难,"狮子狗"对"猪婆龙"、"夹竹桃"对"无花果",因并录之。

大刀王五

大刀王五,鲁省名镖师也,精拳勇,善刀法,真名不传,群以"大刀王五"呼之。人颇豪侠,名噪京师,时为镖局主任,生平最重信义,达官贤士多乐与之交。拳匪之乱,予有程友赓如适客京师,其时匪氛四炽,一夕数惊,出都者络绎于途,每遭劫掠,程君虽归心似箭,颇视为畏途而不敢前,遂托相识京友,转求保护于王。王慨然允诺，云有至苏省者数人，已派定局友卫送，却好偕行。同行约十人，途中屡濒于危，数日夜仅得两餐饱。无何至一巨镇，群拟入逆旅稍憩，镖客不得已从之，因共住于楼房。方谋一饱，再图栉沐，突闻阖镇惊传，匪徒大至，渐觉枪弹著屋瓦格格有声，镖客遂缘楼担而上，高踞屋脊向北瞭望，即下而促众速行。众疲惫不肯行，镖客焦急顿足，谓"如再不行，予即不负保护责任"，惶遽间即自楼窗中以腰带分缒众下，踉跄出走。行未数里，回顾该镇已起火光，急急忙忙，足无停趾，直至王家营地方，始各与镖客称谢而别。程君对予面述如此，苟非镖客督促前行，不几罹炎昆之祸哉！

《鲁论》朱注之析疑

我国民政府前经明令祀孔，并特修孔庙，恭订奉祀典礼，对于孔教可谓倍极尊崇矣。《鲁论》一书，为孔子一生言论精粹所聚，此后将有普读之必要，更有讲解之必要。小子自束发授书，瞬经六十余载，自惭垂老无成，食古不化，惟《鲁论》为童年百读之书，合修身、齐家、治国、平天下之道罔不备，故讲解尤不厌求详。从前作文，多以不背朱注为最合，厥后学识稍有进步，亦觉朱子《集注》间有讹误之处，或有一二为前哲已论及者，或有一二与龚蔼亭、孙鼎侯诸友偶讨论者，余则为温习时管见所及者，爰汇志之，以为互相析疑之一助。首卷"三年无改于父之道"句，朱注云："必能三年无改于父之道，乃见其孝，不然则所行虽善，亦不得为孝矣。"是朱子抱定三年无改之意，并以所行虽善，亦不得为孝切诫之。果如所注,假令父或不道,如舜有瞽瞍之父、禹有鲧之父,改乎否乎?居丧三年,正是未葬读丧礼、既葬读祭礼期间,复何心计议他事?况孝子痛抱终天,应亦不以年为限,是朱注似非通论。外注引尹氏之言曰:"如其道,虽终身无改可也;如其非道,何待三年?"其意亦不以"三年无改"说为然。第尹氏虽用开合抑扬之笔,亦未有定论,谨将此句反复推阐,终觉意理不能圆到,恐其间或有脱误字句,自未敢率加武断。"小大由之"句,此为下节之首句,有子所言"礼之用,和为贵,先王之道,斯为美",此为一节。本章之旨,重在和与礼贵得其平,若拘谨之士一偏于礼,而小事、大事皆由之,即觉窒碍有所不行,若偏于和而不以礼节之,亦不可行也,如此意义方贯。朱子将"小大由之"句划归上节,显然误矣。"父母唯其疾之忧"句,朱注云:"父母爱子之心无所不至,唯恐其有疾病,常以为忧也。"是以其字指人子言,言人子须善保身体,慎防有疾,无贻父母忧。谨按此"其"字系指父母言,言人子昏定晨省之仪,夏净冬温之职,诚恐未周,致父母有疾,唯以此为忧耳。观下二节,子游问孝,告以养亲须别之以敬;子夏问孝,告以养亲须悦之以色,皆责备在为人子者。忧父母有疾亦属责在为人子者,此门人连类记之之意也,设不如此解而作如彼解,未免重视己身,漠视亲身矣。二卷"成事不说"一节,朱注云:"孔子以宰我所对非立社之本意,又启时君杀伐之心,但其言既出不可复救,故历言此以深责之。"谨按孔子此言非对宰我直责之也,成事、遂事、既往,系指夏、殷、周三代言之也,周人使民战栗,故对周人特侧重云不咎其既往也,旧事不必重提,意固薄责宰我之多言,亦欲使哀公闻之,知此等陈言可置诸不论不议之列耳。三卷"宰予昼寝"一节，朱注云："昼寝，谓当昼而寝，言其志气昏惰，教无所施也，乃所以深责之。"是以"昼"字为昼夜之昼，孔子故责其为朽木粪土之弃材也。谨按"昼"字当是绘画"画"字之误，因宰予修治寝室，加以雕刻彩绘，孔子以为屋宇湫隘，朽木不可雕也，粪土之墙不可杇也，故劝止之。不然，宰我居言语之科，亦为圣门高第，《家语》云"以言取人，失之宰予"，可见予之言虽或有失，而人则可取，应不致以朽木粪土比之也。犁牛之子章，朱注云："仲弓父贱而行恶，故夫子以此譬之，言父之恶不能废其子之善，如仲弓之贤，自当见用于世也。然此论仲弓云尔，非与仲弓言也。"谨按子谓公冶长、子谓南容、子谓子贱三节皆无"曰"字，当系与左右门弟子言之，非直接与其人面言也。子谓仲弓系以"曰"字，此正是面命之词，在本章十数章前有子谓子贡曰女与回也孰愈章，在本章数章后有子谓子夏曰女为君子儒章，与子谓仲弓曰犁牛之子章有何区别？注云"仲弓父贱而行恶"，又于何证明？孔子道大德宏，与人为善，断无对其子而议其父之理，此盖明示仲弓以用人之道。七卷仲弓为季氏宰问政，子曰："先有司，赦小过，举贤才。"曰："焉知贤才而举之？"曰："举尔所知，尔所不知，人其舍诸。"此与"虽欲勿用，山川其舍诸"句意义适合，可谓切实再告之矣。"回也不改其乐"句，朱子外注引程子之言曰："箪瓢陋巷非可乐，盖自有其乐耳。'其'字当玩味，自有深意。"又曰："昔受学于周茂叔，每令寻仲尼、颜子乐处，所乐何事？"朱子以程子之言引而不发，盖欲学者深思而自得之，今亦不敢妄为之说。谨按颜子几于圣人，仅一间未达，周茂叔与大程子均言所乐何事，未明言其乐之何在，留待后人领会得之。窃谓孔、颜乐处的是乐道安贫，盖不处困境，不足见至人之真乐，安贫乐道，正是表见乐天知命功夫。乐道乐天，为圣贤实地受用处，余则为世俗之乐，非圣贤之乐矣。四卷饭疏食饮水章，朱子外注亦引程子之言曰："非乐疏食饮水也，虽疏食饮水不能改其乐也。"末亦云："须知所乐者何事。"谨按回也不改其乐，此"其"字却另有所指，意谓初不以箪瓢陋巷改吾固有之乐也。本章乐亦在其中矣，此"其"字却指疏水曲肱而言，非他有所指也。下句"富贵与我如浮云"，正以推足我处困穷之有真乐也。五卷"必有寝衣，长一身自半"句，朱注云："其半盖以覆足。"此似为朱子之误解。长一身有半，古人无此长式之寝衣，且亦不便于披着。当时所谓寝衣者，乃今人之中袄，较一身之长仅有其半耳。如照朱注所云，原文即不作为"长一身有半"，应作"长一身又半"，言较一身之长又有其半也。六卷"以为之椁"句，朱注云："欲卖车以买椁也。"此注显为朱子之误解，即以朱注证朱注，自爽然若失矣。"鲁人为长府"句，朱注云："为盖改作之。"是以"为"字作改作意解，颜辂请子之车以为之椁，正欲以车改作椁用，非欲卖车以买椁也，此理易明，无庸多叙。闵子侍侧章，朱注云："子乐者，乐得英材而教育之。"考《汉书》云："'若由也'句上疑有'子曰'字，或云上文'子乐'即为'子曰'之误。"谨按朱子原注，似已误解。孔子既慨叹由也不得其死，尚有何乐之足云？且"子乐"即作为"子曰"字，其间恐仍有脱误字句。诸贤侍侧时，孔子未便直对子路明言"由也不得其死"，疑"侃侃如也"句下或有如"三子者出曾皙后"、"南宫适出"、"子出门人问曰"、"使者出子曰使乎使乎"等语句，庶合当时情势也。再考止子路宿章，夫子使子路反见之，至则行矣，此时室已无人，子路曰不仕无义一节，系对谁说谁为之传耶？袁子才氏于此节亦曾议及之，闻明清间福州有写本鲁《论》，云"子路"下脱落"反子"两字，原系"子路反，子曰'不仕无义'"云云。言子路反时，告夫子以至则行矣，夫子因与子路言之，所以转责丈人也，方于文义相合。因亦疑"偘偘如也"句下，或亦有类似之脱误。七卷冉子退朝章，朱注以孔子与冉子退朝之问答，语意与魏徵献陵之对略相似。按唐史称太宗于禁中作层观，以望昭陵（太宗之后陵）。一日与徵偕登观以望之，徵故作目迷不见状，太宗乃遥指云树尽处，令徵凝神望之。徵忽作猛省状曰："臣以为陛下望献陵耳（高祖李渊陵），若昭陵则臣固见之矣。"太宗闻之，痛哭失声，因毁观。是徵实近于谲谏，甚非宰辅之道。今孔子与冉子系师弟之晤对，朱注乃以君臣之奏对例之，未免拟不与伦矣。桓公九合诸侯章"如其仁，如其仁"句，朱子云："如其仁，言谁如其仁者，又再言以深许之。"谨按孔子答子贡之问，盖许管仲有挽救世运之力，如其仁者，踌躇未定之词，意谓吾所信者管仲之力，如其论到管仲之仁，尚未能遽定也。孔子气秉太和，不为已甚，不轻议人之不仁，亦不轻许人以仁，贤如颜子，尚不能信其无违仁于三月之后，况管仲曾经孔子讥其器小、讥其焉得俭、讥其不知礼，岂有轻许其仁而重言以赞美之哉？下章论管仲，至自经于沟渎一节，外注引程子之言曰："故圣人不责其死而称其功。"益足证明孔子于管仲，称其功不能信其仁也。"之三子告"句，朱注云："三子鲁之强臣，素有无君之心，实与陈氏声势相倚，故阻其谋。"外注又引胡氏之言曰："《春秋》之法，弑君之贼人人得而讨之，仲尼此举，先发后闻可也。"谨按春秋时大夫出疆，苟利于国，专之可也。此时孔子已致仕家居，入告于君，为义所不容辞。当时兵柄均操之三子之手，虽欲先发而不可能，且足取祸，孔子之行止进退适合乎道而已。贤者避世章，朱注云："天下无道而隐，若伯夷太公是也。""作者七人矣"句，朱子引李氏之言曰："作，起也。言起而隐去者，今七人矣。不可知其谁何，必求其人以实之则凿矣。"李氏之言既用一"今"字，又云"不可知其谁何"，语意似觉含混。谨按孔子之所谓七人者，盖指当时之七人，如仪封人、晨门、荷蒉、接舆、丈人、长沮、桀溺是。七人皆同时贤者，皆可谓深知孔子，惟或沦于下僚，或果于忘世，其志趣与孔子不同耳。追溯孔子周流时，其得接洽之避世、避地、避色、避言诸高士，除此七人外更无他人焉。是孔子显系感念今之人，非古之人也。窃尝读朱子和江西陆子静原韵云："旧学商量加邃密，新知培养转深沉。"玩此诗句，是朱子当日读书，足徵非常细心，然犹不能免偶有讹误处，他人更何论焉，他人更何敢自满焉！从来文字流传，本为公天下之物，正不妨互勘其是非，以求一折衷至当之论，想圣哲亦同此襟怀。海内贤达，对于上例之谬解各节，倘蒙不吝指正，以收靖节所谓"疑义相与析"之效，则拜赐实多矣。

《鲁论》成书之推测

大程子云："《鲁论》一书，成于曾子、有子之门人，故书中独二子以子称。"自是读书得间处。愚按其余诸贤，亦偶有以子称者，程子读时或偶未加以注意，如闵子侍侧、冉子退朝、冉子为其母请粟是也。诸贤多有弟子，此或为闵子、冉子门人所记也。孔门自颜、曾、闵、冉诸贤外，弟子盖三千人焉，《鲁论》成书，距孔子没时为期当不甚远，各篇中有或曰、或问、或对曰、门人惑等句，均为当时侍立一堂，未及记其姓字诸弟子，所以诸弟子中得亲侍孔子者亦正多。如或问禘之说一章"指其掌"句，子路率尔而对曰一节"夫子哂之"句，子之武城一章"夫子莞尔而笑"句，皆系侧听者形容之笔，非亲见之将何从记其实也。《乡党》全篇详记孔子动止语默，开卷读之，千载后之师模如见，尤非亲侍最久者不能道也。孔子自设教杏坛，弟子信从日众，嘉言名训，应早有亲炙久历年多者闻而分记之矣。大约《鲁论》一书，大半系孔子在时录存，如所称"子曰"者是，余则系孔子没后追述，如所称"孔子曰"者是。管见以为《鲁论》系子贡门人会集诸贤门人，各尊所闻编成者，绝非三数门弟子所能为也。考孔子没时，弟子多服心丧三年而去，独子贡筑室居场凡六年，其弟子之追随与时间，自必较他人之弟子多而且久，六年中未便寂处而毫无所事，《鲁论》成书或即在此五六年间。诸弟子追述时必有时向子贡请业处者，故全书中载子贡之问答与言论至四十见，其诚服孔子、尊崇孔子，可谓较诸贤有特异者矣。子路、子夏、曾子、子张诸子，见于书中者，咸不及子贡之多，此可为子贡门人提倡成书之一证。诸弟子追述详明，研讨精确，每有连类记之之处，具见深心，亦有章节重出者多处，此实一事而两处记者。七十而从心所欲不逾矩章，此为孔子垂老自信之言，应载之本书最后部分，今乃见之首卷，可见二十篇虽分而章节却无前后次序之可分，书决成于孔子没后，而记言记事则以孔子生存时居多。孔子之孙孔伋，字子思，其时疑在求学未成之童年，故无可附叙及之。仅《鲁论》三卷，有中庸之为德其至矣乎章，此即为子思作《中庸》之导言，想系在随侍杖履时偶闻于祖训，及后得闻于师训者（孔子命子思从学于曾子），而成《中庸》一书。至《鲁论》所载，悉属及门诸子，或齐、卫诸君及各国卿大夫之事迹，其非成于曾子、有子之门人可以推知。胡氏谓《公冶长》一篇，疑多为子贡之徒所记，亦属挂漏之词。第以再传诸弟子而上述师训，其间所闻异词、所传闻异词，讹误自难尽免，遭秦火后，脱字错简愈不能保其必无，是在善读之与善解之者。缅维孔门心法，曾子、子思而后惟孟子直接洙泗之源，《鲁论》终篇之结语云："不知言，无以知人也。"孟子于知言之外又加以养气之功；《鲁论》详言仁字，间及义字，孟子开篇即以仁义并重。时代递嬗不同，抱负即须稍异，此孟子一生所以继仲尼而周流，《孟子》七篇所以继《鲁论》而述作也。河汾文中子、昌黎韩子、洛之二程子、新安朱子，薪传以至于今，道亦几于息矣。嗟乎！人心不死，孔孟之道终存于天壤间也。至二书之足以挽救世道人心，指导治国行政，固无待小子之赘陈也。

万俊卿解元

吾盐万君人杰，字俊卿，早擅文名，科举时代咸推为本邑学界之翘楚。每出一艺，机旺神流，笔酣墨饱，一望而知为必发之品也。予幼年曾读其文，亦曾见其人。某科应省试头题为"子谓子夏曰女为君子儒"两句，主司阅过头场各荐卷，即邀诸帘官谕话，谓："所荐文字佳卷颇不乏，惟无原文，须于起讲下停顿，作

'子谓子夏曰'两股方合元度。"当嘱诸帘官搜遗另荐。君此次试卷并未出房，因于遗卷中搜得君文荐呈，时两主司激赏之，君遂由拔贡领本省乡试解额，名振一时。嗣屡赴春官，均报罢，最后晋京拟谋入宦途，栖迟数载未得机缘。时吾盐乡先达裔步銮先生，字子扬，以甲榜任部曹；马为瑗先生，字慕蓬，以诸生任京职，后曾补丰润知县，与君往还甚契洽。子扬先生简于交际，君往谒时多托故不延见，及君病没京师，曾有感赋句云："三载未谋裔子面，九原难报马君恩。"人之将死，流露最真，读此一联，子扬先生之赋性方鲠、慕蓬先生之古道照人，均可于言外得之。

知己难逢

《颜氏家训》有云："人家子弟不可役身亲贵权要之门，置之下座，取残羹冷炙之辱，受颐指气使之羞。"夫读书以敦品砺行为先，颜氏矩矱之言洵堪铭诸座右。惟世道递降不同，士人处境各异，有不能一概论者。孔门诸弟子以颜子为最贤，孔子称其陋巷箪瓢不改其乐，然颜子当日亦因有附郭之田以资生，郭内五十亩，郭外仍有五十亩，所以能容其乐道安贫也。假使贫无立锥，不能供饘粥、蔽风雨，颜子未便学首阳二子耻食鲁粟，槁饿以终，亦将如子路、仲弓、冉有不得已而奔走于私门矣。士多讪于不知己而信于知己，苟能得一知己，即可以无憾。杨雄之称颂王莽、蔡邕之痛哭董卓，论者多厚诋之，而不知子云、中郎均感其为我之知己也。同时虽有大人先生、达官名流，均与我隔绝不相闻问，惟有叹望尘莫及，付之无可如何而已。伯夷之清为圣，柳下惠之和亦为圣,士各有志,亦即各行其是。讲学家责人无已时,甚非持平之道与行恕之道。从来境遇能挫折人,境遇亦能转移人,盗贼迫于饥寒,丰年自多廉让,非明达之君子,恐未能具论世知人之鉴也。

瞽 者

繁盛之区,客栈林立,五方杂处,人类不齐,寓者最宜留意。前清嘉庆年间,苏州某客栈舍宇甚广,后进有屋一顺五间。先是,东房有推命之瞽者与一鬻碗客合住,同室异榻为日已久,逆旅之交颇相关照。一日,西房有一贩珠客投宿,颇挟重资,晚间又有演把戏者四人亦投寓此室,有挑大箱箧者、有挑行李者、有负刀剑锣鼓之属者,最后又有狗熊一头随行,群操鲁音,状甚狞恶,以为系拳棒家,亦未之异。遂宿于贩珠客之房外,而宿于东房之瞽者虽目无所见,而听则至聪,一志凝神,默察动静,较有目者为尤真确。及至夜深,突闻隔房似有人被人扼吭不能出声之状,随又闻窸窣动作声、窃窃私语声、有物嗳呷声良久未已。瞽者暗惊,乃经摇碗客醒而告以故,且密与之谋。少顷,自言自讶云:"便壶是谁移动?"在床故转侧有声,俄而砰然大响,则瞽者便壶失手将碗客之瓷器击碎多件,碗客故作突然惊醒状,起而大骂,谓瞽者有心损坏货物,瞽者亦大骂,谓碗客窃用己之便壶,致己暗中摸索久弗得。两相争论,遂两相揪扭,作呼救声。栈主闻声趋视,力为排解,先扶掖瞽者劝至前室,而碗客谓亏折资本,必勒令赔偿,复至前室陈述理由于众,因得隙以故告栈主。大明各客均起,此室内住客、连珠客仍系五人,异之,乃诣县密报,请派役搜查其大箱箧，则内有尸体，业被支解，均押解至县械讯之，尽吐其实。始悉该贼系尾追珠客而来，知其挟有重资，先匿一人于大箱中，及将珠客谋毙，即以箱中人袭珠客之衣服，故示人以不疑。血肉狼藉，引狗熊舐食之以灭迹，其用心可谓毒而谲。讯实详情骈诛，脱非瞀者留心，不几令凶徒漏网，致闹市中有沉冤哉？

陈宝琛

自来亡国之惨，皇族莫不首当其祸。盖其势实有不得不加以铲除者，清室因出于逊国，故保全实多。尝阅张南皮《劝学内外篇》详论清政，溢美谀词在所难免，第核其实际，当时清廷亦确有善政可指，对于士类不仅心服汉人之学术，亦颇优待读书人，所以卒食报于逊国时也。宣统师傅陈宝琛同居天津日租界，民十五年间曾赋有句云："时人莫道朝廷小，宣统而今十八年。"警厅闻而拟干涉之，终因日人袒护，无可如何。厥后被日方诱胁而去，称帝于辽宁，为人所利用，论者多责陈宝琛、郑孝胥辈昏耄无能，甘被人玩弄于股掌之上。鄙意怪其不识天心向背，欲以智力与气数争，亦太愚矣，何可久也。惟殷之顽民即周之忠臣，疾风知劲草，时穷见节义，知人论世之君子略其迹、原其心可也。

青纱帐

淮扬多匪，以淮属泗阳、涟水两县为特著之匪区。今之泗阳、涟水即昔之安东、桃源也，入民国始改今名，风俗强悍，民气嚣张,前在科举时代偶遇两县士子亦复陋劣不文,动辄斗狠,盖其风气使然也,他县有匪,或系偶然流窜而来,该两县之匪则多为土著,泗阳尤甚。予客清江护军使署,每届夏防,曾随军剿匪数次。夏防正当青纱帐时期,淮属东北一带袤延百里,地势既高,沟渠又少,不宜水谷,农民多种高粱,四五月向后高粱茂盛之时,一望无际,匪则密掘坑堑多处,相距恒在二三里内,潜伏其中,呼之为"青纱帐"。行人莫得窥其实,在土人有知之者又不敢明言,以致官军不易搜索,亦不敢漫然深入。至八九月间高粱当收获之时,匪则强迫农民只准割取高粱之穗,不准斫倒秸根,仍留为遮蔽地步,此夏防所以较难于冬防也。官军剿匪兵士月得七八元之饷,谁肯牺牲生命与匪奋斗?例成相持局面,非有勇敢之排长、连长在火线督率指挥之,或终日不得与匪接触,时闻空际枪声,虚糜子弹而已。匪党多分批散处,或十数人、或二三十人、或四五十人不等,向不老住一处,有事则集合,势急则各散,劫掠所得之财物或附带随身、或窖藏于人迹罕到处所,官军来剿即有倾家丧命之危,所以顽强抵抗,多奋不顾身。对于枪支较生命为尤重,盖枪苟损失再购维艰,虽有多金每苦于无处可觅也。匪目执枪前进冲锋,后必随数匪分持刀棒之属,前进之匪或中弹仆地,后随之匪不暇顾及其人,急夺其枪又向前抵御,所以夺获匪枪殊非易事,肃清土匪愈觉难能也。

彭云辉

镇江有彭云辉者,系省会公安局侦缉队长。民国二十年三月间，因东乡王姓被匪绑票，彭承办此事涉及诈财渎职，得贿洋六百五十六元，经当事人控于地方法院，法院讯明判处徒刑三月，彭不服上诉高等法院，改判徒刑四年，更上诉最高法院，又减处徒刑二年。彭仍不服，提起非常上诉，经发回苏州高等法院更审，改判徒刑一年二月，并发还告诉人六百五十六元。彭因案迁延已入，声明服判，听候执行。嗟乎！案经四审，判各不同，我中华民国之法律虽曰按律定拟、依法办理，其引用之不能一律也可知。夫法律为人民之保障，赏罚乃法律之精神，况我国刑律载明律无专条不为罪，司法官吏仅准当然解释，不准比附援引例。如一案既按律判处其罪，是该项犯罪之事实与行为必有专条可按矣，既有专条可按，正如诗家之按谱填词、医家之对症下药，则判决安有轻重歧异之可言？此案彭云辉既讯明诈财渎职，触犯刑章，各法院判处其罪或三月、或四年、或二年、或一年二月，试思各法官当审慎判决之际，盖无一不准诸法律条文，何以一案经过四审，听判之徒刑显有轩轾如此？法律既失人民尊重信仰之心，又启奸民狡抗鏖讼之渐，法院固增多批答讯判之烦，案情难保无枉纵错误之处。民国二十年来，法律不知经几许研求、几许讨论始颁布而遵守之，乃判处竟不能收划一之效，岂立法之未能尽善欤，抑司法者引用失当欤？予非法学家，不敢漫加评议，姑存一疑问于此，以待他日之商榷或纠正也。

鲥 鱼

苏省扬子江产鲥鱼，柳花盛开时鲥即成队游泳，以在焦山煮食为最佳。盖纵目江流适见银鳞出网,顷刻间已登盘,下箸鲜嫩异常,仙处难得此口福。每届其时,镇江商轮日往返数次,以载游客至焦山。仆亦曾躬预其盛,初上市时一尾竟索价十元、八元之巨,扬人豪侈成性,争购不以为贵。鲥鱼煮时不去鳞,鳞内有油,食时以箸揩去之。腹内肪脂亦厚,刺并不多,且刺长寸余,成三叉形,易于剔出,不碍咀嚼。彭渊材恨其多刺,尚非核实之谈。松江鲈鱼曾食数次,其腴美不在鲥鱼下,读范大成《田家杂咏》云:"细捣橙姜煮脍鱼,西风吹上四鳃鲈。雪酥松腻千丝缕,除却松江到处无。"其风味可想矣。黄河鲤鱼并经尝及,总不外肥、嫩两字。按淮扬境内所属之湖荡溪滩多产白条鱼,其有大逾数斤者,味殊不减于鲥。年来蛰伏乡间,当此春江水暖、鲥鱼旺产之时,不禁遥忆之而馋涎欲滴也。

清宫宝物

《书》云"所宝惟贤",《传》云"怀璧其罪",古训可谓昭然矣。天下之物,积则招妒,好则生魔,潜久思飞,蛰久思启,此固古今来剥复消长之机、显晦升沉之理相为倚伏者也。清宫宝物经数千年来历代帝王之搜罗,及万方臣下之贡献,萃宇宙之精华、集世界之珍异而成为库储。偶人一观,如行山阴道上;偶出一物,可值秦之连城。逊国之后,宝库公开,逐渐零落,时以被盗闻。有用威力明取者,有造伪品掉换者,有以诡谋窃取者,损失宝物甚夥。真德秀有云:"上无衣冠之盗,下无干戈之盗。"鄙意于盗窃方面不加以责备,聚无量数稀世奇珍于一处,正《易经》所谓

"漫藏诲盗",又古谚所谓"树帜招盗",固无怪窃盗时闻也。或谓迭次盗去各宝多数售诸外人,取值低廉,殊堪痛惜。愚按人生不过数十寒暑,当哀鸣将死之时,身已不能自存,物焉能为我有?即用宝物殉葬,终不免掘墓暴骨之惨。何为也者?昔楚王失乌号之弓,左右请寻之,王曰:"楚人失之,楚人得之,何必寻也。"孔子闻之曰:"惜乎,其不大也。人失之,人得之,何必楚也。"世固无论为隋珠、和璧、夏鼎、商彝,其得失有无皆可作楚弓观,固不必加以痛惜也。

六安闸

宋人有句云:"任是深山最深处,也应无计避征徭。"盖伤乱世之难处也。兵乱坐守蓬茅,深闭不出,但期得免祸殃,斯亦幸矣。若不知退避,愚而自用以干预地方事为能,恐难免不测之祸。高邮县境有六安闸,系一小集镇,予每由清江赴省垣数过其地。民国之元,清江护军使刘之洁派一密探南下,舟行至六安闸,被该地团防查阻,以其形迹可疑,遂将船只扣留,人则押令上坡。众均指为贼探,有武举某即令处死,密探不得已实行说明系护军使署密探赴省公干,众置不信。密探又求众人电询护署,如不承认愿听任何处分,众答称地方没有闲钱拍电,当即处决,沉尸于高邮湖,原船仍扣不放行。舟人乘间脱走,奔赴清江泣诉情形,刘之洁闻报大怒,一面严电高邮县逮捕擅杀密探各犯,一面派遣炮队剿灭六安闸。其时高邮县知事为姚崇义,精明干练,有应变才(后姚为护署法官,予为秘书,时相过从追话前事)。先是，数日前张勋有马队三营由上河堆南向过高邮，时地方曾办给养，姚接刘密电不动声色，派役席请六安闸绅士共十六人，云："两日后张大帅续有马队过境，数倍于前，请帮同招待。"众人不疑，坦然至县署，至则姚即示以刘电，未容置辩，随严加监视，座上客立为阶下囚。消息传至六安闸，民众迁避一空。清江军队乘轮赶到，方欲开炮击平该镇，适有商轮先泊于闸旁，云该镇肇祸各犯已被县署全数捕去，军官即驰往县署，将十六人押解登轮转回清江。刘之洁讯问一过，拟将为首之武举处死刑，部下不肯听从，一再要求，遂予骈诛。点验后押令上车，众兵士即以刀沿途支解之，未及至刑场，皆已杀毙，肢体脔割，惨不忍睹，并将各人生殖器割下售与外国某医院。嗟乎，处乱世而好事，岂非自取其祸哉！

坛子精

厕身戎幕逾十年，因以秘书兼书记官之职，驰驱颇苦，闻见亦较多。由清江浦至南京、高邮为往返必经之路，每次舟过，或泊或不泊。一日居停因事进城，随从人员暂住于城外七公殿，距城约二里余，殿基贴近上河堆。七公兄弟甚多，行辈居第七，故称"七公"，为高邮通判，殉难于河工者，居停所乘官轮即泊于堆外运河下，同人将欲午餐，突闻如炮声一响，副官与马弁等急寻声所自来，咸云声自湖中来。晴日方中，临湖瞻眺，对岸均可见，运河之西岸外即高邮湖，湖面远近并无船只，群疑莫释。忽殿内僧人来云："适间系湖中坛子精发声。"询以主何吉凶，答曰："无他，天欲雨耳。"予亦亲聆僧语，众疑信参半，不意至晚间阴云四布，微雨忽来。予素不信神怪，此次声系亲闻、雨系亲见，响应如此，岂不奇欤？当因殿内无相宜下榻处，遂与姚司书梁才冒雨前行至城外之小客栈宿焉。

吴　鲁

　　吴鲁，清光绪朝状元也。生之夕，其封翁梦鲁肃来谒，寤而鲁生，因名鲁字肃堂，分嵌"鲁肃"两字。幼即好读书，文名早播乡闾，中式后无志进取。已任厘捐局委员多年，未几复应礼闱试，中式贡士，廷试第一，历官至安徽学政。某科江南乡试，安徽巡抚因事不克入闱监临，诏令安徽学政为监临。鲁坐显轿入闱时，予见其状类村翁，雅非金华殿中人物，所谓"以貌取人，失之子羽"是也。下关水师兵士与考生因航行争论，竟殴考生落水淹毙，控于鲁，鲁坚不受，致动公愤，集合士子数百人入闱请见，鲁不得已出见，众云："大人职在监临，凡与乡试有关事件拒不受理，则所监何事？"鲁无词始受呈文，可见其人无应变才，大约系忠厚长者一流，证以鲁肃前身，信可谓身异性存也。

夏铁桥

　　吾盐夏君雨金，字铁桥，清季诸生也。善书能画，兼解篆刻，颇具才华敦品。安贫授徒于村塾，曾因事过楼王庄，庄以楼、王二姓居多，故名。该庄时正搭台演戏，有教谕王君主其事，虽解组归里,颇有官僚气,夏君往谒,王傲不为礼。夏君遂于该庄小店中购裱对一副,立即撰联书送,联云:"楼阁造空心,内则麻缠纸糊,外则镂金错彩,巧手段委实矜奇,你莫说很好顽,只恐时过无戏唱;王侯非本色,始而装模作样,继而耀武扬威,真面目究归何处,我不知谁作剧,且看日暮下台来。"联嵌"楼王戏台"四字,王接阅联句极赞写作俱佳,立请仆奉邀,惶愧道歉,待以宾礼,攀留二日,尽欢而别。按下联"我不知谁作剧"句,原作系"我也呆难识破"句,窃以为不脱口,故代易之,说明以存其真。

应征黎大总统铸铜像碑文

范少伯谋兴越国,像以金成;平原君雅好贤才,像将丝绣。载诸史册,固足传前哲遗徽;摹绘冠裳,尤足动后人景仰。实至者名必归,事难幸致,待其人功始就,理有固然,而况向往在同时,益觉尊崇之非偶。我大总统黎公,生当晚近,识烛机先,具虎头燕颔之姿,为凤起蛟腾之彦,智勇由于性生,时势不难手造。翻揖让征诛旧局,开四千年未有之奇,以民胞物与为怀,慰四百兆望治之切,钟黄陂之秀气,应运生才,立赤帜作先声,乘时起义,所遭多错节盘根,幸未聚九州之铁,所创如补天浴日,何止收一寸之金?识升降盛衰之理,酌因革损益之宜,铸成中国庄严,于兹十稔,洗尽中原污秽,独有千秋。兴学为先,关怀蛾术,拯灾尤急,轸念鸿嗷,对于慈善诸端靡不施行,恐后洵是万家生佛、有口皆碑,允称一代伟人。持躬如玉,固宜勋邀钟鼎之华,名与河山并寿,有足当勒石以铭生祠以报者矣。今汉口中国慈善会议建公之铜像，藉著公之贤劳，闻慈盛举，不尽欢忻。功盖古今，非竹帛所能详尽。声蜚中外，俾芳徽常，得钦承成金刚不坏之身，拟铜柱永垂之绩行，见须眉如绘，群瞻风度，端凝庙貌，巍然远驾云台诸将，俨若一茎幻化，神妙难名，对兹七尺昂藏，肃然起敬。抱丹心之耿耿，立功则不朽有三，仰铁面之铮铮，报国应共推第一。某向羁职守缺，修展觐之仪，曾托蚨蝶。拜受策勋之赐。兹虽以关河之间阻，犹遥瞻山斗之崇高，知笑貌之如生，益倾心而驰。系谂陋敢言文，性字期彰于附骥，光辉如许，接他时应快比登龙。壬戌三月作于淮扬护军使署。

闭户谈天

人情于无可如何之事，或适然相值之端，辄曰："此其间有天。"夫天之为物也，空虚无朕，惝恍难凭。天既不能示人以言，人亦无从呼天而问，第浑而言之曰"有天"，殊不足以谈天也。古今来事无巨细，凡成败利钝之交皆有天意寓乎其间，扼要以言，不外理与数两字。惟儒者相传之道多言理而不言数，然不明乎数不可以穷理。大抵事处乎当则为天理，事处乎变则为天数，数为天所不得而主之者，数不可逃则有捣乱分子应时而生，劫数将终自有干济之才出而奠定。元末有陈友谅、张士诚辈扰乱之，未几朱元璋起而统一之；明末有李自成、张献忠辈扰乱之，未几吴三桂请清军入关统一之；洪杨之乱则有曾、左、彭、李诸贤讨平之，曾文正云："此番军事非前拙而后工，时未可为，虽圣贤亦无如何，时可为则事半而功倍，皆天也。"此为文正经历有得之论。

南洋岸与吾乡接壤,清光绪中叶,该镇立有善坛,太乙真人曾降坛,判云:"现在星宿纷纷下降,数以百计,戡定之才、枭桀之辈、椎埋之雄胥在焉。"复判诗云:"手携一壶酒,逍遥世外游。诸生宜守分,大劫已临头。"予当时闻而迁笑之,惟"大劫临头"四字似预知清祚将终。并民国二十年来迄未有太平希望,觉乩语颇具先见之明。夫天地之大,有正气必有戾气,犹奇之必有耦也,然有偏胜而无偏绝,阳极则阴生,阴极则阳生,有时戾气或甚于正气,如小人道长、君子道消是也,有时正气能涵盖戾气,如日出而霜雪消、雷震而阴霾散是也。戾气钟于恶人,蠹国殃民,天若附之翼而恣其毒也者,然天不能尽生君子而不生小人,亦不能尽生奸人而不生贤人,邪正好贤之并生,天实不得而尽主之。天不能因人之畏寒而辍其冬,地不能因人之畏险而使皆平,劫数未终,天亦惟有听其自然,任理与数交战于无形中而已。

高其倬

高文良公其倬,品端学粹,笃于孝亲,义气凛然,望而可敬。孙文定公嘉淦,少时杀人报仇,株连下狱,几陷大辟,公为学政时脱其罪,文定终身执弟子礼甚恭,其为人风义可想见。壮岁公车北上,道出鲁省,薄暮贪程,入夜始投一逆旅,主人云客舍已满,公以夜深难前进婉商之主人,但得一榻足栖身,信宿即行。主人踌躇至再,云:"不敢欺罔,后有一室可暂住。惟有祟能扰人,愿否听客便。"公毅然答曰:"无妨。"请前导,遂襆被往独宿。残月旅窗,久不成寐,方朦胧欲睡间,闻室隔微有吟哦声,细听之乃

"客眠孤馆,梦魂时到故乡来"二句,往复如此,疑系客死异乡游魂为变耳,姑置勿问。后公成进士,累迁侍读学士,屡告终养不邀御允。一日,扈从清高宗幸避暑山庄,遥见高宗立桥上,似有所思,遂得二句云:"人立断桥,花影不随流水去。"即命群臣续对,王公大臣猝未及对,公在后偶有所触,即以前宿客舍所闻二语对之,高宗大称许,且嘉其孝,即日予假回籍省亲。时以为公之纯孝,感格神明早于十数年前云。

自警二则

处世秘诀无过于一"忍"字。考忍之字义从刃从心,盖以人心有勃发不可遏之气则以刃制之,忍之不亦难乎?小不忍则乱大谋,孔子之教人以忍也;横逆之来君子三自反,孟子之教人以忍也;猝然临之而不惊,无故加之而不怒,此留侯之能忍也。忍之裨益实多,而其功夫却未易到也。

一饮一啄,莫非前定,此言将以戒人之躁进妄求也。凡人有非分之营谋,未尝无幸得之一时,然侥幸者其偶,败失者其常也。即使求而如愿,亦必命所应有,不求而亦可自来者也。李林甫、秦桧、严嵩诸奸即不倾陷善类,亦必位至宰相,盖其命中所应得,徒多用机心多作罪孽耳,彼世之蝇营狗苟与嫉贤妒能者何为乎?

大黑蟒

有纸坊之水客陈姓者,与盐城西门外油坊伙友王泽民夙相契,终年住店日少,率多收赈于外县。一日,讨赈至洪江地方,时当夏季,午后酷热异常,见山巅云如泼墨,知雨欲来。陈客因有烟癖,恐遭两难,前行遂投素识之客栈小憩。尚未抵栈,雷雨交作,疾趋而至时,住客已满,仅余最后小屋两间与山相近。其时雨势倾盆,雷声旋绕云中不断,天黑如黬,陈至室内,他均不顾,即欹卧竹床上将烟具取出,点灯先吸数口,神稍定而雷电愈烈,不离此室左右,心知有异。又吸烟数口,觉竹床摇撼,乃托水烟袋方坐起,似有物在下掀动。正疑虑间,突见有大几如斗之蟒头,其色黑,自床下昂然欲出,惊骇不知所措,呼救未及出声,水烟袋已失手坠地,蟒乃如黑烟一道穿户飞驰而去,满室腥膻触鼻欲呕,霹雳一声震耳,几全失知觉。陈委顿于地,气息不断如丝,移时晴霁,栈主见此番雷雨异乎常,遂至各室探视一周,末后至陈室,则见横卧地上,呼之不应,大惊,急唤栈伙将陈舁至别室榻上,灌以姜汤,至夜半始苏。历述所见,众均骇诧,由是惊悸成疾,兼中蟒毒,医治难痊,时兴化名医赵海仙尚在,王君曾偕往求医,亦未收效,逾年病故。王君为予面述如此。

诗谶之可笑

诗或成谶,古人每有之,但诗谶实包休咎两途,言大都是咎征易应,休征未必应也。早年作《春日即景》诗内有一首云:"花木经春碧欲流,重阴如盖屋如舟。紫藤最是多情物,生就缠绵不断头。"中华图书馆曾选刊杂志中。癸酉冬,适与薛君星垣同席,犹朗诵此诗,许为文字吉祥,颇饶兴会。一岁岁将暮,书塾前有棟树一株,大逾数围,木工知予窘,以为岁除必须款,希以贱值购之。予坚未肯售,曾赋句云:"犹有闲吟旧草堂,数弓隙地历沧桑。任贫不卖家园树,留取浓阴夏纳凉。"龚君蔼亭、凌君慧庵(时任伍祐小学校长)先后均激赏此诗,称为深得古人敦厚遗音。嗣客淮扬护署,咏寒夜诗内有句云:"戎幕栖迟七载余,夜深每感客窗孤。清贫笑我身兼仆,自拨寒灰自扇炉。"下走现剩孑然一身,年已虚度六十有七,既未逢吉祥之征,亦未食敦厚之报,而"身兼仆"三字,因限于无力雇仆,旅沪数年,皆以身自兼仆,实力奉行职务,不待驱使。虽体质尚顽健能支,终觉可笑而可叹,笑则自解嘲,叹则委之命也。丙子春季追录于申江寄寓。

时　评

(此为主笔《盐城日报》时之旧稿)

自古无不变之法,为政所以贵因时也;自古亦无无弊之法,为政所以重明察也。立一法必生一弊,弊即隐伏于立法之时;除一弊又另生一弊,弊即附生于除弊之时。弊之于法,正如奇之必有偶也。国家立法虽严而犯法者仍不稍减少,大约法律收效欲宏,须澄清吏治,从严惩办贪污,一面对于各种教育机关均应附设讲授法律一科,使群众皆了解立法大意,庶几知法、畏法、守法者多而触犯者自鲜矣。若徒恃法之严厉与周详,谓足以纲维一切,窃恐未能。法能禁人不为小人,究难强人以乐为君子。法之原则在约束人终身为君子,法之效力究难防制人不偶一为小人,即司法官吏之本身或亦不能出此推测范围之内,此流品所以日杂、诈伪所以日滋也。

刘阮重来

阮文达公元为浙江学政时，巡抚刘公忘其名，与杭州将军某邀同观剧，正演《定军山》一出，武侯授计黄忠、严颜前往夺山，操弟夏侯渊即死于是役。将军笑谓客曰："到底孔子是圣人，后人中又出一孔明。"座客不敢应，亦不敢笑，文达随口应之曰："然孟子即不如孔子，后人中乃出一孟德。"孟德系曹操字，即景生情，戏以答之而将军恬然不觉也。时有幕客在侧，归而直告之，将军恨之刺骨，然无如何也。嗣巡抚因公至浙西，往邀文达游天台山，游览未终，偶有所触，乃题"刘阮重来"四字以志一时游迹，山僧得之珍重摹勒，悬之厅事。事为将军幕客所悉，商令将军欲泄前愤，此可报复，遂代拟奏疏弹劾之，谓："学臣疆吏如此轻佻，殊不足为士林与地方表率。"奉旨交部议处，各降一级。

不服药

《礼经》云"医不三世，不服其药"，《易经》云"勿药有喜"，孔子不敢尝康子之馈药，此皆古圣人不轻服药之明证也。窃谓药石之足以去病者乃不制命之症耳，苟为不治之症，药物虽多亦难奏效，所谓"药能医假病，酒不解真愁"是也。今试有病者于此延医诊治，对症开方，服之可以愈病，倘遇庸医，方不对症，非徒无益而又害之。况病有寒热、虚实、表里之分，体有男女、老少、强弱之别，药有攻补、涩泻、和缓之异，其机甚微。医术之望闻问切分圣神功巧，今之医生多用切，显系取巧之道，尤不可轻于尝试。外症服药，譬之假道于虞以代虢，有病之皮肤药力未能达，无病之脏腑先受其克削，谓之无罪攻伐。且近今药铺毫不讲求，既非道地药材，泡制每不如法，贻误实多。考人参最为补品中圣药，熬膏尤良，能回元气于无何有之乡，信如斯言，则自古帝王及豪富之家皆能蓄此不死之药，讵可以永庆长生耶？汉高祖有疾，吕后请召医诊视，高祖大怒，骂曰："吾以布衣提三尺剑而定天下，此非天乎？命乃在天，虽扁鹊何益。"清代陆雅坪先生病亦不服药，有句云："无药能延炎帝寿，有人曾哭老聃来。"曾文正公不信医药，屡见于家书中。此均足为不轻服药之导师也。谚云"勿药得中医"，洵为经验有得之言。予生平有病向不服药，坚持"慎风寒、节饮食"六字诀，苟非不治之症，断无不退之理，迂谬之见，敢以质之卫生家。

修史之才难

论古不外才识学，斯言是矣。然修史之人才，未可仅以才识学为适合，非品端学粹、卓识鸿裁、严气正性之君子，不克当此重任也。良史董狐，三代上且不多见，何况晚近？腐迁、陈寿之所作，尚不能认为信史，司徒王允知蔡中郎学识优于修史，独不令其续成汉史，恐于董卓有曲笔也。贤如朱子，其《小学》《近思录》论孔明太粗，即使孔明作礼乐，亦不过粗礼乐。大程子称孔明有儒者气象。予早年即留心经史学，尝与后浴蕲、吴东园、吴彝白诸友论及之，多谓朱子论似失之偏。魏公张俊陷害曲端，其奸佞几拟于秦桧，厥后修史，俊子张栻字南轩亦为史馆协修，严海珊后有诗嘲之云："传中功过如何定，惟有南轩下笔难。"时南轩为亲者讳，亦属人子恒情。夜往朱子处跪求，朱子素重南轩之为人，遂参曲笔得占干蛊，后人又有句云："曲端冤与岳飞同，浪把黄金铸魏公。"即指此事也。紫阳之史且如此，房玄龄、魏徵均为河汾弟子，徵手著《隋书》竟不为王通立传。《宋史》"烛影摇红，千秋疑案"，当时正史实录均未有证明，疑以传疑则有之，信尚不能徵信亦有之，可见史操笔削之权，褒贬严于一字，信非圣人不能秉笔也。考《明史》有三大案，移宫、梃击、红丸聚讼纷纭，久未定论。倪文正公元潞曾奏云："主梃击者力护东宫，争梃击者计安神祖；主红丸者仗义之言，争红丸者原心之论；主移宫者弭变于事先，争移宫者持平于事后。"究属调停两可之谈，终非精确之断制。传闻清史亦有三大案，雍正杀年羹尧、程学启杀郜云官等八王、慈禧杀载垣端华肃顺，此三案屡经详议，其是非亦复悬而未定，当系怵于专制威权未敢以直笔贾祸。现清史尚未出版，前者协修诸君子未悉于此，三案之纲目若何记载，管见所及，姑为悬拟之词：雍正杀年羹尧一案，清世宗察察为明，素无人君之度，不欲保全功臣，天下督抚仅有李卫、田文镜不加以斥责，余则动遭谩骂。时扬威将军岳钟琪已拟斩监候罪，复杀抚远大将军年羹尧，按其所坐各罪状论之，如"朝乾夕惕"，年之奏折中图叶声调用作"夕惕朝乾"，即指为狂悖，其意或者谓乾为天、为父、为君，不宜倒置用之，此与朱太祖以"殊"字杀廷臣（汝以朕为歹朱耶）之意何异？嗣在扬州仪徵具折，折末"恭谢天恩"四字，年误写为"敬候圣命"四字，即指为逗留，显见猜忌勋臣，文致其罪。虽降旨令其自裁，此案应书"擅杀"而不去其官爵云。程学启之于郜云官等八王一案，事由法人戈登介绍，负责证明投诚，学启以云官等虽降，他酋犹歃血誓生死，不杀云官等，苏州恐终不可得。李鸿章坚不欲杀之，学启云："我宁负友，不敢负国。"鸿章不得已听之，云官等被杀后，又复搜杀拒命者二千余人。学启即命部将郑国魁整队入城，云官等如非诈降，自系学启急功杀降，此案应书"某年月伪王郜云官等八人投诚，程学启诱降擅杀，始定苏州"云。载垣、端华、肃顺一案，先是，西太后慈禧在热河倡议垂帘，载垣等坚持异议，盖垂帘有违祖制。肃顺等力争，在此初非有无君之心，时恭亲王奕䜣与荣禄、李鸿章均左袒慈禧，荣禄且为慈禧内侄，爰商定挟同治由热河回都，肃顺商之载垣、端华须带兵卫入内，载垣未肯信即匆促赴朝，又不能隐忍于一时，竟大声愤争于廷，肃顺暗掣其袖止之已无济。载垣等未及带兵卫而奕䜣等已将内廷兵卫密为布置，当时载垣、端华先被执，肃顺将走脱复追执之于殿外，因急与夙识之内阉密商，愿酬巨金求通消息于部下，片刻间立增至三十万金，无敢应者。旋以玺诏饬宗人府，即行处决。在廷大小臣工慑于二王一相之被杀，均如仗马寒蝉，无敢讼言其非者。直至民国后，始有人论及肃顺等被杀之冤，是慈禧之残忍不在吕雉、武曌之下，而亡国亦即兆于此。此案应书"某年月那拉氏慈禧违祖制谋垂帘，杀怡亲王载垣、郑亲王端华、军机大臣肃顺，临朝听政"云。三案谨各留数行，以待他日清史出版时一为印证。仆以私家著述敢于正史参末议，知我罪我其在斯乎！窃念最难修者必为民国国史，党派复杂，事迹纷歧,蹶而复起、起而复蹶者几何人,离而复合、合而复离者几何人,实心爱国、甘心误国者又几何人,廉洁自持、贪污不职者又几何人,此中功罪是非,据事直书,平允适当,须具有才德品学识之全,物色超然派方,克修成信史昭示来兹,否则亦为腐迁、陈寿之续耳。

烛影摇红

《宋史》称太祖疾大渐,夜召晋王入宫,大小臣工无一随侍,仅有内侍等遥见晋王在烛影下若有逊避之状,闻上以斧击柱,大声曰:"好为之!"俄而上崩。夫顾命,大事也,正史、实录皆不载,想当时已深讳之矣。予按晋王入宫时上已病莫能兴,值此弥留永诀之际,应有凄然难舍之情,乃晋王光义早别有怀抱,久窥帝位之不早我属,必阴袖利器入宫,知上病已重,因而欲刺杀之。太祖本著名拳棒家,技击颇精,此时虽被刺伤,犹能愤然举斧撞击之,光义所以在烛影下有逊避之状。斧未能击中光义,误击于室柱,犹荆轲之击秦政也。内侍闻上大声曰"好为之",予谓太祖当时必系大声曰:"你好啊!"不然光义于此时如无非常举动,何致有既逊且避之状?况太祖与两弟平日本最相得,又何致于永诀时以斧击柱,大声有言耶?是必光义先出不意刺伤太祖,既而目睹太祖举斧作欲撞状,自不得不作闪避退让状,此可谓适合当时情势也。烛影摇红,千秋疑案,以管见论之,太宗之谋毙其兄毫无疑义,厥后《宋史》书秦王廷美以忧卒及德昭(太祖长子)自杀,太宗亦正如司马昭之心,所谓路人皆知矣。

以诗纪游

仆奔走军政界二十余年，拙于运筹，困于听鼓，或与战线系存亡，或作辕辕之参揖，回首前尘，都如梦境。曩岁息影归来，曾感赋云："去留聚散亦何常，锋镝余生返故乡。笑我宦囊无长物，丛残文稿压归装。"在乡邦蛰伏八年，惟以卖文字为生活。今春因事须来沪，弟秀峰、侄克安力劝起行，顾友一青因年老劝阻，杨友作舟复劝行，即由盐乘轮南下。内河小轮房舱已不甚宽，乃先有三军人在内，并仆为四，诸感不便，此际已无别项办法，口占云："昂藏七尺似弓弯，屈曲难伸咫尺间。二百余程轮太滞，此身如渡百重山。"又句云："一村才过一村逢，鸡犬桑麻大略同。天似有心摹画意，朝阳绚染夕阳烘。"夜抵轮埠，雨大作，即寓泰州东方饭店三层楼上，阴雨连朝，未能起行，赋句云："高踞层楼远望低，四围如画绿荫齐。阻人春雨如留客，致令乡心注范堤（敝庐居近范公堤侧）。"滞留三日乃能登程，途中口占云："才罢舟行又坐车，两堤飞舞尽杨花。客途偶见闲情致，儿女沿溪各钓虾（沿途见小儿女以网钓虾，网类渔罾，方约尺余，四角缀以小瓦片，上有桴子，系以长线，沉于河中，钓之多者一儿可携十余网）。"过扬子江，云："扬子江头柳又攀，征尘橐笔几时还。翻因屡涉风波险，饱看金焦对峙山。"抵镇江寓万全楼，信宿即行，赋句云："容易春归正客途，劳人偶亦得楼居。旅餐何必须多品，绕郭长江美是鱼。"抵沪，赋句云："四面层楼矗碧空，飞车驰逐利交通。本为领土何分界，未免伤心念亚东。"又赋云："领高袖短着旗袍，情侣双双两臂交。鞋子高跟声橐橐，上厅跳舞最时髦。"自由解放之收效乃如此。

金奉旐

淮安府有金奉旐者,清同治朝武会试时点授头等侍卫,后派入恭亲王府中供护卫,驱使之役颇见信任。按恭亲王奕䜣与醇亲王奕譞均为咸丰帝同胞兄弟,道光遗诏中云皇六子奕䜣封为亲王,故两宫太后眷注特降。金在王邸任职有恃不恐,每有武断行为,所得俸资又不敷用度,爰商之同列,偕往求王设法救济,王颔之,云:"俟有督抚晋京时,当代谋之。"未几,左文襄公至京,王密令金等于乾清门外候之,左早诣待漏,刚乘二人肩舆至,金等即前往阻之。左在舆中方惊诧,恭王乃手执短烟袋漫步而来,左遥见之即出舆趋前与为礼,王笑云:"来了。"左答称:"前夜抵京。"王复操京语谓之云:"孩子们没有饭吃,以后你们督抚晋陛见时,给他们五千银子就是了。"左答曰:"诺。"自此遂定为例,惟督抚晋京系偶然事,非可常得,久之,金又求王代谋外放,即以副将阶级放江西莲花厅参将。到任未数月,值省垣秋祭孔子,金特往与祭,竟与巡抚某抗礼,巡抚晓以旧设东西两厢即为文武官分座之处,此乃定例。金自恃久住王邸为侍卫,素来睥睨群伦,谓巡抚小视己,勃然大怒,就近以掌掴其后颈数下,愤然出。归途知祸已闯大,急饰词具呈,派疾足赍递恭王求援。巡抚素知其奥援在恭邸,疏劾其扰乱祀典,状若疯癫,即分派干员星夜赴京,一挟重金至恭王府啖其号房,嘱将金之来函缓两日再内呈;一至兵部递奏,并函托主要人员速议。及恭王阅金函拟赴部代为营救，无如部议已出，略称："姑念疯癫，着革职解回原籍，交地方官严加管束"云。

宋高宗

宋高宗忘君父之大仇，宠任奸佞，残贼忠良，甘为南渡偏安之局。李纲、宗泽每有军国大计，奏疏递到，汪伯彦、黄潜善二奸必多方谗阻。高宗初本有复仇之志，曾与岳飞密议，命其"率师扫穴犁庭，迎还二帝，朕不轻易诏卿还，诏时必用金字牌，卿可专力戎事，以竟全功"。后因秦桧蛊惑宸聪，谓："二圣迎还，陛下即须让位。"高宗复仇之念受此强烈打击，遂始终坚抱和戎政策，致搜括娼优财物以献金人，势不得不诏令飞班师，一日间去金字牌十二道，飞因有"十年之功隳于一旦"之慨。当时有人作句嘲之云："金人欲送徽钦返，其奈中原不要何。"至韩侂胄为相时，锐意伐金复仇，追封岳飞为鄂王以风厉诸将，令直学士院李壁拟诏云："天道好还，中国有必伸之理；人心效顺，匹夫无不报之仇。"末云："言乎近言乎远，孰无忠义之心；或在野或在朝，当念国家之愤。"此种誓师文洵足以壮军声而作士气，后侂胄被杀，竟函其首以之谢敌人，后人有咏武穆句云："宰相若逢韩侂胄，将军定作郭汾阳。"信为持平之论。侂胄揽权专恣，致天子孤立于上，无异秦桧第二。其人本不足惜，独其力持伐金之议未可厚非，所谓君子不以人废言也。高宗好养白鸽，又有以诗嘲之云："白鸽飞鸣绕上都，暮收朝放费功夫。何如养个南来雁，沙漠能传二帝书。"宋高宗之无心肝，直与陈后主、李后主无异矣。

杀母自生

造物之于毒物，每使之生殖不繁，其性甘于自杀而不悔若隐，为民众减少毒害，亦奇矣哉。地皮蛇杀母自生，人多知之，母蛇于将产之数日前，必择田塍或沟洫旁割余之豆根，晨夕螫之，使其尖锐如针，届时以腹担其上，用力向前一穿，腹裂而小蛇出，母蛇毙矣。乡间农人多赤足，倘或偶触此豆根，必仍中其余毒，非至其根腐烂时其毒不消灭。枭为最不祥之鸟，其产生小枭多在盛夏，当营巢于树上时，必预择有一树枝可横悬于巢上相距仅数寸许，然后始就其处营巢。老枭哺雏至将团翼时，其目即盲，不能四出觅食，乃力衔其巢上之横枝垂身近接巢边，小枭待至饥不能忍时，即群啄老枭之身，所谓"獍食父，枭食母"者此也。时当酷热，二三日间即肉腐生蛆，小枭争啄其身肉殆尽，最后仅余一首悬于枝上。前代刑律有斩绝枭示之条，盖即取义于此，而小枭则群飞四散矣。蝎蜥亦名守宫，其杀母自生人或未能尽知。蝎至将产时，乃以尾端毒钩自钩其背数下，背即裂而小蝎均蠕动而出，老蝎壳内惟余淡绿色之水，可确信除去一害虫，然去一大害复遗数小害，数小害旋复成为数大害，亦可见古今来除害之难矣。

剜心之案

剜心之刑最为惨毒，即从到专制时代极刑为凌迟，系将犯人全身加以寸磔，使之求速死而不可得也。剜心尚为列代刑律所不载，据予见闻所及，前清剜心之案有三，均系奏案。嘉庆朝铁保为两江总督时，曾委即补知县李君毓昌赴山阳县查赈水灾，李君以进士分发江南为知县，人颇方直。山阳知县王伸汉造册冒赈，李复查得共冒赈原册，即拟函请督宪撤职严惩。伸汉得悉，随奉以暮夜金，却不受，惧甚，乃遣己仆顾祥袖三千金贿嘱君仆李祥、王祥、马连升等，请其窃出原册以灭迹。奈君防闲严，各仆急切窃弗得，因密商曰："计惟有死之耳。"即以毒置茶杯内，君饮之未即死，马连升竟用腰带缢杀之，以自缢报复，贿托淮安知府王毂代为朦详。后其叔李佐希叩阍，冤乃白，知府王毂绞绝，知县王伸汉与三恶仆均名祥者皆斩绝。嘉庆帝曾御制诗以悯之，首云："毒甚王伸汉，哀哉李毓昌。"又云："恶仆有三祥。"计悯忠诗三十韵。惟因马连升在逃，严饬会拿务获。未几捕得，御旨饬即押赴李毓昌墓前剜心致祭。同治朝，两江总督马新贻为张汶祥所杀，钦差郑敦谨会同曾文正公鞫讯，未肯照汶祥原供转奏，复奏称："该犯实无主使，应凌迟处死。"马之家属乃剜心致祭。光绪末，安徽巡抚恩铭为徐君锡麟击毙，承办此案者复援照马新贻案办理，致徐君亦罹斯惨。谨按马连升以仆戕主，洵为应得之罪，而张、徐二志士不愧为毅烈丈夫，缅维风义，各有千秋矣。

儿童最重家庭教育

《家语》有云："孔子家儿不知怒，曾子家儿不知骂。"谨按孔子秉太和元气，家庭雍睦，如坐春风，从不见有愤怒之色；曾子诚笃，为孔门冠，独得一贯之传，其家庭间整肃静穆，不闻有嘻嗃之声。弟子耳濡目染,习与性成,久则入化,自然跻于不知怒、不知骂境地。夫以鞠育提携最亲之父母,对于知识初开最幼之儿童,感化固易于听从,放纵亦易于流荡。因念夫公卿之子降为皂隶,簪缨之胄沦为舆台,其有所由来者渐矣。其父杀人,其子必且为盗,此又习非成是,视若固然矣,自不得尽归咎于后人。从来任何儿童类多具有破坏性,偶把玩一物,兴趣过后必抛掷毁弃以为戏,于虫鸟等小动物必捉得而系之以丝,终则仍扑杀之以为快,与附近之邻儿相嬉游,尤为他日优劣所由分。设遇不良顽童,晨夕相聚乐,易为其恶习所转移,此孟母所以有三迁之遗教。为家长者当儿童幼稚之时,根本所系,须随在训导,因事设词以觉悟之、滋培之,使之日趋于轨道,教法宁失之严,断不可失之宽。《易经》称家人有严君焉,即父母之谓也。倘或为丹朱、商均等不肖之子,虽以尧、舜之圣而廷教之,亦难底于成。第此乃家庭之变,非论其常也。儿童已能解事,即应举忠孝节义等古人,以浅显语讲与之听,保其固有之道德心。家道虽极丰厚,切不可多给金钱供其浪用,使不知稼穑艰难,日常之饮食衣服,贵从淡泊而有限制,盖膏粱文绣之途,绝无成材子弟。须防制其骄侈心,养成其简朴心;以知惜物力训之,期防制其暴殄心,养成其俭约心;以知爱生命训之,期防制其残忍心,养成其仁慈心。教其慎交游,务得益友之助;教其戒欺诈,务以忠实为怀;教其娴礼仪,务为温文之士。似此循序以进,由渐而成,虽不克为出类拔萃之才,亦不致有荡检逾闲之失。然而家庭教育虽甚关重要,肯实旋此种教育者十或无一焉。溺爱不明,易子而教,此君子之泽所以难延五世,箕畴五福所以不列儿孙,其间盖有难言者矣。为父母者应及时尽教养之责，并遇事留积累之仁，庶后顾有可久之望焉。

郑板桥

江苏兴化郑板桥先生名燮，字克柔，板桥其别号也。工画兰竹，善诗词书法，以隶楷行三体相参，古秀独绝，尤为中外所倾慕。以进士分发山东作县令，刊有"七品官耳"四字印章。嗣因为地方请赈，忤大吏罢归，其为人可谓才德兼备，清史"文苑"有传。邑乘称书画名家，其实书名远过于画，零缣尺幅得者珍若球图。江西龙虎山正乙真人因厅事前须楹联一副，雅慕先生书法与文名，派员赍金求撰联并书，先生对使者索润笔银一千两，来使实带有五百两，意先生系索价之虚数，或可推情相让，遂以原银奉上，约日取件。来取时仅予上联一扇，云"龙虎山中真宰相"，询以下一扇，答曰："未曾写，君只送到一扇润资，故只写一扇。"使者无奈，将一扇带回，据实面告真人，真人展阅，以此联续对不难，惟何处觅得此书家，不得已复拨银五百两交前使者带来。先生得银即约翌日来取件，下联云"麒麟阁上活神仙"。先生睥睨亲贵权要，对于贫士文人，下至贩夫走卒，则又亲爱之，不暇跌宕为豪，疏狂自喜于此可见。与袁子才先生同时，一为书画家，一为词章家，均负盛名，均以甲榜作县令，互慕已久，迄未有面晤机缘。一日，误传子才病故，先生闻而大哭，后知系误传。未几得把晤于友人席上，知己快逢，倾谈不倦，子才赋有句云："闻死误抛两行泪，论才不觉九州宽。"才人爱才人，其契洽者深矣。

阿国已亡矣

同盟社廿五日罗马电称，德政府已正式承认意国并吞阿国，意国已表示甚深感谢之意。此电却引起我的感想，有两句中国腐旧的话说出来了。德国不是落井下石，确是抑弱扶强了。回忆廿余年前的德国，也是已过去一个战败的国家，当时国都虽未至于沦亡，其感受战败的痛苦，大约与此次阿国所遭的不甚相远吧。战败后踬越国沼吴的故智，十年生聚，十年教训，全国团结起来谋进展，遂一跃而跻于强国，可一雪廿年前挫败之耻。前者突向莱茵河违约驻军，就是复称雄于欧西晴天的一个霹雳，所以德国势不能主张公道而维护阿国，亦无暇计及当年曾受同样战败之痛也。国际联盟会苦无行使职权的力量，致议决制裁意国的各会员国近日已算悬过白旗，五十一国认意为侵略国，亦属案经议决，而窘于无力执行，惟仰鼻息于数大国，听其操纵而不克自主，是国联的本身已在风雨飘摇中了，何论乎倚赖国联为存亡的阿国呢？查阿国尚能抗战意军历七个月，其战斗力亦不弱，奈一限于器械不坚利，再误于国联不能援助，某大国阳诺阴违亦不予援助，卒致于败亡，无挽救的可能了。论者每谓国际往还多重信义，以予纵观世界情形，窃谓不能概视增进邦交、日益亲善等套语，须视对方为何等国家，以分真伪。假使贫弱国与强大国交涉，迭经谈判，辗转争持，结果终是贫弱的国家牺牲原有的权利，联好感于强大的国家，此即谓为示平等、谋和平也。阿皇犹在那里睡生梦死的奔走呼号，以图复国，岂不是愚笨已极了吗？德国业已承认意国并吞阿国，即为欧洲现状有强权无公理的铁证，强侵弱、大并小的先声,此后环球的趋势,预料争竞多而交涉易起,军备足而战衅易开。下走郑重地说两句,凡属贫弱国家以及附庸小国,应觉到四伏危机,须慎防一蹶不振也。志于丙子小暑。

百物奇贵之一斑

予家世居两淮泰属之伍祐场,本场居泰属十一场之首,从前产盐最旺,售价低廉,二文钱一斤,即如今之铜元一枚可买盐五斤,有时三文钱且可买二斤,即如今之铜元一枚可买盐六斤零。嗣予由外假归,盐价逐渐增加,已较前多至四十倍。客岁又假归,见商店已附带售官盐,每斤须价二百六十文,且系市秤,产盐之区较前已增至百二三十倍之多,讵不骇人听闻?米价增多二十余倍。此两物为民间日用所必须,乃竟贵至百数十倍,贫苦小民其何以堪?据此以观,是近数十年来一乡一邑之间,一邦一国之内,其变化更可推知。再历数十年后,其迁流尚不知其何极也。

戏拟黄钟控瓦缶呈文
(乙卯六月廿九日,申报馆选登"游戏文章"栏)

为不平则鸣呈请严加甄别,抡拔真才事。切维顽金钝铁曾供哲匠之陶熔,马勃牛溲亦备医师之收畜,岂必商彝夏鼎,以古弥珍?须知断竹哀丝有音可赏,物期适用,原不因贵贱而分。世正需才,要当有妍媸之别。问鼎来自友邦,悬磬久忧家室,果克列珪璋之选，自足推柱石之资。誓志定中原，陶侃曾习劳于运甓；暮年悲烈士，王敦亦寄慨于击壶。鼓盆闻庄子之歌，破瓮见温公之智。从可知为物虽微，有适足因材自效者矣。乃兹有瓦缶者，器小易盈，质轻而窳，叩之无韵，弹不成声，既非铁板铜琶助唱大江之曲，并异晋砖汉洗犹留前代之名，擅以铮铮细响，谬为炎炎大言。钵尚有催诗之用，碑徒贻没字之讥。杨恽雅好秦声，拊缶则令奴婢；相如挟制秦帝，击缶则于渑池。不过偶尔之醉嬉，讵有可言之价值？素受泥涂之辱，遑问出身；本非金石之坚，那堪掷地。家国方多变故，不能为雪耻之谋，士人纯盗虚声，竟群羡雷鸣之异。戴盆难以窥天，负甄不如堕地，未解宫商之谱，假托知音，翻教铭勒之材，致嗟毁弃。中华欲固金汤，若辈亟宜沙汰，满则扑之，堪藉作良朋之诫。此何声也，讵足供大雅之闻？惟乞严加甄别，示扬清激浊之方；幸无曲予瓦全，启以伪乱真之渐。黄钟非敢炫玉求沽，窃恐遗珠于暗；高曲无妨寡和，正声庶免消沉。何致使嚄哒铿鞳之奇，仅代鸡人而报晓；按候应宫之制，有辜凫氏之成功哉？兹者求贤若渴，以礼为罗，秉黜陟之大公，具鉴衡之真赏。和声鸣盛，岂吹竽弹铗所能同？大器晚成，比结绿青萍而增价。是否有当，伏候钧裁谨呈。

关天培

（自此以下二十余稿均经各报选登）

前清关忠节公天培，淮安山阳县人也，以武生至专阃，貌英伟，面色如中酒，威毅惊人。曾因要公赴京师，偶著便服出游，老仆随之过一相者之门，公信步入观，相者起立延公坐，正容谓：
"公生当扬威四海，死应血食千秋。"公出笑谓仆曰："何贡谀之甚
也！吾行年已四十，安有此望哉？"后值英军扰闽，公与林文忠公
则徐督兵事，领事义律已被浮，乃均为琦善所牵掣。林公革职遣
戍，公势益孤，死守虎门炮台，奉琦善严饬，现方议和，不得轻开
战衅。英素狡逞，遂乘隙驾炮来攻，公告急请援不应，势渐不支。
老仆劝公退，公叱仆令去，仆跪抱公足求退，公拔剑欲砍之，仆大
哭而下。行未数里，炮台已为敌炮所击碎，公遂以身殉，面目皆
焦而闽事不可为矣。清宣宗震怒，将琦善锁押来京，悯公义烈，
赐谥忠节，敕建专祠。忆予幼年科试赴郡，曾诣祠瞻谒上有"为
国捐躯"钦赐匾额，外有林公"我不如你"四字匾额，至今庙貌巍
然，春秋致祭，相者之术亦神矣哉！

谜　话

去岁商务印书馆有灯谜若干则悬赏征射，鄙人与吴东园、丁
子川、龚蔼亭、程铁青诸友分射，十得八九。谜面率用三字句，均
射《四书》，颇有佳构。如"狮子吼"射"河东凶"，"醉菩提"射"唯
酒无量"，"漆园吏"射"庄以莅之"，"六王毕"射"止于嬴"，"饳饤
谱"解铃射"食志"，"猴山鹤"射"晋之乘"，"博浪锥"系铃射"车
中"，"御炉香"射"臣闻之"，"祅庙火"射"因陈子"，"肥料捐"射
"抽矢"，"燕王哙"射"子之君"，"病间曰"射"不疾言"，"杖期生"
解铃射"夫孝者"，"除枷刑"射"犯而不校"，"曹娥江"离合格射
"嫂溺"，"孟僖子"射"敬叔父"，"浣纱溪"离合卷帘射"问子西"，

"老文章"射"信以成之","陆氏庄"射"惟士无田","卫灵公"射"孙以出之","爨下桐"射"木若以美然",均尚有作意。

九逍遥鸣

九逍遥俗呼"九头鸟",其状实系九头,故名,《山海经》谓为大海鸟之一种也。予乡地濒东海约二百里,近接斗龙、新洋两港口,居人以九逍遥鸣占风雨,惟闻其声从未见其头,闻于夜从未闻于昼,其声悠扬而小,如一群雄雌小鸟相和鸣也。出鸣必有风雨,百试不爽,夜深闻之令人凄然。予童年偶闻其声,颇为骇惧,疑在空际相距不远,即奔赴先慈处依依膝下,不敢至他室。其实鸣声甚大,盖风雨将至时,觉毛翮间燥痒难禁,飞必冲霄,翱翔海上以自适,其飞既高,鸣声自能及远,数百里外闻之似觉其声不大也。航海客偶于夜间望见之,其翼足以蔽天日,戚继光《纪效新书》载有航海风雨占验多则,内有九逍遥出占风雨,一声风,两声雨,三声、四声断风雨云云。惟其性非风雨不起,既飞鸣而出,可决其必有风雨也。戚书所载尚非实有经验之谈,本月间阴雨经旬未止,入夜即闻其鸣声,凄风苦雨,远近皆成泽国,低处水已成灾,故特志之。

铁牛之遗迹

曩客淮扬军署,有役必从橐笔征尘,极水陆奔驰之苦,大江南北及运河两岸足迹几遍。马棚湾与清水潭相距约七八里,中有铁牛湾,予曾数过其地,多喜徘徊瞻眺于其旁。铁牛形类常牛,屈四蹄伏于地,昂首向右,若有所顾。邵伯镇关帝庙之右亦有铁牛一,状与铁牛湾之牛略同。洪泽湖边属高良涧附近有铁牛九,每相距一二里,俗呼为"九牛湾"。予之姊丈邓君家在湖边,为河工委员,予因得亲见九处铁牛,然均莫明其安置之义。询之土人,或云铸牛以驱怪,当日许真君追捕水怪时曾骑一神牛,怪见真君即骇走,遥见有牛卧于堤上,仍疑真君在其处,即奔窜不敢稍停。或又云水不得过牛鼻,验之信然。每见群牛虽渡大河,鼻均昂出水外,铸牛所以示压镇之法。相传如此,未知孰是。予按高家堰曾为元人所掘决,其时疑朱太祖赴里下河,计以淹没之水直抵苏州阊门,淮扬各郡县均成汪洋。嗣水渐退,盐阜东兴各县居民俱系由苏迁来,插草为标,分地种植。朱明定鼎,修筑高家堰时,刘青田先生曾巡视一周,相度形势,各处铁牛均为青田所铸,择地安顿之,其取义当为镇压水患无疑。本年水灾如此之巨,为百年来所未见,各处铁牛能否有限制水患之效力,不可得而知矣。

秦淮杂咏

昨夕金君绍卿续约为秦淮之游,谓前次赋诗七首,勒令今夕须多赋一首,遂笑允之,复即席赋八首云:"六朝留得此情波,游艇穿花晚更多。翻觉人间胜天上,双星犹怅隔银河。""画船容与水中间,新月迎秋暑未残。两岸帘栊齐倒卷,有人挥扇正凭栏。""晚妆已罢鬓如鸦,体态轻盈尽着纱。丰韵不同争斗艳,当胸群挂一团花。""波平如镜早涵秋,高下珠帘尽上钓。此处美人饶福泽,半居水榭半居楼。""艇分大小不嫌多,旋往旋来若掷梭。游客心情有同好,不为竹战即闻歌。""老去风怀久淡然,绮筵顷刻赋离筵。玉容有主仍无主,又抱琵琶过别船。""不是山阴访戴舟,又非范蠡五湖游。灯悬千百纵横泊,歌管声中别有秋。""卅载重来认旧游,雪泥鸿爪记曾留(辛卯科初应省试,曾有张姓友邀游钓鱼巷一次)。而今倘话当年事,只恐红颜定白头。"

敏惠公吴棠

清吴棠由清河知事起家,未十年间擢至漕运总督,始终未离清河县城,际遇颇奇,人亦慈惠,故身后赐谥敏惠,现在清江父老尚有能谈其逸事者。吴升至漕运总督时,发捻之乱已平,清江城曾经失守,虽属县城而地当南北水陆之冲,颇关重要。吴拟修城,又恐砖工不坚,乃将上河堆石工拆去数里用以修城。按石堆建自明初,四五百年来洪泽湖身渐已移向西南,故由清江码头镇起有若干里石工实属置之无用之地,方拆至清水墩地方,忽得小石碑一方,上刊大字数句,云:"刘基造,吴棠拆,拆到此处拆不得。"督工员弁即以献吴,吴遂停止未拆。现清江城基址均系石工,崇墉屹然,甚为坚固,而青田先生能前知,亦令后人信仰不置云。

秦淮即事诗

前夕雨后清凉,与金绍卿游秦淮,即席赋绝句七首,云:"夕阳已下正平潮，水际风生暑渐消。小艇不妨人促膝，楼船难进大中桥。""谁擅清歌服善才，曲声断续绮筵开。六朝往事消沉久，小妓新弦感触来。""万钱下箸未为奢，一啄中人产十家。劝酒小环都解事，当筵不唱后庭花。""不分燕瘦与环肥，团坐堪称锦作围。好似园林花盛放，成群蜂蝶绕篱飞。""花鬟云鬓各争娇，天足行来胜凤翘。装束文明翻不称，长裙拂足褂齐腰。""轻盈纯是一团娇，未展眉峰只自描。香气暗倾花露水，粉痕淡抹雪花膏。""衣香鬓影往来频，花好终难动客心。梗泛蓬飘今已惯，最关情处是乡音。"

贺陈陶遗省长秋节

炎夏如蒸，久缺衙参之礼；清商徐拂，又闻叶脱之声。感驹隙之飞驰，幸龙门之在望。恭维省长襟抱秋高须眉，秋爽良时，则露点葭苍，德政则风行草偃，卿云绚彩，载歌纠缦之诗。凉月舒波，怳入高寒之境。话到坡仙水调，问宫阙为何年？把来庾亮清樽，宴宾僚于四座。静闻紫府之歌，祝洗银河之甲。芝辉翘企，藻颂弥虔云；万虚掷居，诸时嗟老大。徒觉请缨有路，自惭弹铗无能。宦海浮沉，玩味实同鸡肋；客窗困顿，拊怀空对蟾圆。念佳节之适逢，肃芜笺而致贺云云。

贡院楹联

清代科举未停时，贡院内楹联甚多，颇有佳构，尤以仪征陈六舟泰州钱桂森之联为最出色。盖陈、钱均以本省人，复监临本省乡试，前清二百五六十年并李少荃仅有三人而已，士林至今艳称之。陈联云："忆弹指顷四十二年，凉月中秋，寒雨重阳，早岁曾经辛苦地；计广厦间万八千士，毓灵钟阜，蜚英岳麓，几时同咏大罗天。"钱联云："且莫论白简朱衣，旧梦重寻，难得秀才风味；看一片冰壶玉鉴，尘襟尽涤，始知上界高寒。"吐属名贵，的是金华殿中人语。此二联均为予应试时所目睹，昔时文人战艺之场，今已为市侩会集之所，不禁感慨系之矣。

拐仙乩诗

乩仙诗词大都伪托，藉以坚人信仰，然亦时有真者，明眼人自能辨之。民国十一年，沪上某道院一日拐仙临坛，众拜问时局，仙判诗一律云："百万生灵化劫灰，将军高卧梦初回。金钱不信称魔力，鸩毒由来是祸胎。海上波涛惊险恶，幕中机钥费疑猜。登场各现神通手，莽莽神州一舞台。"玩其词意，信非人所能吐嘱，而预知时局骤难平定，亦可于言外得之。

嵌字三联

赠校书联句虽属文字游戏，亦见心思，要以妙造自然，不着痕迹为贵。最是寻常之字转不易嵌，难于出色。仆老去风怀，向不留意于此道，曾因友人之请代拟三联，一名爱宝，联云："爱花笑我忙如蝶，宝帐留宾怕听鸡。"一名紫鹃，联云："紫貂换酒真豪举，鹃鸟啼春最有情。"一名红英，联云："红粉青衫双美合，英雄儿女两心同。"偶弄笔以遣怀,尚不敢信为可诵也。

伍祐公园纳凉记

盛夏纳凉处所,固不必高堂大厦、水榭风亭也,只须于半村半郭间拓地筑屋,三分水二分竹而已。惟树木以多多益善,坐啸其中,觉幽洁而脱尘嚣,最为避暑佳境。伍祐公园位于镇之西北隅,近接串场河西岸,面积约广六七十亩,环以活泼清流而弓形之板桥通焉。上有桥亭,栏杆饰以青白色,园门左右之树荫时拂及桥身,远观饶有画意。树以千计,多榆、柳、松、槐之属,高均逾数丈,绕园一周,相纠结不断。中筑松竹天三楹,偏于北面,以受南熏。距松竹天前数十武有池一,中杂植菱蕖。西有墨安别墅,短树成围若别为一径,内附有丝竹棋枰各消遣品。迤南有高埠,建亭其上,旧题曰"醉翁亭",兹已改为"中山亭"。登临览观,远近景物皆可数。园内道路回环,夹道皆高树,游人行其中如张盖,几忘红尘道上有酷热之苦。并酌划数丘归园丁耕种,觉花木中有农场意,尘世中亦雅有山林意。柳子厚所谓视其植则清秀敷舒,视其蓄则溶漾纡余者是也。乡人士近复有推广建筑提议,他日可益臻完美。予虽世为本镇人,懒于游览,日前独往一游,作小勾留,内并有出售茶点者,游客颇以为便。予寂坐移时,长风忽来,四围如起波涛声,又如瀑布声,又如溪滩声,与茶熟声相和应,此际俗虑都消,恍入清凉之国,当得句云:"缘堤行遍倦于游,绿树阴中作小留。鱼鸟亲人皆自得,时闻泼剌与勾辀。"未几至夕阳在山,人影散乱之候,复留联句云:"名园时集名流,煮茗清谈堪远俗;佳境自饶佳趣,隔林闲步当登山。"辛未六月之杪归而志之,期不忘一时履綦之迹云尔。

康南海之图章

　　康先生有为南海县人也,原名祖诒。应礼闱试时,公车六千余人诣阙上书,康居首通籍,后以德宗内制于母后,外制于权奸,即锐意行新政清君侧。虽以主事进身,颇邀上眷。梁启超系康之门生,同为维新派而意向迥别。忌者乃构蜚语,谓康进红丸蛊闭圣聪,党祸狱兴,遂出亡。当时友人赠以联云:"岂有鸩人羊叔子,恨无草檄骆宾王。"民国成立始返国,二年春,国会议立约法,康屡请以孔教为国教,无效,遂专程赴徐州晤张勋,请协助。勋素重康之为人,即去电请愿,始得于"信教自由"条下添"以孔教为国教"句。现虽此议取消,不能不佩其力崇圣学也。复辟期前进京下火车时,手执大蒲扇,遮遮掩掩而行,论者多疑之。未几康为弼德院长,观此,康虽志在维新,似不与革命同系也。先生文笔夭矫不群,书法亦潇洒出尘。来徐州时,予适在第七路统部司笔札,曾请其书楹联一副,上印大章一方,刊句云:"维新百日,出亡十三年,游三十二国,行四十万里路。"如此印章得未曾有,可谓清季有数人才矣。

姜登选

　　姜登选,字超六,为毅军统领姜桂题之子。桂题目仅识丁,一日过市，见壁上有"点美孚油"四字招贴，触处皆是，桂题谓左右曰："此地姜姓很不少。"盖已误认"美"字为"姜"字，左右不敢笑，仅唯唯称是。超六幼聪颖，因父未读书，已颇好学，兼能吟咏，入军界后雅有儒将风。江浙战罢，齐抚万氏赴日，张宗昌、卢子嘉、杨邻葛先后莅苏，超六遂经奉方委充四省剿匪总司令，嗣又为皖省总司令。历时未久，郭松龄对奉倒戈，孙馨远又由浙率队来苏，超六不得已带兵回奉，中途往晤郭，将为友谊之劝阻，不料为郭部下所围杀，刀伤甚惨。郭亦旋为部下炮兵旅长邹作华倒戈而败，夫妇潜逃，致被获枪决。超六后曾降一乩坛，共来四次，判语甚多，最后留诗一律，诗云："乱世丧身实可哀，恩恩怨怨莫疑猜。弥天冤抑歌如哭，入地幽魂去又来。荒墓花成生后血，横山雪幻劫余灰。异乡白骨经年滞，谁向黄泉酹一杯。"判毕将去，复云："擐甲不拜，别矣凄然。"可想见其彬彬有礼。按判诗词意酸楚，令人不堪卒读。窃念劫数难逃，古今同慨，无论当世何等人物，生值乱离，大约总系来完此劫数，倾轧不已，报复相循，反复无常，争持不下，终归于两败俱伤。吁，可悲也已。

和吴公佩孚原韵八首

（附刊卷首之第三函云"远道不遗，见乎吟咏"，即指此诗也）

"落叶随潮拍钓矶，抚时感逝悟危机。知机早动披蓑念，不着戎衣作布衣。""湫隘之居近市廛（现僦居蔡氏祠堂），宦游不爱好官钱。清贫或恐超公上，百卷残书二亩田（仅有先人墓田数亩）。""禹稷躬经耕稼中，尼山翻不答南宫。始知尚德惟君子，羿累徒称一世雄。""正赋无衣孰解衣，河山破碎究安归。遵时养晦推明哲，智勇深沉自识微。""百战归休讵足哀，尚书无地起楼台。大名已觉全球震，勋望都从奋斗来。""不望旌旗望酒旗，针砭俗耳忆柑鹏。怒撞玉斗应同恨，一着能输全局棋。""雁翼鱼鳞往复来（本年互通信四次），论文何日对倾杯。近承题句冠篇首（拙作笔记待印，承题'礼失求野'句弁端），启箧传观日几回。""无限愁怀付酒厄，问年均已鬓如丝。江南何物堪持赠，驿使梅烦寄一枝。"

附吴公原唱《乘舰泊赤壁下杂咏》

"樊口归来赤壁矶，中流击楫早忘机。黄州山水秀天下，容我披襄脱战衣。""便欲烟霞寄一廛，阮囊那得买山钱。眼前风物皆我有，两岸楼台万顷田。"寒溪寺看梅二首："陶公高咏此山中，上有孙权避暑宫。寻个渔樵说闲话，晋朝名士汉英雄。折得梅花香满衣，溪云山雨送将归。一襄一笠临皋去，十里春江明翠微。""两字功名百战哀，江山无改此登台。举杯独酌看《周易》，樊口江鱼下酒来。赤壁春流扬酒旗，江村隔雨啭黄鹂。晚来独背东风立，只看江山不看棋。"又示杨云史二首："烟雨连江春水来，扁舟无事且衔杯。吴头楚尾三千里，卷起风帘看一回。""水满长江酒满厄，春山如笑雨如丝。东风吹绿黄州岸，自起开窗画竹枝。"

二哭歌

文人泪为何人哭？深慨吾华将不国。廿年回忆政多歧，酿成今日之危局。地大物博不富强，户别门分难统束。高谈团结亦徒然，大厦讵能支一木？无端战衅启远东，那堪浩劫弥华北。乘危违约是强邻，失地丧师贻大辱。哀哉惟有众同胞，战后劫灰如沉陆。

是谁接受城下盟？陷我几同俎上肉。尺地寸土关主权，完整条文翻屈服。补牢顾犬事非迟，尝胆卧薪仇可复。内忧外患不难平，开诚布公相督促。倘教延误至再三，列强共逐中原鹿。每依南斗望京华，还我神州图一幅。未卜中央意何属，吁嗟乎！文人泪为何人哭？

李龙门

予乡有李君龙门者名桐，所居距伍祐市仅三数里。其父某为该乡轮值之乡约，知县催漕莅乡，在有清乾嘉时间县署头役权力甚伟，知县亦颇信任之。龙门之父因招待不周，遂被总头役回明知县，称某约办事不力，因而受辱。龙门年尚幼，乃发奋读书，冀为父雪此大辱。未几补博士弟子员，文名藉甚，书法亦佳。嗣赴淮安应岁试，清江漕帅好吟咏，有诗两律函致六县教官，希转知七属生童征和，龙门曾依韵和呈，内有裁字韵一联云："蝴蝶厅儿千贯起，狐狸袍子百金裁。"下注云："盐城某役家有蝴蝶厅，某役家有狐狸袍，其僭侈可谓逾分极矣。"漕帅阅之，奖许其写作俱佳，密派员来盐查明，毁其厅、火其袍。龙门固堪为先人吐气，而闻者亦莫不称快焉。

一柱楼诗剩

清乾隆朝东台县举人徐述夔，因会试误犯御讳，罚停五科，归造一柱楼居其上，著有诗集即以"一柱楼"名其集。没后被人讦告，谓诗词悖逆，辗转上闻，时刘墉为江苏学政，奉旨从严查办。徐子亦诸生，遂逐句申辩。如"清风不识字，何必乱翻书"之句，谓系当晒书时偶作也；《咏紫牡丹》云"夺朱真可恶，异种亦称王"，谓系用"恶紫夺朱"句意，又牡丹为百花王也。其实乃谓清代夺朱明天下之可恶，异种称王谓以满人入主中夏也，运用颇巧。又有句云"大明国号重相见，且把壶儿置半边"，谓当饮酒已终置壶于旁，覆杯于案，杯底有"天启某年制"字样。其实壶儿盖谓胡儿，如唐明皇谓安禄山胡儿眼大之类也。最后《咏鼠》一联云"毁我衣冠皆汝辈，捣他巢穴在明朝"，徐子谓明朝之朝夕之朝，问官指为系朝廷之朝，驳辩良久，卒以朝夕、朝廷两朝字本无从分别，徐子亦无从再辩，遂即据此以定罪。徐既戮尸，子亦绞决。《一柱楼诗集》原有沈归愚所作述夔传，因而株连，下廷议追夺沈之阶衔、祠谥，其集遂不传于世。东台为吾盐邻邑，于予乡尤接近，仅此数联得诸乡先辈所口述。一柱楼旧址在栟茶场境，入民国后地方人士已修复，诗则留此吉光片羽，聊作谈资而已。

宋丞相赵葵

宋丞相赵葵，溧阳县人，当时谏台奏参其目不识丁，葵愤而辞职，折中有云："霍光不学无术，时引张咏之语以自惭；后稷所读何书,敢援季路之言以自解。"虽奉旨慰留,坚不肯从归。建水亭二,一在县北,一在县南,相距数里。值夏日避暑亭内,赋诗云:"水亭四面朱阑绕,簇簇游鱼戏萍藻。六龙畏热不能行,海水煎澈蓬莱岛。身眠七尺白虾须,头枕一枝碧玛瑙。"只吟成六句即睡去,旁有侍婢莲香代续云:"相公犹嫌扇力微,行人正在红尘道。"吐嘱隽永,雅有郑家诗婢之风趣矣。予阅此续句,亦颇有感触。忆前在军中十余年,盛暑行军最以为苦,求一恶木之阴暂息且不可得,偶见层云遮日,即觉有片刻清凉,曾赋句云:"当空火伞烈如烧,最苦红尘行路遥。安得浓云常蔽日,清阴四布暑能消。"

田兴恕

田兴恕巡抚,桂州人也,由行伍起家,累功擢至陆路提督,转补陕西巡抚。办事素饶胆识,礼贤下士如恐不及。西教士文乃尔传教于陕,到处欺压华民,民不能堪,君稍与理论,倔强特甚,君愤怒,竟执文乃尔杀之,万民称快。西人哗于朝,其时在光绪初叶,国虽衰弱,而中华素推文明最古之邦犹深印于列强脑筋,故友邦之侨居中国者咸以通商为重,尚不致有恃强越轨行动如今日倭奴之甚者。彼时清廷仅撤君巡抚职,既未议抵亦未赔偿,其谢恩折有云:"各为其主,不辞犬马之劳;无礼于君,妄拟鹰鹯之逐。"天下传诵之。我看清末疆吏对付外交手段竟能如此强硬,较今之强邻惨杀我官吏及民众以数百计,我国政府绝未闻公然断然杀一外人,回忆当年能无悲痛?

吴佩孚

孚威吴上将军佩孚，字子玉，山东蓬莱县人，前清附生，汉代所谓异等茂才也。夙好兵家言，究心经世学，鉴于国势积弱，非尚武不能振奋，遂投笔从戎。品行高洁为守，兼优晓畅兵机，有羽扇纶巾之致，所经战役亦最烈，勋绩为当时冠。若在他人处此，千数百家资早已不劳而获，极声色狗马之好，备良田华屋之资矣，孚威则两袖清风，依然故我，全国前后督兵诸巨公皆不能及。任事亦有担当，义之所在绝不委卸，惟不肯捐除成见，采纳谏言，未免客气超乎义气。然士生晚近，苟无刚毅偏癖之性，即易于同流合污，不克矫然拔俗，第以刚毅偏癖立身则操守自严，以刚毅偏癖治军则进行多阻。忆孚威驻节武汉查家墩时，当靳云鹗未免职、刘佐龙未倒戈前，予曾两上书请其和诸将、让权利，复函称所见甚是。国难日亟，曾先后五上书孚威，曾四复书，对于所陈计划均邀赞许。追溯民国以来骄将悍卒驾驭本难，孚威廉刚有余，含忍不足，居心虽白无他，将佐有心携贰，深慨其于兵不厌诈、师克在和之道未能应付裕如，以致再起再踬，品格可取在此，勋业不终亦在此。念如梦之前尘已伤老大，敢援《春秋》责备之义以寓惋惜之深大，君子原不以成败论人，然彭渊材终以曾子固不能诗为恨也。

童振藻

山阳县有童振藻者，当清光绪中叶，予赴淮应岁试，曾寓藻宅。其时藻亦应童子试，绮年英俊，颇具才华，学政瞿鸿機考试准属，藻因试卷不敷写策文，上堂请添卷页，鸿機大加奖许，当有"清、轻、灵三字误尽天下儒生"之慨语。藻旋补博士弟子，未几废八股改试义论，藻应江南乡试二场，策题有"高加索为朔方何部，译音有无他名，俄取其地设有新例，其例若何并设于何年"，藻二场文字当以此艺为最佳，足冠通场。中式后，闱墨中曾刊此篇于前列，主试官意甚得，且进呈御览。首云："论俄人南下之路有三，其以兵力强取高加索者即为南下三路中之一。"结云："卧榻之侧，他人鼾睡且不可，况我醉人醒，已明明拊我中国之首也乎？"不料藻反因福而祸，钦阅后以语太伤时刺目，交部议罚停会试两科。此等文字忌讳，本属专制时代虐政，厥后仅会试一次而科举遂废，藻因在本邑办学务数年，即卒于家。予敢援言论自由之条，拟将"卧榻之侧"四句移赠我中央政府以作警告，现在中日外交失败至此，特不知我当局阅之作何感想、图何补救也，噫！

为创办戏院诸同志一怂商之

予在科举时代曾记有四句腐旧文章，云："摹忠孝之形容，野老亦为歌泣；谈阴阳之玄妙，豪杰亦有倦心。"可见高深学说不易取悦于人而演剧之足资观感也久矣，类如演《南天门》、《生死板》等剧，老妇乡民往往对之垂泪，或对于剧中凶恶之徒又莫不唾骂，人情大抵如此也。惟主持排演人员为营业发达计，每以淫戏为号召，不顾有伤风化，冶容诲淫，斫赤子之天真、启少女之情窦，莫此为甚。昨有友人自沪归者，曾观沪剧，谈及所演《打樱桃》之丫环、《战宛城》张绣之婶母均以女伶饰之，媟戏淫态，不堪入目，而浮薄年少尤叫好若狂。现当解放自由时期，男女大防久溃，沪上奢侈淫荡本甲全国，此种放浪形骸之游戏早已司空见惯，素重礼教者闻之惟有太息痛恨。吾盐风气素尚纯良，况国府要政十有二，首重道德，知识高尚之人应负有维持风化之责。此次本邑创办戏院，亦为推广商业、振兴地方之举，惟希注重改良风俗，增进民智，惩警奸邪，褒扬忠节，一切淫戏皆罢之。窃念好色本为人心所同具，苟不有以感触之则欲念未必遽炽。凡好观淫戏者流，倘明知其妻女姊妹在院观戏，亦恐未必以观淫秽之戏为乐，此乃固有之良心也。《礼经》云"君子爱人以德"，寓劝惩因果之说于观剧中，推陈出新，正喻夹写，其所以厘正戏剧、唤醒社会者大矣。迂谬之见，试惋商焉。

声声入听

众星满天，万籁俱寂，室内则一灯莹然，六街四巷，市声最嚣杂处所，此时民众均入睡乡，闹市俨同墟墓矣。独困顿无聊之我，愁肠九转，交集百端，每辗转反侧而不能成寐，以生平经历所得，觉千门万户众响寂间，偶足以动人者，则有秋夜之虫声、半夜之鸡声、寒夜之柝声，以及晓市之钟声、边塞之笳声，皆为有心人闻之而不能无感触于中者。但闻四壁虫声唧唧，如助予之叹息，欧阳子已先我言之矣。民十五年秋，予听鼓于省垣，曾感赋云："秋深客邸起清商，遥对银河夜倍长。微物也知寒意近，纺纱、促织两俱忙。"袁了凡咏鸡声云："早岁鸡鸣方就枕，老来枕上听鸡鸣。中间相距数十载，消磨不过两三声。"朱子素讲诚意正心之学，在南安闻钟声，便觉此心把持不住。元微之忆友诗云："何时最是思君处，月入斜窗晓寺钟。"可见清夜闻声易生感触，古今人实有同情也。习闻者惟柝声，不易得闻者惟笳声，予前在军中曾宿行幄，赋句云："久住兵间解号声，是何动作听分明。"又云："一钩遥挂关山月，绝少边城夜半笳。"总计人生数十寒暑，大都消磨于上述各声中矣。年来蛰伏乡间，细思之尚不止此也，或消磨于清歌妙舞声中，或消磨于拇战手谈声中，或消磨于持筹握算声中，或消磨于轮蹄况瘁声中，或消磨于案牍喧嚣声中，或消磨于妻妾诟谇声中，予则均幸免于是，惟囊空不闻有钱声，偶然有读书声与觅句声而已。

张宗昌之挥霍

张宗昌已以被杀闻矣，传其缘因系报父仇者所为，果如所云，可见世之曾握兵柄者种有恶因，终结恶果，理固如斯，可为鉴戒。查张之为人居心尚厚，虽聚敛金钱多不入己橐，然非理浪用亦为失败主因，赌极豪侈一掷十数万而不惜。卢子嘉任宁，张学良适住南京花园饭馆，张亦追陪，予时亦因公在省，屡见张之行动。当冯国璋任江苏督军时，张以副官长兼军官团学监，传有二事，其挥霍实有越乎情理外者。一日，邀二友在下关大观园浴室沐浴，开特别官座固不待言，堂伙见之特别接待，张认为满意，临行时给资一百元。翌日其一友复东，则给以浴资五十元，其他一友吝财不敢复邀往浴矣。又一日，因事偶乘黄包车，差弁四名随顷刻达目的地，计途给价约不过数角而已足，张乃给以十元钞票一张，车夫惶惑，意张令其找洋，但不知应找几洋而身边又无现洋可找，正踌躇间，张见之疑其嫌少，冷笑云："穷人心狠。"遂将衣袋内同样钞票八张掷予之。有马弁忽落后，向车夫索回八张，张偶一回顾，大叱云："此系他的财局，尔意欲何为？"勒令仍给车夫，车夫称谢而快步跑矣。张身材极魁梧，虽不如防风、长狄之雄伟，骤见之颇足令人惊。尝见其骑极高之洋马，一举足即上鞍镫，有物堕地，俯拾即是，谚云"大汉不呆真宝贝"，乃张之谓矣。

铁保与张倬

铁保字梅庵，刊有《熙朝雅颂集》，清史"文苑"有传。嘉庆时任两江总督，委李毓昌赴淮放赈，被山阳县王伸汉贿仆谋毙，尸属控告，驳不受理，后叩阍冤乃白，保奉严旨削去宫保衔、褫去黄马褂、拔去双眼翎，遣戍乌鲁木齐。然爱士怜才出于性生，书法挺秀，予曾见其"忌我安知非赏识，欺人到底不英雄"亲书之联句，雅有铁画银钩之妙。阜宁有张倬者，诸生也，善墨笔画，书法尤精，酷似梅庵。予客清江护军使署，见同寅刘文圃室内悬有倬之画竹四帧，题有"随风似作萧萧响，疑有秋声入户来"之句，署款字均秀劲独绝。往省应试，寓大功坊右之客栈，栈外即理发店，屡往修容，店主知其善书，求得楹联一副，遂裱挂于店壁。鸿爪偶留，那复念及，一日梅庵过大功坊，瞥见所书对联，停舆观之，招店主详询与张倬有何关系，现住何处，店主以实对，云："系乡试考生，素不相识，仅知其为阜宁县人。"因即函饬阜宁县速探明张倬住址，派员妥送来省。县署惊疑，不知何事，通知张倬亦疑莫能明。抵省时即蒙传见，霁颜与谈，奖许其书法，遂派入文案室司笔墨，凡有求梅庵书者大半系倬代笔。居数月，知其清贫，拟设法调剂之，乃另立一报到处，凡道府州县来省谒见者，先至报到处报明抵省日期，以便分期传见，即委倬主其事。自是所入较丰，居二年余获三万金，遂辞归。此可见儒生遇合固有定缘，又可见人有一技之长，不致终嗟沦落也。

扬州八大总商

扬州为自古名盛之区，屡见咏于唐贤诗中，如李白之"烟花三月下扬州"，杜牧之"春风十里扬州路"是也。隋炀帝慕扬州之盛，特幸江都，竟至亡国，李义山所以有"春风举国裁宫锦，半作障泥半作帆"吊古之作也。炀帝将幸扬州，曾有留别宫妃句云："我慕扬州好，征辽亦偶然。好留颜色在，离别只经年。"扬州为帝王所向往，其地居重要可知。清代八大总商麇集扬州，其繁华甲于全国。乾隆南巡，总商办理迎奉事宜，每家辄用千数百万不以为异，回宫时训诸皇子云："汝等欲享福，须投身扬州总商家才好呢！"按乾嘉时代物阜民康，仰食于各总商者以数十万家计，而各总商亦复豪阔异常，崇尚文艺，门下食客以及秋风游客，或挟有一技之长者均易得有啖饭处，架乎今日之上海。曾有士人投诗于总商家，无如诗字均劣，商读而厌恶之，遂书四句于原笺上云："如此诗词如此字，也来扬州打把事！快快给银三十两，叫他别处去献世。"可见阔绰之一斑。陶文毅公澍未得志时，曾过扬州，有总商家轻慢之，后澍为两江总督兼管盐政，遂藉整顿两淮盐务、剔除弊端为言，将八大总商奏裁。论者谓澍实报复前恨，而扬州从此衰落迥不如前矣。

时日曷丧

（八股文体）

此系民国四年前中华图书馆悬奖征文，限明八股之作。仆忝列首名，获奖廿元，在拙集中可谓硕果仅存者矣，并将原批语附刊于后云。

受虐于日，群欲其丧矣。夫日不易丧，乃兹曰"曷丧"，是愤恨诅咒之意也。其受虐于日也深矣，夏民恶桀之言如此。尝思三光普照，以日居先，千载云遥，随日而去。一为瞻仰之日，昭临应遍环球；一为过度之日，积累而成岁月，人固未易离日而独处也。然不可离者在天之日而不可共者属人之日，欲去在天之日则世界将成长夜，欲去属人之日则强梁亦有尽期。受虐既深，抱恨斯切，时悬一东升西没之象于心目中，特不知何以克偿众愿也，则有如《商书·汤誓》篇所云"时日曷丧"是。且夫日乌得有丧之说哉？照耀垂五千年之久，运行直掩乎星辰，虽沧海桑田、世局屡经变易，而惟此昭然在望者，姑无论为夏之日可畏、冬之日可爱，若独得天地精华之所萃，历万劫而益发其光明。纵横极九万里之程，笼罩何分乎遐迩？虽光风霁月，天容无不高华，而惟此皎然当空者，姑无论为初日则沧凉、午日若探汤，从未经盈亏圆缺之相，循罗万象而不疲于屡照，若是则日乌得有丧之说哉？人之对于日亦乌得存一欲丧之意哉？又乌得存一欲丧之意而深究其曷丧哉？独是《商书·汤誓》篇所记之日则异是，夫夏之民亦何恨于日而欲其丧也，盖以夏桀既虐待人民，而复以日自比，谓日亡吾乃亡耳。民之受其虐而无所发泄，欲桀之亡故必先欲日之亡，欲日之亡即不啻欲桀之亡。"时日曷丧"一言，所谓即日即人也。民既因桀之自比而以日视桀，即对于桀之身不得不欲日之丧也，然曰易丧，是当时之日未至于丧也，未至于丧而仍曰曷丧，是志在急欲其丧也。噫，是日也，吾窃因之有感焉。对皇天后土而呼号怨毒无从赴诉，不禁由愤恨发为诅咒，藉抒郁结之民情，仰观天日，窃不愿与共戴天也。夫樵子有负暄之乐，野人有献曝之忱，人与日非不情深爱戴，然今既为夏桀自比之日，览桑榆之晚景已失难收，抚葵霍之微忱当前谁向？众目中之日虽未能遽丧，众心中之日则惟恐其不速丧。天无二日，民无二王，此理本昭昭不爽也，吾固知未丧之日已群欲其丧矣。慨火热水深之陷溺，祸端原有自来，不禁祈天象以默顺人心，永示鉴观于帝国，危亡无日，窃欲持此意相祝也。夫反或挥之以戈，落或指之以剑，人与日亦能令稍缓须臾，然于夏桀之日有何顾恤，誓将效愚公移山之志用以移日，并将踵武乙射天之勇用以射日。日之炙我既有不可向迩之势，我之对日即有灭此朝食之心，天视自我民视，天听自我民听，呼吸当隐隐相通也，吾更知群欲其丧之日之终于必丧矣。呜呼！今日者夏桀往矣，何以夏桀时之日犹在乎？何以虐待人民同于夏桀之日乎？我国人亦惟将欲丧夏桀之心，移之于此日耳。

是题之难，难在正喻、夹写须两面俱到而又不露痕迹，此篇不脱不粘，正如初写《黄庭》，恰到好处。

论和战与成败之关系

和战为成败所攸关，宜并重不宜偏重，不能战而言和即属城下之盟。此次倭奴非理侵略，彼方着着进逼，我方步步退让，致酿成东省不能恢复之近状。夫国际交涉，不和则战一语可决，何必屡延时期，转为敌方造成布置机会耶？昔宋代御金，秦桧主和，岳飞主战，议久不定，桧贼愤而言曰："飞不除，和议终梗。"致有风波亭冤狱，宋遂成南渡偏安之局，曾搜括娼优财物以献金人，迄于亡国未能复振，岂非后世之明鉴哉？考败字从贝从文，昔周太王去邠，有言事之以珠玉、事之以皮币均不得免，此即贝之谓也。且来者横暴，我方对待文明，翻示文弱，文与贝并而败字见矣。成字从戈从刀，又像力，古今来国家大计，非用刀戈之力不克底于成也。我当局其速加猛省，务将"和"之一字先行扫除于胸中，而胆气自为之一壮，讵可仍坐视东省不克收回，自弃领土完整，甘趋于败而绝不图成耶？

大飞黄

邓霞峰姊丈家居洪泽湖边，为运河厅委员，谙习河务。予在清江时,偶来署闲谈,云北地多旱道、少沟渠,乡之人多以牲口代步,邻邑有富户赵某,财雄一方,村居好养马,选购不惜重金。曾购得良马数匹,日驰骋以为快,内有两匹称骏足,一名大飞黄日可行七百里,一名小飞黄日可行四百里,一二百里之程朝往夕返以为常。久之,声播于山东道上,有盗魁欲窃得之,密派善骑之捷足数人来淮属境内,探访多日,谋定始动。一日午间,至赵家马棚窃乘而出,视之乃小飞黄也,即急驰不稍停。少顷,主人乘大飞黄回庄,庄丁以白日马忽被窃,正张皇商议出寻,主人料盗马者必向东北逸去,遂加鞭追逐,并令庄丁健者另乘马后随。约行二三十里至一大集镇,适见小飞黄系于饭店外厂柱之东,主人喜,亦即系大飞黄于厂柱之西。正入店拟问马之来历,坐甫定而大飞黄已有人解系窃乘飞驰而去,再问小飞黄马系何人所乘,无应者,不得已乘小飞黄跟追。遇北来途人问之,答称已驰过桃源县境,瞬息间六七十里。盖盗乘小飞黄逸去,正欲诱令乘大飞黄来追,已布定窃乘方法,再以小者追大者,真所谓望尘莫及矣。盗之技与计,均巧矣哉!

举枪何礼

军警大小各机关门岗兵弁,对于迎送来宾及本管各长官莫不举枪致敬,垂为定仪。愚谓此乃习非成是,漫不加察者也。夫枪支本用以御敌、用以剿匪、用以执行枪决之具也,天下断未有以杀人之具举而对客谓为尽礼者。如谓举枪姿势有不同,一为直击线之姿势,一为拱立示敬之姿势,信如斯言,譬之屠户刀不离手原用以割肉,庖人刀不离手或用以宰杀、或用以脔切,所用刀皆非违禁物品，倘或举刀拱立以对客即谓为致敬，有是理乎？吾国不乏明达之士、维新之才，此等举枪之礼于行礼中似觉非理，不卜果有说焉解释之、纠正之耶？

龙　异

《易》曰"云从龙"，昌黎韩氏曰："龙嘘气成云。"云固弗灵于龙也，海上蛟龙偶然相值，腾跃攫拿，又为世人所不经见。有时乘风雨横空而过，亦复东云见鳞、西云见爪，令人不可捉摸。庚申秋，佃户以舟来邀往监收，离镇约四里，其时残暑犹炽，雨势欲来，头上云深如泼墨，齐若一线之黑云中必有龙，遥闻两岸农人相告曰挂龙矣，夭矫形状若何，亦在或隐或见间。瞬抵庄舍，云势渐低，雨点纷落。方入舍休息，佃户幼子呼予云"西边有龙系水"，予即步至舍西凝神遥瞩，相距约一里许，烟雾交加，蒸腾若釜上气，屋宇树木俱失而风势回旋于其处者久之，渐觉云气铺张而来雨加猛，急趋返舍。将入户，仰首一观，骇几欲仆，则见粗若巨瓮灰黄色龙身一段，长逾二丈，显露于云疏处。按其蜿蜒经行之路线，盖目系水处来为无疑，而雨遂倾盆矣。马拿半岛曩曾获有龙两条，爪甚短身长数丈许，计共重有三百磅，吟声宏大。欧西格物家每谓龙为气所化，不知其何所据、何所见而云然。

沈葆桢与顾师尧

人有好生之德，此德实根诸性生，天亦以好生为心，凡嗜杀之人可决其难得令终，故古今来刑官多无后，操生杀之权，虽廉洁自持，但判决既多，难保无冤抑，所以每得斩嗣之报。徐达、常遇春均为明代开国勋臣，达以功封中山王，春以功封开平王，春饶勇过于达而谋略远不如之，其居心亦各异，春自言能将十万军横行天下，军中又呼为"常十万"。当陈友谅、张士诚未灭时均带兵征讨各地，春每克复一城，所过为墟；达每克一城，兵不血刃。春于三十余岁即病，卒无嗣，太祖念其勋劳，诏族中代立嗣，未几承嗣者又绝嗣，如此者再，后族中均不愿为之嗣；中山王之袭爵直至崇祯时尚有人承袭，可谓与国同休。观徐、常两公所处，天心亦可知矣。清代沈葆桢谥文肃，在两江总督任严于惩盗，三个多月杀盗数百名，当时有人默计，杀两个半人一日，可谓酷矣。后病卧，众鬼围卧室内外索命。湖广总督涂公宗瀛为江陵知府，以道学著称，偶往督署视沈疾，沈自见众鬼急骇散，因留涂公在室小住两日。夜室内寂然，忽司道会议请涂公至客厅，行未数十步，沈已被众鬼扼吭而死。同时有顾师尧者，为淮安知府，当发捻初平后，顾素饶胆略，刚狠有为，谓治乱国须用重典，每于疑似间擅杀往来行人。偶于夏日命庖人以西瓜汁下面食，时碗内尽鲜血，方骇怪间，亦被冤鬼索命去。其孙顾希庆系难荫知县，善墨笔画，颇有别致，予在清江护军使署时与之相识数年，偶来予室清谈，尚有所绘尺页数张，予收之箧中，仅夫妇两人，没后几无以为殓。不报于其身必报于其子孙，嗜杀者可以鉴矣。

瞿鸿禨

瞿鸿禨字子玖，湖南善化人，富甲一省，以翰林行走南书房，有"瞿三国"之徽号,谓其人有华国之才、家有敌国之富、妻有倾国之色。光绪初立时,慈禧以鸿禨面目似同治,思子情切,遂常召见。鸿禨恩眷日隆,超擢不次,历官至刑部尚书。曾督江苏学政,场规严肃,点名时不分东西走,令士子归东,一面入号,己即偏向东面注视入场诸生,偶见衣冠不整齐者,即罚跪。予见其上身挺直而长,英毅有神,两目精光射人。按临淮属试卷批有"清、轻、灵三字误尽天下儒生"之语,鸿禨素重实学,以剽窃肤浅之文无裨于大用,学臣如此立言,当时即料科举之难以延长也。后因中谗言,原品休致,曾在沪上作寓公数年,未几病卒。

梁鼎芬

梁鼎芬先生字节庵,广东人,由鼎甲历官至内阁学士,外放为提法使。曾护理督篆,即在护理期间劾奏庆亲王奕劻,其为人之品节学术,在清季洵可推为铮铮佼佼者矣。入民国后,光绪陵寝尚有未完之工程,即系先生督工修竣,卒后清廷赐谥文节。虽论者褒贬不同,然以忠于一姓为志,似未可过訾,较辛亥秋程德全、瑞澂辈究稍胜几筹也。上海希社丛编,予亦为社友之一,曾选刊先生咏梅诗二首,一云:"无端清泪洒天涯,泪眼追寻肠断花。一半斜阳一半雪,他生应念此人家。"意在可解不可解之间,诗特高妙。又一首予仅记得后二句,云:"清绝四山寒澈骨,返魂无术月空来。"意似指张勋复辟未成而慨叹之也,借题寓意,诗境颇超脱可诵。

天心厌绝帝制

帝王专制之毒,至秦政而特甚,玉食万方,一啄去中人十家之产,后宫佳丽以千计,坑儒以数百计,生杀出其喜怒,代子孙创万世业,以暴虐为天下先,卒致二世而亡,所谓得之易亦失之易也。厥后列代国君奴视臣民,宠任奸邪,惨杀忠义,天下慑于淫威,不得已隐忍屈服,无论为开创守成之主、英明昏庸之主皆难免,此种专恣即足以上干天和。然当时天心尚主张帝制,汉高祖、明太祖均起自匹夫,唐高祖与宋太祖均起自名门,元始祖与清世祖一起沙漠、一起沈阳,居然入主中原,不能不信为帝王自有真邀天心之默祚也,所以二千余年来治乱相循,世代屡易,此制究未能或更。愚按饮啄尚由前定,福泽非有妄求,况此等无上之尊荣、数百年之基业,断非任何智勇所能侥幸得来。汉历四百余年,唐历二百八十九年,宋历三百二十年,元历八十八年,明历二百七十年,清亦历二百八十余年,此可推想国祚皆有定数,非人力所能为也。至前清同治间,已届天心厌恶帝制时期,太平军崛起金田村,历时十有五年,占领十六省,计六百余城,其时清祚不绝如缕,然终未克告成功,清室危而复安、绝而复续者又数十年。至光宣间,天特降生革命人才数百辈,假以事机之顺,奔走酝酿几二十年,烈士丧亡数千人,百折不挠,辛亥武昌举义不过数省之地,数月之间竟推翻二千年之专制,演成中华未有之创局,以致洪宪帝制既取消于前,宣统复辟又失败于后。种种比较可见,古今成败利钝之由来,时机未至每功败于垂成,时机既至则事半而功倍,天定胜人,人定亦能胜天,然而虽曰人事,岂非天哉!

苏浙之战

民国十三年夏,浙江督军卢永祥、龙华护军使何丰林与苏督齐燮元意见不洽,遇事以智术相迎距,暗中酝酿已久,内幕人员早料苏浙战事终不能免。沪上警察厅长徐国梁因乘汽车往浴堂中途突被暗杀,时苏省长为韩紫石,齐督与之商派申振纲往署厅长,讵料何丰林已就近委陆某接署,拒绝申往,当获暗杀徐之凶犯,督军、省长会电令解宁讯办,何亦抗不听从。积此种种,齐督愤不能平,遂以干戈相见,而真茹、南翔附近顿改作战场矣。电调淮扬第三师由浏河进攻,电末附云"军用文员勿令赴前线",予本以秘书兼书记官随军效用,得此两语遂得留派后方工作,幸免火线危险。鏖战四十二日之久,攻夺浏河小土山一役,齐督悬赏两万元,本师步兵营长王兆武、机关枪连长朱洪贵选健卒三十名,督率往攻二次,已得目的地,因争夺敌枪复失,计一日分攻三次,九十名无一生还。时予闻之殊心痛以私人权利内战,无谓之争,残民以逞,兵士月得七八元之代价,战衅一开,饬令赴前线冲锋,无异驱羊豕赴宰牲所。吁,惨矣哉!嗣因事往前方门生杨启文为军需官,密告予云:"战事隐伏危机,因子弹将罄,不足供数日之用。"予既身在行间,闻之亦忧从中来,而浙方子弹竟先告罄,乃伪造奉天兵工厂封条以轮运来大小枪炮弹箱数十件以固军心,其实内所储者皆碎砖石。却巧陈有珍一团奉调来前,将下火车,拟稍休息,适值苏军将败退,陈团未及休息即率队加入战线。此团系生力军，进战甚猛，先已败退之苏军见有援军至亦乘势反攻，获一最后胜仗，卢、何当夜即出走，凶犯亦潜逃。苟再能支持三日则苏军亦必败，可见兵凶战危，胜败只争先后之间，其机亦甚微矣。

解诗随笔

唐人宫词、闺怨及无题诸作不可认为实有其事，大都借题寄托，多感伤己之不遇也。古人从无自注其文字者，即偶有难解句意，悉留待后人推测论之。靖节先生读书不求甚解，论者称其善于读书，然靖节之不求甚解非不求解，系对于古人文字不敢强为解说耳。杜少陵咏八阵图诗"遗恨失吞吴"句，考此句曾有四解，以不能灭吴为恨，此旧说也；以先主之征吴为恨，此东坡说也；不能制主上东行而自以为恨，此朱注说也；以不能用阵法而致吞吴失师，此刘氏说也，颇觉聚讼无定论。谨按汉史称诸葛亮不谏征吴，附注载军行前赵云曾进谏，谓："蜀吴唇齿之国，不应失和开战。"以亮之老谋胜算，岂有见不及此？不于事前进谏之，理智反出赵云下耶？窃谓亮之不谏，以吴之当征也，奈因先生竟连营七百里为敌所乘，致吞吴失策而未能吞吴，此其所以可恨者。倘谓不作如此解，则少陵咏此句时即可用"遗恨失征吴"，以为不当征而征致失计败归，今少陵乃用一"吞"字，玩其字义，知先生当时气概早挟有灭吴奢望而来，故用"吞"字形容之。试连上一句申解之，摆阵图之乱石虽历千数百年之江流而不转，惟此吞吴未成之失则遗恨长留耳。

鸟自呼名

（此稿前已经《申报》选登）

唐人有"山鸟自呼名"诗句，留心听之，诚然不谬。如喜鹊、麻雀之类，其鸣声实带有鹊雀字音，乌鸦鸣声即带有鸦字音，八哥鸣声即带有八哥字音，他如割麦插禾不如归去，各鸟莫不自呼其名，脱口而出。夫鸟本无知自鸣，天籁安解自呼其名？前人又有"一林鸟语失占诗"之句，愚谓必系先有是鸟，而仓圣造字时听各鸟鸣声，摹绘而形容之，遂订其名，所以名称其实。孟子有云，"当尧之时，洪水横流，兽蹄鸟迹之道交于国中"，可见人类始生时鸟兽亦同时产生，其造字亦然必系先有是事而后为指事、象形之凑合耳。如蛊毒"蛊"字，造蛊之奸徒原系先捉得百虫置一盆盏中，隔年启视，仅存一虫，此即是蛊，故"蛊"字以三虫一皿造成之。"移"字以禾多两字合成之，禾即指农家秧池言之，数顷之秧不过数丈方池之子秧滋培，此子秧即可移栽数百亩田地，他谷则绝不须移，故"移"字从禾从多也。"娘"字有两解，指未嫁者言为良家之女，俗所称为姑娘也；指已嫁者言为有良人之女，俗所称为大娘也。"安"字以家室之头从一女字，言家室中无女眷即呈不安状况。"妨"字以女从方，假使女性方严，岂不妨碍？"妄"字以亡从女，朱子注云"亡谓出亡在外也"，假使女子无端出亡，岂不妄哉？"嫩"字以束文两字从女，言女子装束文明则可如花之嫩，杜工部有"红入桃花嫩"之句。"妙"为少女两字，少女当前真妙极矣。古圣造字似含有诙谐意，漫解数字，可否触类引申，仍质之训诂、笺疏名家，以为何如？

美国飞行家

美国飞行家杜遂年仅二十余，为美国飞行队队长，应我国上海飞行场之邀，乘飞机来华表演技术，观者无不赞许。乙亥冬月初，一日午后，予由寓往邮局递信，经过辣斐德路、劳神父路，邮局即在康悌路口，此处过马路三条，两边多系平房可以瞭远，适见有飞机一架翱翔天空。飞度不甚高，机身朗然在目，突见其一端下坠，方为之惊骇，旋见其作倒转姿势，所谓"翻斤斗"也，低而复上，又见其连续作倒转姿势两次，当时颇叹羡其技术精熟而轻巧，为生平见所未见。予入邮局投信后急出而四顾，机已不见，疑其飞往他处或已降落，其倒转姿势若犹呈于眼帘前，即遵路回寓。翌晨阅报，大书特书美国飞行家杜遂因表演种种技艺，致发动机受伤失其运动能力，机坠毙命。古人云善骑者易堕，善泅者易溺，盖有所恃而敢于冒险也。吁，可惜也已！

嵌钻石之寿帐

李纯在江苏督军任，值四十晋七寿辰，期在八月中秋日，予时客清江护军使署，曾代拟寿文书祝，后有一联云："寿先五福，欣逢赏月之辰；比及三年，又届杖家之庆。"盖切其为四十有七也。所收礼物以数千计，中推沪海关某监督寿帐为最珍贵，句题"月圆人寿"四字，帐系订织之红缎，字用赤金打成，上镂花纹，此犹不足为稀奇，乃花纹上各嵌钻石共数十粒，因纯性爱钻石之故。当时估计价值七千余金，若在现时应值万余金，诚属罕有之寿帐也。

江天一监

清乾隆时民康物阜,海内又安,南巡有六七次之多。一岁御舟泊镇江,游金山江天寺,上游至山巅,诸臣随侍,远瞩高瞻,忽动诗兴,即命联句。诸臣请上倡首句,上即朗吟云:"长江好似砚池波。"刘文清公石庵续云:"举起焦山当墨磨。"和珅见山之东北角有危塔孤悬,触景续云:"宝塔七层堪作笔。"上命皇子续结句,嘉庆时仍为皇子,方沉吟未就间,纪文达公晓岚适立于嘉庆左侧,即密告之续云:"青天能写几行多。"结句不仅口气阔大,却雅合文房四宝,词意贯串,信手拈来,如出一手,上阅联句甚惬意。又拟在山顶留题,纪文达公即请用"江天一览"四字,于是内侍即在大雄宝殿内准备纸笔,不料上写时误将"览"字写成"监"字。刘文清公在侧见之,即与张文贞公玉书高声谈云:"览者,看也。"文贞亦高声答云:"正是。"上悟,复索纸写一"览"字,将"监"字裁下,山僧即建石亭于山巅,将御书四字勒石竖于亭内。洪杨之役,亭与塔均被毁坏,予往游金山时曾作记刊登《申报》。塔尚未修复,而"江天一览"四字系曾忠襄公国荃所重书,仍屹立石亭内云。

经过良好

近来有一类人,偶觉得身体上小有不适,即赴医院检验了,好像成为一种流行病的样子。本来,人生在世欲干出一番惊人的事业,必先具有过人的精神,讲求卫生原是第一要义。换一句文言说，就是"珍重朝野倚赖之身"地意思，而医院内的答语，无论何处要人或名流往何处医院检验，皆故泄于众，曰某公检验经过良好，又像成为一种例行地安慰话。如其说，欲往检验的人都含有畏病畏死的私衷，此等论调与见解未免太促狭而不高远了，然而稍觉不快就去检验，岂能因有检验就可抵御疾病了吗？古今来生死之理，彭祖寿高、颜回命短，本是不容易讲得透澈的一回事，往往见社会上或是环境不良或是所谋多阻的人们，朝朝暮暮地愿死他偏久久地不得死，半日连一些儿感冒总没有，越是养尊处优、极讲珍卫的诸位先生们，深怕有病深怕因病而死，此种心理反容易有病，虽日日往医院去检验，又谁能保其不病不死呢？生老病死，人之常理，最好是心地要高洁一点，嗜欲要减除一点，计算要放松一点，仇怨要淡忘一点，那疾病就可以少生一点了。袁世凯、黎元洪、冯国璋诸巨公平时何尝不服最珍贵的补品，又何尝不请名医师检验呢！

跳舞场

以跳舞为娱乐，不知创自何人，窃谓始作俑者其无后乎！聚多数青年男女于一大宅中，通宵达旦，任其混乱支配，搂抱跳舞，诲淫纵奸，耗财废时，莫此为甚。媟戏丑态竟尔公开表演，溃男女之大防，正如欧阳永叔所言"是不复知人间有羞耻事"。舞女多半妓女化身，甘沦下贱，此固无足深责，惟我国对于娼妓早已悬为厉禁，况现在男女平权，亦不应以幼女于广众之场作为玩弄取乐之物，而浮薄少年终日偏奔赴若狂。极其流弊，既陷害后起英材，又污玷善良风俗，销金有窟，孽海无边，闻之岂不可惜可痛！所尤不可解者，国家正实行新生活运动，注重"礼义廉耻"四字，试问跳舞场中礼字、耻字将于何有？兹幸市民联合会两次呈请市府从严取缔，并加以限制，报章曾载原呈，议论剀切，雅足动人，均蒙市府批准，饬公安局查照办理。倘能铲除此种陷阱，不仅足以端风化而靖地方，亦足辅助新生活之推广，此则下走所祷祀求之、拭目俟之者也。丙子春志于沪寓。

张勋之批语

辛亥之冬，张勋二次带队攻入金陵，军纪不严，地方颇受其蹂躏。铁良所统卫陵军此时良已出走，省垣一切政令悉归勋主持处分，惟勋于文件不甚了解，当时正值扰攘纷乱之秋，人心浮动，多奔避不遑，兵士每于疑似间逮捕人民，部下呈报至勋，勋略阅一过，于大意上或尚未能了然，遂援笔不批一"斩"字即批一"放"字。此或斩或放两字大约视乎其人之运数何如，固不必按之于法审、核其有罪无罪，武圣人真是《春秋》笔法，一字之褒、一字之贬也。

庭训追忆

先大夫锡朋公，举止厚重，言论爽直，面色终年如中酒，望之不怒而威。年甫七龄，先王父希文公即逝世，先大夫未成年即随先王母孙太君兼管田务，嗣值英夷扰江浙，先王母命先大夫习拳术以期保卫闾里,遂中途辍学,后每以未能竟读为悔。嗣生不才,培植既殷,期望亦笃,不才仅有两业师,族兄慕康先生、陈师子砚夫子,文章、品学均为盐邑名教师,不才深感两师之陶铸。先大夫平日复训不才曰:"忍耐谦和最为处世之要。"与来客谈,多以积德昌后相劝勉。偶值良辰令节,一叙家庭之乐,终必将"忍耐谦和"四字讲说一番,不才习闻之、谨识之未敢或忘。补博士弟子时先大夫尚在堂,甫两月即弃养;补食廪饩时,先慈万太安人尚在堂,后年逾八十始弃养。国体变更,谋生路窄,爰奔走报界、军界、政界二十余年,归则依然故我。回溯生平,旅外与居乡所共所遭,莫不得忍耐谦和之益,不才以忍耐为体、谦和为用,如寻常轻侮之来及市井势利之态,固漠然无所动于中,即奇冤大辱横逆之加,概以委之适然,并非强制之而内郁于怀,却能笑置之而无介于怀,所以不才已虚度六十有七而耳聪目明,齿牙未缺,仍如最少壮时代,盖以早受严训淡定之,天养之有素也。先大夫中年充本镇董事、宗祠董事及社学庙董,随在济人之急,息人之争,成人之美,年高之乡父老犹乐道先大夫之为人。不才厕身各界,幸能不辱其先,不仅受先大夫训诫之勤,亦属先大夫之遗泽有以致之,惟自惭驽钝,深负培植期望之殷,追忆庭训,良用怆然。

张季直先生

南通张季直先生出身鼎元,淡于宦情,苏省在籍诸巨绅品望无有出其右者,大堪为乡邦矜式,然未见其生平有若何大著作刊行,或谓尚有稿本收藏于家。愚谓先生如果无甚著作,却有一种缘因,《庄子》云:"艺之精者不两能也。"先生通籍后即锐意注重实业,希补救国家之贫,因清之末造诸务不振,实由贫而弱,当时农商部曾委任先生为头等顾问官,民国之初又曾任农商部总长。先生于办理实业中专重发展地方,使之繁荣,并无自利意,所以通邑之商业、学务、工厂及慈善各事业均堪为他邑模范。余颇留意于两淮盐垦,民国以来创办灶境盐垦,公司纷然而起,兴地之利,其意良厚,亦所谓体国经野之宏谋也。然天下事创始有利于一方,必有一方蒙其不利,此定理也。如新兴场北七灶灶民因原占有地权所关,与大纲公司抵死抗拒,相持年余,吴君彝白义侠而兼干练,曾因主张公道受牵累,嗣经双方调人费几许力量与周章,始分地各业。年来据见闻所及各公司情形,大约经理不善则易亏折,经理得人则可发达。现惜先生早归道山,哲嗣孝若公使近又被先生老仆所击毙,殊不可解。先生为倡办公司最开先最专注之一人,今乃不克坐享其成、均沾其利,致哲嗣且不得承其遗泽他。如大生纱厂、大达轮局其感喟正复相同。昔湘乡曾文正致九弟沅浦书云:"古今来劳心劳力之人,未必即为成功得名之人;成功得名之人,或者尚非安居享福之人。"文正此数语可移作追悼先生之用。忆予客清江护军使署时,值先生七十寿辰,曾拟二千言骈体文写泥金屏十六扇祝之,先生阅文蒙加称许,是予久感先生为文中知己,追念后果前因,不禁动慨叹惋惜之意焉。

不是迷信话

教人之法与规友之道,对上等人可讲道德,对中等人须说因果,对下等人只有谈谈报应。各县均建有城隍庙,士民信仰敬畏之心,群认为冥漠中佑善罚恶之唯一主宰,当时确能辅助官治与教育所不及。党国以来,仅有少数县分城隍庙被毁,巍然存者亦正多,此即先王以神道设教约法,许信教自由之意也。曩岁赴淮安府应试,偶游府城隍庙,见有砖刊联句砌于二门左右墙内,句云:"为人果有良心,过节逢时何须你烧香点烛;作事不循天理,三更半夜谨防我铁缧钢叉。"虽凶恶之徒见之,亦不能不有所儆惕也。吾盐城隍庙在民十七年间已被捣毁,现改为民众娱乐所,前迹无一存者。先外王父万公丹忱、母舅小丹公均邑诸生,世居城内,予幼年随侍先太安人赴城,曾往城隍庙进香数次,记殿柱挂长联一副,为邑孝廉李秀良所拟,相传撰此联之意系与当时权董因事争执而发,联云:"怕来也要来,便百年三万六千天苦挣下华屋良田,他日交盘依旧些须无我分;死了还未了,这两廊二十四重狱明摆着刀山剑树,今朝结果却从何处说人情。"醒世之语,透达人情。忆予授徒家塾时,有乡父老请拟联谢华真君,予生平除祀孔祭先外,不以谄神邀福为然,爰撰句云:"尘劫谁逃,积德或邀延寿报;神医虽妙,仙方难活不良人。"夫神权虽难征信,而天理自足凭信,《书经》云:"作善降之百祥,作不善降之百殃。"《易经》云:"积善之家必有余庆,积不善之家必有余殃。"欧阳永叔《泷冈阡表》云:"为善无不报而迟速有时,此理之常也。"苏氏子瞻《三槐堂铭》云:"善恶之报至于子孙,其定也久矣。"愚按为善容有不觉其报,作恶则断无不报者,故迭引先圣先贤之言证明之,此理可谓百试不爽,不得訾为迷信之谈也。

城头带孝

洪杨之役，实为革命先声，奈彼时清祚未终，故事机始顺而后乃梗，其中人才辈出，尽多一世之雄。先是，清道光时扬州有乩坛仙判句云："陆牛耕尽江南地。"群知为不祥，然莫明其所以然之理。厥后牛鉴为两江总督，英夷起衅，镇江失陷。太平军奋起时，陆建瀛为两江总督，其时军锋甚锐，迭占沿江名城，陆督因筹备防守事宜，巡视城垣，见雉堞多半颓缺，遂鸠工加以修整。未几，太平军掩至围城，洪杨率诸将佐登雨花台瞭望四周形势，筹议攻城之策，多谓城大而坚，有龙蟠虎踞之雄，攻取不易。有一参军在后云："城破甚易，为期且不远。"众询其理由何在，参军冷笑云："城头带孝，诸君试一观之。"盖陆督修城时，城堞均加白石灰砌好，远望之城头适成一大白环，众疑信参半。历十二日城遂破，陆督亦殉，至此乃悟"陆牛耕尽江南地"乩语实具有先见，而参军亦能料事如神也。军中又有精于卜筮者，占验准确，吉凶祸福雅能前知，尝言："本军逢沟必损大将，宜慎之。"一日杨和尚率队将过浙之陈家沟，部下请纡道避之，众谓陈家沟陈氏父子为最著名之棒枪师，迤迩多畏避之，不敢与较，所以请绕道行。杨和尚悍然不从，率亲信数人先驰往，至则即与陈氏父子奋斗，俄而陈氏佯败逃归，杨和尚跟追不舍，健步如飞。陈氏有一女，仅十六七岁，技击已精，预匿身于门掩之后，陈氏父子先入门，杨和尚紧随之而入，未暇顾及左右，余人又缓步落后，乃被陈女以杆枪自后洞穿其胸而仆，余众骇散。陈氏阖室旋亦他迁避祸，至今陈家沟陈氏之拳术犹盛称于世云。

罪　言

湘乡曾氏有言："风俗之厚薄奚自乎？自乎一二人之心之所向而已。"杜氏牧之有言："一人之心，千万人之心也。"古今来人同此心，即心同此理，风俗之厚薄在人心，人心之邪正在学术，学术之纯杂在教育，教育之主要在道德，教育之良窳则在总司教育之。国家从前抱放任主义，现在取干涉主义，此为造就人才之发源，即为改良政治之原则，其间实有相因而生之妙。今我国政令与教育，对于各界民众应以宽筹民生为前提，民权、民族次之，新生活应以德育为主旨，盖德字实包括"礼义廉耻"四字在内，仅以自由、平等推翻解放等名词相灌输，未免于德育义意如却行求前矣。《书》云："民为邦本，本固邦宁。"夫道德之于人，犹衣服、饮食之不可一日离者也。倘彝伦不叙，礼教不明，则国家第一要政，所谓崇尚道德者将何以自圆其说乎？古圣人敦伦饬纪，激浊扬清，其所以范围人心、奖劝人心者至深且远，人即桀骜不驯，试令过善人、孝子之门，未有不肃然起敬者，盖惟德始足以感人也。历观开国规模，固无论国体若何，武以定国须文以治国，兵以卫国须礼以为国。我国府近数年来对于建设上、整理上、教育上、交涉上均为有组织之整个措施，确见有绝大进步，军事尤见精进，惟中华称文明先进之邦，足以彪炳万国者，首在礼教修明、人文蔚起。纵观我国进步中之缺点，要使全国男女日悬"道德"两字于心目中，险诈者知愧悔则良民获安，激烈者趋和平则竞争可免，浮华者知谨饬则土习始端，朴陋者重温文则国粹可保，解放者有限制则异性多贤，知耻知让中乃见人品与抱负，不欺不贪中乃有良吏与真才，自然能酿成善良之风俗与优美之政治也，援言论之自由，期闻者之足戒而已。

甲寅新年感赋

年年新年笔初举，例作诗歌填吉语。独有今年下笔难，慈亲病卧吟怀阻。欲写性情必以诗，扫除忌讳直陈词。私情终养有乌鸟，视膳问安惭未早，深嗟上寿难百年，人子抱恨竟终天。知年每忆尼山训，喜惧之怀时相煎。当归徒寄姜伯约，方寸已乱徐元直。椎牛祭墓亦胡为，曷若生存能尽职。生老病死人之常，念及亲身倍感伤。欲知愚孝心何祝，惟愿亲年与日长（越五日先慈即弃养，呜呼痛哉）。

翁同龢

翁同龢，字叔平，江苏常熟人，为大学士翁心存次子。心存为清同治师傅，领宏德殿事，长子同书在安徽巡抚任以军败下狱，拟斩监候罪，时两宫垂帘听政，思有以安慰心存，乃赏其孙监生翁曾源（同书之子）举人贡士，准其一体殿试，即予以一甲一名状元及第，此在清代一人而已。后同龢又以大学士为上书房总师傅，行走毓庆宫，鹿传霖时为尚书，一日朝房待漏，鹿因属员等办公不力，遂责备云："予与尔等已不啻三令五甲，仍复延误若此。"同列知其别字而不敢言，龢在座笑呼云："老鹿，我们只晓得个三令五申，没有个三令五甲。"鹿闻而大惭，恨龢刺骨。龢为光绪师傅，不思启迪圣聪，辅导君德，时以古玩进呈，有事奏请或不邀俞允则加以声色，俨然以师道自尊。为户部尚书时，李鸿章为文华殿大学士，有人赠以联云"宰相合肥天下瘦，司农常熟世间荒。"可谓巧矣。中日之役，龢为议和全权大臣，于赔偿军费中赚银十五兆，鹿传霖控知之，乃于两宫前力陈其误国罪状，请予严惩，故御旨有云："年来内政外交率误于翁同龢一人之手，姑念毓庆宫行走多年，着即废为庶人，交地方官严加管束"云。其时虽届清之末造而国法犹存，翁同龢以宰相兼帝师之尊，尚依法严惩不贷，内而各部院、各科道，外而各省疆吏，均知奉公守法而不敢有过当行为。民国以来久称法律为人民保障，亦即为全国行政之轨道，试拭目以观其后。

旅社感言

民国甲子秋八月之杪，因公与僚友赴金陵，寓下关大新旅社，与瀛洲旅馆、凤台旅馆均接近。本社门外距江岸仅二三十步，予住于二层楼上，山色江声昕夕异态，虎踞龙蟠之势兹可欣赏于几案间，居之岂不甚适。偶有笔墨，亦颇觉襟怀散朗，乐于从事。曾赋二绝句云："江边客邸尽层楼，凭眺宜登最上头。黄叶萧萧山两岸，分明仍是六朝秋。""容易秋风老客颜，楼居高对翠微间，当前不念乡关远，四于开窗总见山。"南京晚报曾刊登此诗，乡友薛星垣、金绍卿两君时同客首都，均曾阅及。惟地当四通五达轮埠，火车、汽车、马车等终日络绎不绝，毂击肩摩，彪彪辘辘，飞驰过市，默察熙来攘往之侪，大概不外求名利之发展、谋家庭之生活耳。一日晚餐后，同寅诸友已先睡，予因拟要电三稿，睡颇迟，偶呼馆使购食物，答称无购处，予不禁疑讶，推窗一望，觉黑暗中绝无影响，仅偶闻村鸡声，遥瞩隔江浦口，隐隐尚有数处灯火，大是唐贤"潮落夜江斜月里，两三星火是瓜洲"之景况。居此已一星期，日间行人往来如织，市声嚣杂中加之各种车声喧豗震耳鼓，几无一刻停，至此时忽路绝行踪，杳无声息，顿呈沉寂凄凉之状，如居于墟墓间，只有将灭未灭电灯数处，远望淡若磷火，时间相距不过数点钟。昼夜气象之不同，竟不可以道里计，繁盛闹市降至深夜立可等于荒丘，再延数点钟天色破晓，寂若荒丘之地又复成闹市。嗟乎！大则宇宙间沧海桑田之变，小则市廛间昼夜动静之分，动时则万象纷驰，静时则全市若死，即五都之市亦大略如斯，可见古今剥复消长之机，人生荣枯穷达之遇，其乘除亦不过在须臾间耳。阿房宫隔离天日，金谷园啼笑满前，曾几何时，徒留供后人唏嘘凭吊之所。台倾池涸，孟尝君哭身后之各；卖履分香，曹阿瞒有临危之嘱。豪雄、权奸尚不能解脱尘缘，乘除之理本易明，特居于市中者常不悟耳。

丁宝桢

丁文诚公宝桢，字稚璜，广西平远州人。以翰林院庶吉士在籍，值世乱，毁家募丁捍卫闾里，兼保邻邑，事平，当事者上其功，奉御旨即行间除编修，异数也。后以知府历官至山东巡抚，器量恢豁，廉刚有威，遇有持大体不为刻豀。同治七年春，捻酋张总愚拥众数万由晋而豫，图犯畿疆，蹂定州延及保定，距禁辇仅二百里，朝廷震动，至遣宿卫之士出国门备寇。公率师入援，先至河间，一日夜行三百余里，卒出贼前与之搏战，寻复饶阳城，天子嘉之，褒诏凡七下，声赫中外。旋入觐，其时内阉弄权者以安德海为最著，势焰熏天，其权力驾乎后之李莲英。清代朝仪，凡大臣陛见均免冠叩首，然后俯听皇上垂问，陛辞后始复带冠退出。公偶忘缨冠于品垫旁，此亦失仪之微末者。翌日安托人致意，索银四千两，公初以为安之戏言，后安复云："如不以银赎帽，我即悬于宫门，写明山东巡抚丁宝桢之帽。"公闻之大窘，不得已以银二千两换回，小人得志，惟所欲为。一日，醇亲王奕谭入朝，安见王所戴翡翠班指为稀有珍品，于半途请王给观，入内即向慈禧示意欲索得之，慈禧不允，谓"库中佳者甚多，任尔选择"，并谓"醇爷处尔须谨事"。安仍欲索得，适醇王至奏事毕，慈禧询以班指很好，购自何处？醇王即以进呈，慈禧遂转给安，坚令秘藏。乃安故戴于指上炫示于王前，醇王大怒。查清代内廷定制，由总管太监以下，凡有不法，亲王不待奏请得先杀之。醇王以安肆无忌惮，碍难宽容，即按照定制办理，忽有人写一"女"字给安认识，安茫然不解，女字者盖谓安无头也。安侦知大惧，急入宫求救，慈禧愤云："嘱尔须谨慎此事，予无从过问。"小人之才急则智生，乃求慈禧差委出京，暂避此祸。慈禧不得已允之，临行时谆嘱沿途万分小心。安出京时初尚敛抑，而京外各官不知其系避祸而出，仍以尊崇钦使之礼节待之，未几安故态复萌，行至山东境内，文诚得知，乃密令司道各员虚事羁縻，演剧设宴欢迎之，一面密奏其招摇骚扰状。时慈安后尚在，据奏即面谕恭亲王奕䜣与醇亲王，由六百里加紧饬即就地处决。时慈禧亦在座，愤恨而不能发言,回宫后即召恭王,令其降旨饬将安解京讯办,恭王诺之,文诚先接前旨,即设筵请安于署内宣旨杀之。续接复旨,遂复奏云:"臣已将安德海遵旨处决。缘奉斩决旨在前,解京旨在后,臣罪该万死"云。闻者莫不称快,而慈禧后为之不怡者累日。

江慎修

（此稿前已经沪报选登）

婺源江慎修先生名永,为清代经学专家,清史有传。闭户授徒,不求仕进,著作甚富,兼精卜筮,占验如神。朱子《小学》、《近思录》即先生手为评注,其学所宗尚可知。惟家素清贫,老境益颓唐。一日,有门生某编修来谒,寒暄后见先生景况萧条,良深慨叹,先生凄然曰:"此境犹未为苦也,他日梅雪当窗,玉杯坠地,尤有不堪明言之苦在也。"门生某莫喻其意,亦未曾请其详,遂起告辞,并有所馈助而去。未几,先生没,家属难以生存,数年后门生某已简放浙江学政,秩满回京,道出江苏,有同年太守某闻而邀饮,留谈竟日。时方仲冬,忽觉彤云密布,朔风怒号,炽炭于旁寒犹澈骨,偶见当窗梅树雪已代著花矣,主人命备夜酌,出诸家姬进酒以御寒。有一姬态殊羞涩,似畏见生客,方擎玉杯斟酒劝客,不意失手坠地而碎,惶惧欲泣,门生某偶感触"梅雪当窗,玉杯坠地"二语,急问其姓氏里居,嗫嚅告之,则即先生之女也。大惊起立,潸然泪下,当向某太守询明来历,随出原身价银五十两赎之归,并择士人而嫁焉。先生之卜能前知,信可谓通神,而门生某重义轻财,尤足以风薄俗也。惟念先生以粹然儒者而竟有此身后之遭，固所谓天道难知，亦可谓数皆前定者矣。

张作霖

张作霖氏字雨亭，貌颇温文，性亦慷爽，雅能爱士礼贤。任东三省总司令，逼近强邻，克收保境安民之效，可见处之亦颇有道，日人多畏而忌之。张氏与曹锟系戚谊，先曾因事赴洛会议，传闻与吴子玉氏偶有违言，即为奉直两次战争之种因。厥后吴、张携手，部下拟联冯拒奉，张其锽主张联奉拒冯，吴氏力排众议，坚从其锽之策。当时悔未能冯、奉均联盟，合力以御东邻。窃认为非国之幸与计之得也，以致舍近求远，失冯、吴交欢之机会，即派队会攻冯。冯氏军略素优，随机因应即由南口退向秦，惟靳云鹗未肯协攻，辗转延误，吴氏不得已亦由湘入川，政局为之一变。张氏率队坐镇平津间，各方亦均竭诚推戴。丁卯夏，如在关内按兵不动，沉机观变，进退本极绰然，乃忽由平津整队出关。为自保实力计意非不是，殊不知无故退兵，兵家上忌，致中途遭暗算，坏我华北长城。未几东三省遂为强邻所侵占，失我国莫大之富源，《葩经》有云"人之云亡，邦国殄瘁"，惜哉！

过明故宫

早岁赴南京应乡闱试，曾往明故宫一游。其时尚在四十余年前，惟见瓦砾成堆，榛芜塞道，一片荒凉，尚未如今日之稍加粪除整治矣。尝赋律诗一章，有一联云："辇路尽教荒草合，宫门剩有败垣存。"试毕乘原舟回里,又在燕子矶阻风两日,因一登临,矶巅建有御诗亭,有清高宗题句勒石峙立亭中。亭下悬崖数十丈,石笋森如列戟,俯临大江,颇骇心目,试昂首一遥观,又觉大快心目,赋句有云:"日斜帆影横江阔,风劲炊烟贴地飞。"颇有凭高远眺景况。

易顺鼎

易君顺鼎,字实甫,晚号哭庵,学术湛深,才华俊逸,为张南皮得意门生,与郑孝胥齐名,南皮尝称郑为华岳三峰,君为浔阳九派,而君之气节尤为清光宣间有数人物,非仅才识足以冠绝一时也。中日之役,君劾奏李鸿章一折,注语云:"小丑跳梁,讵能迁就。权奸误国,不可姑容。"原折曾刊入《皇朝经世文编》。君后任广西龙州观察使,岑西林时为两广总督,饬裁绿营,君电陈势难骤裁,岑斥其哓渎、藉图自利,实属荒唐,君复电称:"城汛专赖绿营,关系甚重,筹虑宜周。既系实在情形,自不得不哓渎请示,若以此为荒唐,恐荒唐别有人在也。至谓藉图自利,更不屑辩。"文笔峭厉敢言,不愧真儒吐属。岑素性刚愎,大是雍正朝田文镜,专好蹂践读书人,君遂因此开罪于岑,莅任仅三月愤而自求去。尝赋小诗数首,有一首云:"儒家久疏阔,天道亦苍茫。三月鲁司寇,空闻变饮羊。"去之日父老攀辕,京卿郑孝胥时为边防督办,曾电致广西巡抚柯逢时,请转达绅商恳留之意于岑,法领事伯乐福亦函请郑京卿将华夷爱戴、兵民顺服等情转达岑督宪,无如君去志已决矣,惜哉!

奇芳阁

丙寅秋八月，赣省忽有战讯传来，闻之慨叹。予在金陵听鼓经年，除衙参外，逆旅困居，毫无所事，惟每日午后呼仆方玉田随往奇芳阁品茗，曾有述怀句云："栖迟客邸又秋间，除却衙参尽日闲。饭罢思茶成惯性，奇芳阁上看钟山。"前夕忽承同寅金绍卿、朱干青、刘启明诸君子招往奇芳阁听曲，该社向以大鼓书为号召，三四妙龄女郎多天津产，手执檀板，一手击鼓，佐以三弦，弹者技颇纯熟，入听惟其所唱曲，予不甚了解，自笑在陵垣听鼓年余，今夕复听鼓书，不禁感慨系之，拟联以赠该社，亦东坡所谓满肚皮不合时宜者也。联云："六朝金粉久飘零，适闻丝竹敖嘈，小妓能歌，增多少兴亡感慨；四座冠裳夸雅集，忘却干戈纷扰，此间足乐，姑视为润色升平。"此联当经南京晚报刊登，书生作吏，宦海浮沉，其无聊为何如耶？丙寅中秋前三日记。

洪述祖

洪述祖为洪北江先生嫡裔，虽不能上承家学，颇有才华，弱冠赴京师，流落不偶，曾作联云："长安居大不易，天下事尚可为。"吐嘱具见胸襟。民国以来，宋教仁被武士英暗杀，牵涉应桂馨，洪亦为嫌疑犯。先是，洪致应桂馨函件甚夥，总统袁世凯、总理赵秉钧两处均由洪代应间接转达消息，宋案发生后，因王阿发漏言武士英、应桂馨，一并捕获，由应处搜到洪之亲笔原函数十封，内有一函云"不妨做一篇激烈文章，演一出武装恶剧"等语，遂据此以洪为主动人物。因蛰居青岛，久未能获，应虽看管多日，亦未讯出若何实情，遽准保释，其中显有蛛丝马迹之可寻矣。未几应亦在火车中被人暗杀，莫得主名。嗣洪以案悬已久，己亦留须可保无他，忽来沪，方下车被宋之家属认明，扭赴法院讯办。所谓小有才则足以杀其躯者，惜未闻君子之大道也。

贺年陋习
（此稿前已经沪报选登）

前清专制时代，巡抚为一省最高官署，贺年礼节视为一种重要事宜，各抚署之执帖者即今之传达处，均得各知县例规。每届年节，即代各县呈递贺禧手本，而苏州抚署之执帖只代奉贤、上海、金坛、元和、宝山五县递贺节手本，他县不得加入。其义何在？盖取五县首一字为“奉上金元宝”之意也，陋习相沿，可鄙而亦可笑也。

周天爵

前清嘉道间火器未精，拳棒家须精习技击方可噪名于时，推为标师，富商达官挟有重资，辄用多金聘为卫，非艺至精者不能胜其任，迥异现时标客，得一数响手枪即可以自雄矣。通州某质库聘有安徽人汪聚贤为标客，相传汪系甘凤池之徒孙，武艺绝伦，其实在库终年毫无所事，不过先声夺人，江湖卖艺之棒枪师及绿林之豪首莫不闻名胆寒，所以汪在库几二十年，从未敢有过而问者。嗣因年老辞归，主人请其推荐代者，汪首肯，遂函招其徒王某来。王身材不逾中人，真名不传，绰号"王四鬼子"，遐迩皆震惊其名。主人见其侏儒，意不谓然，汪正色云："保无他虞。"翌日，主人大张宴会，一为去者表饯行之意，一为来者示欢迎之意。汪先授意于王，嘱其于筵间试技，王喻意，坐甫定，王笑谓众宾请观薄技，遂骈食禁两指截去桌之一小角，桌上陈列之杯盘并未动摇，众宾惊异。汪随云其指并可陷入石中，合座举樽相寿，主人大悦，于是汪去而王留矣。周天爵时为漕运总督，爱武勇士，其打引马者为关东人，高逾八尺，膂力过人，群呼为"关东大汉"，遨游南北，其技莫有与匹者。周留意物色，常思再得其一作两引马以壮观。一日，周因公莅通，闻王名，遂召至令与大汉角技，王婉辞云愿拜下风，不敢与较。周强之，王复进而言曰："武不擅动，动则多伤。"周曰："较技何至如此？"王对云："恐各存竞胜之心，处于欲罢不能之势。"周因云："有我在，第角之无妨也。"工重以漕帅之命不可过违，遂偕至教场，时往观者以万计，周坐演武厅上，遥见两人相对立，高下悬殊，即各交臂作势，往来开合，起伏迎距，脚尘渐飞，王自忖云："大汉身高力强，难以力胜，非以智取之不可。"初犹从容展布，继乃渐进渐紧，王突如燕掠自其顶上跃过，突如兔脱自其胯下穿过，大汉怒甚，加劲与斗，急欲搏王而不可得。大抵大汉躯干笨重，转掉迟滞，王则短小精悍，伸缩自如，旁观惟见对舞成团，几莫辨两人若何姿势。格斗移时，正在胜负欲分间，王忽失足跌伏，大汉急举足向前踏之，观众失声骇曰："王四鬼子休矣。"当此间不容发之际，王暗将两腿一缩，已蹲而起，大汉一足踏空，印地成坎，方惊惶左右顾，王在后疾骈右手两指直入其谷道，左手挈其衣领，已将大汉擎起。周天爵即起立大呼曰："汝速将他放下。"王曰："不能。"周曰："何谓也。"王曰："小人将他放下，小人之命难保矣。"即此三数语问答间，王之两指练工始透入大汉脏腑，奋臂一掷，已卧地如牛而毙矣。周叹曰："是予之过也。"即命厚殓大汉，遂商诸质库主人，以重金聘王去，王因从周以终焉。

李傅相

曾文正公奏保李鸿章之考语为"才大心细，静气内敛"八字，与奏保左宗棠之"刚明耐苦，晓畅兵机"、彭玉麟之"励志清苦，任事勇敢，有古烈士风"等考语，似有皮里春秋之义。李当未得志时，曾作感怀诗多章，有句云："白下沉酣三度梦，青衫沦落十年人。"又云："尽教海内知名士，去访京师有道人。"又云："若无驷马高车日，誓不重回故里槎。"可想见其素有抱负，不甘老于牖下。通籍后，曾襄助曾文正戎幕，嗣以平发逆功得邀封爵，累官至文华殿大学士加太傅，秉国之钧垂三十年。其为人功过何如，论者不一，然其勋业自不可掩。李晚年善怒，动以掌批人颊，但其人一经批颊，两三日内即可有佳音，所以气节之士至李时扫地矣。没后有人挽以诗云："傅相而今已盖棺，国中舆论半悲欢。北门锁钥同虚设（时李以直隶总督兼北洋大臣），南渡朝廷误苟安。西学酿成亡国祸，东床洗尽腐儒寒（谓提携其婿张某）。九泉若遇曾文正，莫道燕京已被残。"时已在八国联军入京之后，诗近于戏词，意尚佳，但不知为谁氏手笔耳。

洪宪之龙袍

洪宪时代，筹安会及各县选举国民代表应时而起，郑无为编演《皇帝梦》一剧，致被拘拿下狱。后值旧历新年，袁世凯尚未正式登极，即服衮冕出受朝贺，群臣执笏以朝，袁只说三句云："今日为履端之始，在廷诸臣办事很勤劳。"其下似仍有言，遂止而未说。从容绕案三周，亦未登宝座而退。予闻之，窃以为非佳兆，大是南飞之乌鹊绕树三匝，无枝可依，卒至八十三日取消帝位。先是，张勋购就龙袍一袭，计银五百两，以便进呈。后因袍不华贵，遂存于家，改由大典筹备处另制龙袍一件，费价二十万元，上缀钻石甚多。洪宪亡国后，此袍不知收存何处，大足为博览院一种特出之陈设品。张勋家所存之袍，后其夫人观剧，将袍赏给生角刘鸿声，刘每日登台转可做数小时皇帝。予客清江护军使署，编辑战史，调阅案卷，曾见洪宪劝进表数通，张怀芝为称臣中之首唱一声者，冯国璋、段芝贵均曾上表称臣，体裁与前清奏折无异。镇守使郑汝成被暗杀于沪上，追赠一等彰威侯，并拨小砂营田三千亩优给其两子，当有人挽以联云："忠臣报国身先丧，圣主开基首立功。"此联记系当时内阁总理某所挽，窃念袁为乱世之雄，虽重视权利，然目击潮流所趋，未必肯出此自尊自私下策，奈袁芸台多方蒙蔽，沪报反对洪宪，芸台匿不使知，翻印呈阅，伪造民意以坚其信，并藉词挟制其父，谓非此则祖宗血食不保。盖芸台为袁长子，当然为继体之皇帝，其怂动之隐私实为此也，卒至欺父以欺世，同归于败亡。袁政府时代，予曾上书于袁，末请其以自尊自是、自私自利为戒。予友吴君东园曾摘刊原书于《江淮》杂志,标题为"一得之罪言"。

青花白黝金鱼缸

<small>(此稿前已经《申报》选登)</small>

张勋复辟之举,先本得大多数之赞成、强有力之援助,各有函电可按。勋纵为武人,或有鲁莽,幕中岂无智者,何致为此悬军深入、孤注一掷之险着?盖事前实已征得各方同意矣。勋之失计惟在大权独揽,当时勋不自兼议政大臣,令曹锟兼此职,段祺瑞时为国务总理,虽欲反对,限于无兵力,勋乃对曹锟仅予以直隶总督,曹意不慊,因假军队于段。段氏竭力推翻复辟者,又另有一种前因。辛亥之秋,各将领合词请清帝让位,段实领衔促成共和政体,大是鬻权兵谏含有挟制意,此次与勋以干戈相见,亦正是楚之申包胥、伍子胥各行其是而已。遂开战于京师,由宣武门至天坛南河沿一带,勋则布置于天安门、景山、积水潭一带对抗,卒因勋无后援,段有接济,战事不能支,段氏可谓继续维护共和政体。适有悬外国旗铁甲车一辆突然驰至,挈勋登车飞驰而去,折入荷兰使馆。当战斗激烈时,勋之住宅亦遭波及,宅后有大花园,四周分置青花白黝大水缸百余口,勋为江西人,系自景德镇订烧运来者。工极精细,每缸养金鱼五六尾,大者盈尺,黑白红黄各色俱备,嫩绿水藻印以粉缸,鳞鬣如绘,澄澈中有活泼之致觉,颇悦目怡情。经炮弹击碎,存者无几,金鱼亦因涸而枯,岂非城门失火之殃哉?

谢元福

谢元福字子受,以翰林出身任淮扬海道,赋性浑厚,学术亦优,并好为慈善事业,嗣竟以阜宁孟来黻被暗杀一案,经钦差刚毅劾奏其纵容兵弁,屡酿人命,撤任以去。没后停枢清江浦,久不得运回粤省,其子孙流落殆无人状,妾亦嫁于清江之地保为妻。窃谓天道难言,殊不可解。先是,予之表兄万纯夫以篆刻兼绘事为谢所赏识,居其署中有年,曾与予谈及谢之为人。及予客居护军使署,复证以清江友人之论调,始知谢之功不能掩其罪也。属员舞弊埋冤,谢之识既不足以察奸,仍多方袒护之,在任十余年,其罪案颇有确切可指数者。此犹为显著之孽,而谢之贪口腹其孽尤重。性喜食乳羊、乳犬,其食乳犬之法,庖人煮锅中水至沸度,则以宽竹板横担如桥,逼令乳犬过其上,自无不立堕于沸汤中者,痛哉惨矣,大犬则缚悬于树击毙之,盖置犬于地上毙之逾时即活,悬而击毙则不能复活。曾有陈姓客好食狗肉,谢爱其臭味相投,遂联儿女之姻。夫天下可食之动物甚夥,何必食此人不肯食之物,又何必为此惨不忍言之食法?纪文达公《阅微草堂笔记》曾载有好食猫、好食鸡、好杀驴者后均得恶报,天道好还,谢之得恶报于生后也亦宜。予作此记非敢力诋前人,窃愿垂诚于后人也。

增韫

增韫为浙江巡抚时,革命潮流业已浸润全国,适江君亢虎入杭州大学演说,遂大放厥词,当有社会家庭皆无久存之理等语,随将演词付印,学监某亦附有论说。翌日为增阅及,严饬某学监迅将印就十万张演词收回销毁,并斥该学监对于该演说虽微有辩论而语涉依违,大属不合,此后倘有此等来宾在校演说,即着巡警入校拘拿,再查明江亢虎有无官职候,咨明学部核办。后增亦未有若何举动,其事遂寝。众志所趋,造成时局而增犹欲以官力遏抑之,岂可得哉?至袁政府时代,增为参政院参政,其时复辟之声嚣且尘上,政府议下令严禁,令文中有"倘再有以此邪说进者"一语,增商之同僚,拟请将"邪说"字样改为"异说",众坚执不从,增遂愤而他去。增在满人中尚可称为有义气者。

光绪系四等军机

端华、肃顺,咸丰朝权臣也。当发逆之乱,势倾朝野,人多訾其有无君之心,实则系反对慈禧垂帘,盖垂帘有违祖制,所以载垣、端华二王力持异议。若依肃顺计划进行,事未可知。肃顺虽为满人,颇尊重汉人之有文学者,尝言:"我们满人总是打光蛋,他们汉人那一枝笔利害得狠呢!"乃载垣、端华庸懦寡断,既不能令又不受命,坚不肯带兵卫,又不能隐忍于一时,遂致被执同归于败亡,咎不在肃顺也。其时在廷臣工慑于慈禧擅杀二王一相,均如仗马寒蝉,不敢讼言其非且从而附和之。慈禧心腹为恭亲王奕䜣,荣禄、李鸿章密为之筹划布置。先是,咸丰居圆明园,慈禧适有病,肃顺迎合上意,选汉女四人盛饰以进,大邀眷赏,即世所传海棠春、牡丹春、杏花春、武陵春是也,而武陵春尤得宠。考汉女例不入宫,惟圆明园不受祖制所限,慈禧亦欲侧身其间,知肃顺主其事，密令小黄门通殷情于肃顺，肃顺回称非面商不可。惟皇后例不得私召大臣，慈禧不得已屈从之，肃顺进见时态极倨傲（予揣当时肃顺必有非礼举动，其祸机已伏于此矣）。肃顺有小奴名四儿，颇伶俐，甚见信任，一日因事以掌责之，四儿恚甚，适慈禧之小黄门又至，四儿叹曰："皇后之事谋于我主人，何异与狐谋皮。"小黄门闻之大诧，四儿徐曰："我主人盖无日不以倾陷皇后为心者也。"小黄门立即回报实情，慈禧遂用重金啖四儿，即以四儿为密探，自是肃顺一言一动慈禧无不知矣。及后肃顺被杀时，大声谩骂慈禧，闻者掩耳，并谓"三十年后我太祖、太宗不血食矣"，是为那拉氏擅政之始即为亡国之兆端，虽未如汉之吕后、唐之武后诛戮大臣，专断朝政，然清社之屋实种因于母后之垂帘。咸丰十一年，夷氛犯阙，驾幸热河时，慈禧密请人将圆明园四春尽杀之，光绪之隆裕后为慈禧内侄女，光绪不甚爱之，独宠幸珍妃。八国联军入京，翠华不得已而西狩，当此乘舆播迁仓皇逃祸之际，慈禧犹派人将珍妃逮来加以叱骂，谓今日国破家亡是谁之过，即命杀之。后经内侍多人伏地代求，珍妃亦苦苦哭求，慈禧迄不允，终逼令投井以死。光绪尝私谓近臣云："朕系四等军机。"左右不解，亦不敢问，光绪复长叹云："第一等军机皇太后问，第二等军机庆亲王问，第三等军机李傅相问，第四等军机朕方得预闻也。"以皇上之尊严而受此层层牵制，国欲不亡得乎？

徐狗官

松江浦南张泽镇有徐姓之子，小名狗官，戊辰春二月娶庄行地方某姓女为妻，结缡后夫妇尚相得，惟觉新妇性情活泼而已。本年六月间忽来一时妆妙龄女郎，云与新妇系表姊妹行，便道探亲小住，徐子遂移宿他房，表姊妹联床共话，颇相亲爱。不料一住旬日，并不言去，其女佣密白主母，云来者行止举动似类男子。母因商令其子乘间调戏，果一伟男，当即扭送警局，以后未悉如何办法。当此自由解放时代，奸非之罪还不是从轻处分吗？尝阅蒲留仙《聊斋志异》载有桑冲男扮女装，目为人妖。查从前以男扮女颇非易易，既须蓄发梳妆，又须钳耳缠足，又须学习女红，盖女红不精即不能出入大家闺阁，与闺秀接近，其难能有如此者。后桑冲居晋州高秀才家，高之婿吴某涎其美，屡调之不肯从，强欲行奸，因而败露，即执送有司讯办。桑冲供认奸污大家女一百二十八人，定案处以极刑，磔于市。今日以男扮女易如反掌，剪发、天足毫无区别，只须一美少年略事修饰，妖冶过乎女子，似此纵奸之流弊何可胜言！犹忆沪上男女两校，每届星期六号房收信必有情书多封，曾经校中黠者窃阅，摘其尤者，于十六年夏间揭登《新闻报》"快活林"，一函云："某哥爱鉴：你教我用这个称呼，我就老实用了。"一函云："你以后到我处如再嬉皮笑脸的，我就不准你来了。"一函云："我家内你不要再去吧，他们的脸嘴我实在看不惯了。"一函云："昨晚回校后身体何如，我甚为挂念。前日两元已被某姊借去用了，你来时再带两元把我。"各等语，此函当为幽会后之探询，情致缠绵，令人阅之失笑，是男女校中之成绩乃如此。月前广州教育厅长毅然通令各校，于暑假后实行男女分校，其殆有所感触而发欤，而何香凝女士忽于五中全会时提议反对男女分校，未悉持何理由。查我国妇女从前约束甚严，而犯奸与奸拐、奸杀之案时有所闻，现在竟言解放，正如平原逸马、出柙之虎难于羁靮，又复令其同校，何异诲淫，不仅有伤风化，实属贻害青年。当此训政时期，讲求内政者首言崇尚道德，既重道德，当然维持礼教，所以各省已议决废娼，兹独于男女同校偏不虑及其他，力争实同于撮合，任其耳鬓厮磨，习成惯性。既贬少女之人格，亦凿赤子之天真，殊不知用义果何所取，曾有人撰一滑稽联云："教育原来教育，学生本是学生。"下"育"字为诞育之育，下"生"字为生产之生，可谓妙莫能言矣。拉杂书来，以供关心时政者览而急图挽救也。戊辰八月，记于《盐城日报》馆主笔室。

端午桥

前清末造，所用疆臣多系满人，纯乎暮气，如燕巢危幕，恬不知大厦之将倾，而端方为尤甚。虽系举人出身，几不知文为何物，酷嗜古玩，兼好丝弦，大类蟋蟀相公。宣统元年，端在两江总督任，密以银三十万运动醇亲王奕譞之妃即摄政王载沣之母，求调直隶，王妃允之，即命载沣调用。沣虽重以母命，然于疆吏及各省情形不甚熟悉，疑莫能决，遂密商之张文襄。张以南洋大臣调北洋事例均合，初不料其动机由于金钱也。端赴直督任后，值慈禧与光绪梓宫奉安之期，端毫无哀痛意，自率武巡捕、戈什哈多员乘钢丝车、携快镜沿途拍照，乘车各员弁直冲绳道而过，绳即绋也，系于梓宫，左右送葬人员多执绳缓步前行，绳长以百丈计，梓宫未起行时绳姑置于地上，谓之绳道。端分途拍照多张，竟将隆裕后相亦拍入片上，附近多旗人，无敢有指摘之者。后经御史李国绩（即李傅相之孙）据实劾奏，部议革职。端在京闲居两年，并设古玩店于琉璃厂，不意端蛰久思启、潜久思飞，又运动起用。此种犯大不敬之废员即不应复用，居然仍以侍郎候补督办陇海铁路。辛亥武昌起义，端恐祸及，要求部下护送至西安暂避，未及起行，兵忽哗变，端即率随员亲自出营，意在弹压劝导。突有一兵乘醉握刀而来，喝令跪下，未容发言，先以刀斫其肩，继决其首，端遂遇害，死状甚惨，其弟亦被杀。倘不急求复用，闭门思过，闲散自甘，或可得保首领以终焉。先是，端在两江总督任时，幕中有一客精风鉴，曾谈及以端之相论，恐难得令终，且言为期不远。及端调任直隶，此客辞未偕行，亦可谓有先见者矣。

秦文伯

秦文伯名焕，淮安山阳人也。幼颖悟，家贫早孤，母以针黹糊口，无力令其久读书，年十五佣于镇淮楼侧之酒家。按淮属酒家多自备酒壶若干具。晚间有来沽者率用本店之壶，本店以竹筹存记，晚饭后即按筹挨户收回，不如此生意即不发达。秦进店后即司此务，一日向麒麟巷某巨室收壶，适有笼烛前导一衣冠整洁之人自内出，宅内仆从、司事均肃立两旁待其过，秦问为谁，或答云系主人聘请之教读先生。秦回店后默念先生如此之尊，而我为店伙遂如此卑下，辗转澈夜不能寐，晨起托故回家见母，云欲读书。母怒不允，秦涕泣誓不再进店，母不得已听之。秦日夜勤读不懈，三年后应小试，文名即大噪，嗣联捷成进士，由广州守累升藩司，不十年间宦囊累累，积七十万金，假归遂不复出。在都有文虎之目，以翰林供职南书房时，上曾问及近日作文否，故秦有句云"九重垂问到文章"。归田后曾作述怀句云："几回羞向淮楼过，犹记当年旧酒瓶。"可见自古才人不有以感激之，其埋没为不少也。

俞曲园

德清俞樾，字荫甫，别号曲园，咸丰庚戌翰林也。学术湛深，长于考据，在同光间却能以撰述笺注名家者，所著有《群经平议》、《诸子平议》及春在堂各集，都二百数十卷，与天南遯叟王弢齐名，然持论果于自信，多不与人同。为河南学政时，曾经巡抚曹芗溪奏参革职，莫得其参革缘由。嗣予偶阅《十一朝东华录》载有有人奏已革河南学政俞樾轻侮圣经，割裂不成文理，请从严议处，奉旨交部，旋据吏部复奏俞樾业经革职，已足蔽辜，所请应无庸议云。奏参原折既未之得见，即《东华录》所载亦未明言其若何割裂，惟因出题竟获罪如此之重，不可不留心探访。传闻所得，始知俞任河南学政时，署内有狐蛰居已数百年，俞素以道学自命，视之蔑如，且斥为妖妄。一日试期点名后，俞忽困惫不堪，卧而久不能起，虽侍者不知，堂前题牌已有人代出截搭各题目，一为"君夫人阳货欲"，一为"王速出令反"，一为"二三子何患乎无君我"，在场诸生虽甚诧异，但以功令所在，不敢不照题作文。放牌出场后，阖属奔走相告，传为奇谈。俞此时始豁若梦醒，闻之亦惊骇失常，知狐恶作剧，然事已传播远近，无法挽回，此乃被参革职之由来也。按邪不干正于理可信，然德苟不足胜妖，轻与开衅，未有不受其祸者。汤文正公毁五通庙，除民害也，曲园自信德高，与狐轻于一试，遂致废弃终身，与赵秋谷之"可怜一曲《长生殿》，直误功名到白头"无少差异。狐虽兽类，能出题如此之巧，令人可畏而亦可佩也。后其子在大名府任内报捐道衔，樾始得有二品封典顶戴，曾赋律诗一首，中两联云："蓬瀛旧迹三朝远，云水闲身二品荣。此日承欢当彩服，将来借重到铭旌。"亦可谓旷达之士矣。

张少轩

张勋字少轩，江西人也。中年以后因得李连英之提挈（李连英即皮硝李），曾派充神机营统领。勋遂与李商，谓宫禁森严之地，辇毂所经，不可不派兵站岗以示整肃。李以为可，勋遂于各门派拨若干名轮值。一日晨间，有一小宫娥擎盥器泼水于殿外，适见门外有荷枪之兵士两人相对立，小宫娥未曾见过以为奇，遂作京语问云："你们从那里来底？"兵士尚未敢回答，适醇亲王载沣过此，时尚未摄政，见之怒甚，以为不成体统，即趋入坤宁宫奏明此事。时李已有所闻，方欲进宫，遥见小哈吧狗数十头自宫内出，已知老佛爷将至（老佛爷为慈禧之徽号，慈禧爱豢洋狗，以数十头计，小者几如松鼠，慈禧欲幸何处，各狗即先行），李即迎上，慈禧云："这里不能如此办法。"其时各处站岗兵士，勋已饬令各回本部，李遂面请老佛爷免究，慈禧首肯，李连英之权力真伟矣哉。八国联军入京，两宫西狩，勋曾奔赴行在跸从，又兼李嘘植之力，颇蒙两宫宠任，屡典禁兵，颁赏不可胜数。宣统三年秋，简放受春镇总兵，中途值民军起义，勋遂止于金陵，去留凡两度，最后率队扼扎徐州。复辟失败，勋跧伏津门，先本得各省之同意，函电俱在，后罪且坐勋一人，其参谋长万绳拭拟编《复辟记》揭破种种黑幕，各方闻之惶恐，勋因速得恢复自由，发还财产，职是之故。嗣屡经奉方推毂，始畀以东三省林垦督办，亦未有若何展布，郁郁以终。论其为人可谓有血性之武夫，复辟之举，事后论之，无不嗤以为妄，然在当时情势，勋以忠于一姓为志，似未可厚非。吴公佩孚之秘书曾挽以五律多章，想为杨君云史所作也，当时颇传诵，记有一章首联云："一战成千古，京畿血染衣。"末联云："江淮诸将士，观望误戎机。"谓白宝山、张文生当时拥兵不前，致勋悬军深入，干兵家之大忌，迄于败亡。虽有马队三营前往，过津时为李长泰机关枪队所邀击，仅冲过七八十匹，卒亦无济。白、张部下曾有幕友以诗带讥刺直告之，白、张亦默然无言，状有愧色。时予客淮扬护军使署，秘书长为朱省吾（朱曾任前山东巡抚李秉衡之文案）代居停拟联挽张云："其人磊落光明，不屈不挠，生死孤忠惊四海；此志刚强坚忍，允文允武，君臣正义在千秋。"词意腐旧而太老实，予亦代旅长袁得才拟联挽张云："渡河而呼，念易箦遗言，故国不忘宗留守；出师未捷，徒沾襟有泪，大星已陨武乡侯。"朱阅之愧服，谓何不以此联代居停写，予时承乏秘书，尚谦让未遑云。

拟谢各友军援助获胜函稿

"径启者，此次联军兴师，原冀同伸义愤，制止强阀野心（此句系秘书长金继时添入，金与予为盟兄弟，办事甚相得），讵料敌军首先越境来攻，敝军负有地方之责，自应派队迎击。连日均奋斗异常，虽敌队环攻不已，大有致死于我之心，而联军团结愈坚，咸抱灭此朝食之概。卒能摧残强敌，溃败不复成军，军用品亦抛弃殆尽。逆胆已寒，捷音远播，迭承贵军派队协助，遂克奏此肤功，感激之余，距跃三百。固不仅敦联盟之雅谊，益足壮起义之声威。弟奋袂先驱，同袍永矢，肃函恭谢，顺颂捷安。"

按乙丑九月二十日，敌军拂晓来攻，近接城闉开战，署内连中六炮，击倒住房，伤及司书严又陵之头部，同人不得已出而暂避。马护军使时兼浙闽苏皖赣联军第七军军长，亲督队伍出城迎战，奋斗四小时，卒将敌军击败，并夺获机关枪两架、迫击炮三尊，战事即从此告结束。是役阵亡本部营长张善祥一员，郑俊彦部辎重营营长一员，军长回参谋处，即命拟函谢各友军。同人惊魂未定，予即立于案侧拟此函稿，笔不停挥，军部陈参谋长绍五阅稿以为词多，继时答云："此际办此等稿件，正苦笔不能多耳，岂有以多为嫌哉？"绍五笑颔之，随即加章缮发。忆当时稿件甚夥，解散时都付之一炬。今于箧中检得此稿，故录之以存其真，亦可见飞书羽檄间之笔墨应付不易也。

联　话

寿联、挽联以及各种联语本无定格，字句亦不在多，要以出色当行为贵，虽累牍联篇或不及数语即能赅括者。赵瓯北先生挽刘文正公统勋联句共十四字，脍炙人口，传诵至今，联云："岱色苍茫众山小,天容惨淡大星沉。"按刘文正系山东诸城人,联中故以泰岱比之,却合身分。公薨之日,清高宗亲临赐奠,复命仁宗亲诣奠茶酒,而联中"天容惨淡"四字尤有关合,可谓沉雄精当,识力俱超,宜乎仁宗见联语而急问赵翼为何人也。瓯北名翼,又字云松,时官军机章京。曾文正公薨逝后,有人挽以联句,亦仅十四字,联云:"经百战生真福将,早三年死是完人。"意谓早死三年不得预闻天津教案,可免枉杀平民十八人矣。联语俨具褒贬,弦外有音,袭侯接阅此联痛哭不已,故《文正荣哀录》中未曾刊入,亦未知作者姓名。按天津教案发生于发、捻两军甫平之后,办理稍失之柔,文正与友人书云:"教案粗结,内疚神明,外惭清议。"观此则知此联之佳矣。袁世凯在直隶总督任兼北洋大臣,过五十岁时以某候补道一联为可,联云:"五岳同尊星拱北,百年上寿日方中。"吴子玉在洛阳,过五十岁时康有为祝以联云:"牧野鹰扬,百岁勋名才半世;洛阳虎视,八方风雨会中州。"可谓于稳洽中有阔人气象。

集成句挽劫盗

（此稿前已经《申报》选登）

戊辰之秋,因事出城西门,见一尸僵仆道旁,异而询之,警士告予曰:"此枪毙之劫盗也。"噫,哀哉!夫抢掠之穷盗易获,不操戈矛之大盗难获。草泽中之群盗迫于饥寒而败露者多,衣冠中之真盗朘民脂膏而漏网者多,传所谓"窃钩者诛,窃国者侯"是也。慨叹之余,爰集成语一联以挽之,云:"人生自古谁无死,世上而今半是君。"上句为文文山《过零丁洋》诗之结句"人生自古谁无死,留取丹心照汗青",下句为唐之李涉《过浦口遇盗》诗"相逢不用相回避,世上而今半是君",盗首闻之曰:"确言也。"一叹而去。

占　验

秦政焚书时,以《易》为卜筮之书,留而未焚,其实《易经》包括立身齐家、治国平天下之道,孔子读《易》至韦编三绝,并作《系词》以赞之,斯《易》理之精奥玄妙可知。术数家尤奉为圭臬,其间或验或不验,盖系乎占者之术精与不精耳。曾有甲乙两友均解卜筮学,自信颇有所得,一日偕登城堞,野眺低树斜阳,四望无际,偶见红白两马龁草坡下,遂相谓云:"试占何马先上坡。"即占得《离》卦,离为火,决定系红马先上。逾时白马先上,均谓卦理不灵。归以语师,师笑谓曰:"卦非不灵,乃汝等参透未深耳。考《离》卦属火,象红固也,但火未发而烟先起,烟象白,显然系白马先上,夫何疑焉!"两人愧服。

尤西堂之《讨虱檄》

苏州尤西堂,在清代总可算一个文章家,然与刘海峰、姚姬传、方望溪诸先生较则尚远不逮也。学士王熙侍经筵,清世祖偶谈及尤侗之文,叹为真才子者再,随摘集中《讨虱檄》示廷臣曰:"此奇文也。"命内府向坊间购其文集。予未见《讨虱》原文,不敢漫加品评,以为文经御览,又蒙奖许,必有出色惊人之处。民国之初,予蛰居乡里,曾投文稿于《申报·自由谈》,时有稿件刊登,编辑为天虚我生即陈君蝶仙。予续投《讨蚊檄》一稿,陈君列入一等(在民国丁巳五月二十一日《申报·自由谈》栏内,原文刊于后)。未几《自由谈》中忽刊登《讨蚤檄》一稿,投稿者名非我,陈君附列六等。予偶阅其文,觉非讨蚤乃系讨虱,即附说明函达陈君,旋接复函称是认为讨虱非讨蚤也,姑勿论其为讨蚤为讨虱,总之原文不佳。不料非我系抄袭西堂集中之《讨虱檄》,即世祖指为奇文之文也。经陈君诘责,非我登报发其伏,并取消其酬,斯西堂之文即此可以概见。惟《西堂杂俎》中亦间有可采者,类如所作《反恨赋》亦为游戏文之一,立意措词耐人寻味,而《讨虱檄》实为平庸无甚意味之作。予之《讨蚊檄》在《申报》刊列一等,仅得酬金五元六角。西堂之《讨虱檄》当日因此文而文名大噪,旋且擢取博学鸿词,今在《申报》降列六等而全国阅者毫无异议,世祖特从集中摘出以示学士王熙,指为奇文,大夸大夸,圣祖复称其为老名士,谬采虚声,盛名之下其实难副,鄙人岂能甘服。独惜予不生于二百六十年前,以文字与尤西堂一较其优劣,乃于二百六十年后以文字屈抑鸣冤,夫复何济? 自不得不以予生也晚为恨也。然使予即幸生其时,恐此篇谐文未必得邀御览而有真才、老名士之钦赐称呼。夫予入民国,亦曾屡上书于当道矣。袁项城为总统时予曾上书(原书摘刊于《江淮》杂志),齐抚万为苏皖赣巡阅使时予曾上书,吴子玉在查家墩任讨贼联军总司令时予曾两上书,孙馨远为浙闽苏皖赣联军总司令、张雨亭为安国军总司令予均曾上书,只有吴公来函答复,余均寂然无闻，数奇如此，又何在乎区区数百字之《讨蚊檄》哉！盖文章显晦实有运数行乎其间，天下之怀才不偶能作文如予之《讨蚊檄》者何止千百，荒山穷谷之中、末秩下僚之列，埋没几辈贤豪矣，安得聚古今不遇之才人于一堂而同声一哭也（《讨蚊檄》附印于后）。

讨蚊檄

盖闻天生万物以人为灵，物不一途与人无竞，而况赋形微细，自宜守分潜藏，岂容扰乱人禽之界限，思为鬼蜮之中伤。兹乃有蚊贼者，状原藐小，性颇飞扬，出身来草泽之间，混迹入衣冠之座，偶不留意，遂为所戕，不量力而忘欲负山，不经商而居然成市。恍疑贼化，好啸聚于黄昏；纷若军哗，多盲从而乌合。号召则一呼百唱，工作在附势趋炎。假托文人，似有咿唔之意；并非侠客，偏饶击刺之能。尤可恨者，亿兆之脂膏已竭仍朘削夫群生，万千之羽翼已成每有求于昏暮。不招自至，俨然入幕之宾；有隙必乘，大是穿窬之盗。明灯之侧结队浪游，卧榻之旁妨人渴睡。且不择肥而噬，洵堪称血食之徒，岂知在背如芒，多系此么么之类。吾侪已痛比切肤，此辈犹飞而食肉，麾之不去，近者伏而远者扬，突如其来，出不意而攻不备，到处骚然，时思蠢动，似此任情扰害，难再予姑容，亟宜扫荡腥膻，大张挞伐。爰率蜂屯蚁聚之军，鼓其虎噬蛇吞之勇，或分途进剿，或合力包抄，纵令小丑跳梁来从蜗国，行见大军整队捣及螟巢，如能远遁他方，当予以自新之路，倘复逼居要地，绝难邀特赦之恩。既钻刺

之不休,许扑杀其勿论,群焉入室即干内乱之倏,害己及身
应坐伤人之律。先施以四围屏障断绝归途,更加以一炬环
攻使无噍类。聊申义愤,漫拟尤侗《讨虱》之文;偶作戏言,
愧非王勃《斗鸡》之檄。

张之洞

（此稿前已经《申报》选登）

张文襄公之洞,字香涛,又字向桃,南皮县人,晚号抱冰老
人。才华天授,年十四领本省乡试解额,厥后联捷,累官至学政,
转补巡抚。精神大异乎人,十数昼夜目不交睫以为常,伺候之员
弁更番输值尚觉困惫。惟素性好大喜功,能放不计其能收,可创
不思其可继。中年后鉴于时势日非,亦曾举办新政,嗣又觉变
政之非计,因有《劝学》内外篇之刊行。又有感赋句云:"刘郎
不恨多葵麦,只恨荆榛满路栽。"读此可想见其当时怀抱矣。
张氏生平不喜多蓄姬侍,有仆人赵凤昌者美丰姿,善伺主人
意,竟踵龙阳君故智,大得张欢,遂溺爱之。总督两湖时,赵恃
张之宠信,颇揽权作威福,舆论上遂有毁誉之分,当有人拟联
嘲之云:"两湖总督张之洞,一品夫人赵凤昌。"亦可谓谑而近
于虐矣。

西湖之保叔塔

《春秋》有诛心之法,有原心之论,圣人与人为善,所以责贤

者备,他人则节取其长而已。孙复作《春秋尊王发微》,二百四十年内有贬无褒;胡致堂作《读史管见》,谓三代以后无完人。持论非不谨严,终觉偏而不平,未脱讲学家习气,然于不可曲原之事迹,一经后人道破则爽然若失矣。西湖有保叔塔,建自何代亦复疑以传疑,惟塔名保叔,系社会相沿之俗称,曰小叔即夫之弟也。后有儒士过塔下疑之,论此妇为不合礼教,遂题诗四句于塔下云:"保叔如何不保夫,于叔何厚夫何疏。纵教吸尽西湖水,难洗心头一点污。"此士去未数里,忽雷击塔顶使之欹斜,至今未暇修正,凡曾游西湖者皆见之。天之视听在民,于此可见。予前在军中屡过高邮露筋祠,相传为姑嫂日暮抵此,无可投宿,嫂欲惜宿于耕夫团焦中,姑不肯从,时当盛暑,遂露宿于野,被野蚊攒噬死而膀与腿之筋俱露,邑人士嘉其贞操,建祠以祀焉。予曾题有两绝句云:"渔洋题句忆当年(王渔洋过此题有'门外野风开白莲'之句),倍极钦崇拟白莲。时代变迁祠自在,四围云树锁寒烟。""灵祠高峙俯清流,瞻仰多停过客舟。最是完贞当失路,堪称一夕永千秋。"无论古事今事,公道之在人心不可泯灭者有如此。癸亥冬十一月偶志。

四句诗嵌十个"一"字

纪文达公晓岚才华天授,敏捷绝伦,为清高宗所最赏识,文学侍从之臣其宠异无有出其右者。南巡时,诸臣扈跸,惟文达与刘文清公不可一日离左右。高宗登金山寺,文达随侍至山顶,高宗忽命赋诗,限七绝一首嵌十个"一"字于四句中,文达请命题,上以手指江面，适有渔舟荡漾中流，文达因赋曰："一蓑一笠一渔舟，一个渔翁一钓钩。"方欲续下，沉吟未就间，上忽鼓掌大笑，意谓今日却有以难之也。文达遂触机立应曰："一拍一哈还一笑，一人独占一江秋。"末句含颂扬之意，上点首称善者再。忆予与友人夜饮，曾戏仿其体，只有姚袖岩先生与予各赋一首，余客均谢未能。姚诗云："一鱼一肉一条虾，一碟生姜一酱瓜。一口一杯拚一醉，一人还吃一樽茶。"予诗云："一宾一主一轻桡，一带溪山一画桥。一棹一停游一夜，一轮明月一枝箫。"东施效颦，不值方家一哂也。

植物性之善变

橘过淮为枳，岂地气使然欤，抑物性善变欤？殊难为明确之解释也。菊不落瓣，王半山有句云："黄昏风雨过园林，吹落黄花满地金。"即景成诗，是日睹风雨，园林黄花纷落矣。苏子瞻续其下以微讽之云："秋花不比春花落，寄语诗人仔细吟。"遂得罪半山，谪为黄州团练副使。不意黄州菊花至秋落瓣，子瞻见之乃大愧服。海棠无香，彭渊材曾引以为恨，李丹授昌州悴，或谓去家太远，请改鄂州，彭渊材闻之吐饭，大步往谒李，曰："谁为大夫谋去此佳郡？"丹惊问之，彭曰："海棠无香，惟昌州独香，非佳郡耶？"王戎在童年与诸邻儿嬉游，见道旁有李树结子累累，诸儿争取，戎独不取，或询其故，答曰："李在道旁而多子，必苦李也。"试之果然，汇志于此，似非各植物本性自能变化，疑系土质地气使然，敢以质之植物学家。

兵家之鉴

民国十四年秋九月，战事开始于苏奉，蔓延于全国者几三年，而淮海实为导火线，海州之战当时不过为一种形式，敌未至兵未较而城已让。淮属之战，主军为江苏陆军第三师，师长为马伯良，孙传芳委充七军军长兼司令官，客军郑俊彦、张中立等先后亦开来数千人，接战约两星期，仍以主军为最出力。时予身在行间，危险情状事后思之犹觉心悸。盖每战多赖司令官亲临火线，奋勇指挥，始克转危为安，客军见之多加惊异，然主将之勇敢虽可取而部队之散漫亦可知，自难收身使臂、臂使指之效。当战事方殷时间，孙传芳任五省联军总司令，先已督队攻克徐州，未数日，本军亦将奉军击溃追逐出境，始知前敌指挥为许昆、邢士廉，浦战亦告结束，方谓可资休息，徐图整理，讵意未及两月，一场血战仅得孙传芳令饬解散之嘉奖，亦异矣哉。其时吴子玉氏讨贼联军总司令部在武汉查家墩，靳云鹗正奉令由豫窥鲁，齐抚万氏亦由日本回国，往汉任联军副总司令，当将令饬解散情形密电吴、齐两总司令，即承会电，孙云："马帅此次拒奉似有微劳可录，适闻解散该部，请仍收回成命。如谓该部队伍不良，可饬令严加整顿。"孙复电未允，孚威续来密电两次，令本军率队驰赴鲁边归靳云鹗指挥，该师饷项即由本总部照给。无如上下军情涣散，已深中他方攻心之策，所以团结难期，只得遵令解散。赴汉谒见孚威，当即留之将有所借重，居数月，苦未有相当机会，此时孚威兵力已由鄂而洛而保大而京师，将与奉张欢晤，靳云鹗先曾拥兵观望，未肯协攻南口，奉方似有责言，拟下令免靳职，魏益三为郭松龄之甥所部，枪械甚精密，附属孚威，亦为奉方所最注意者。孚威由京转汴，复住节郑州，拟转向鄂，曾电请孙传芳出师攻敌侧面，收犄角夹击之效复，电有"人不犯我我不犯人"之语，一似隔岸观火，与己无关，又若胸有成竹，俨然以渔人自居也者，卒至误己误人。曾几何时亦相继溃败，自是孚威部下将佐意见渐不一致，奉张突又出师攻豫，声言代孚威肃清豫省，致令益起纠纷。齐氏目击时局如此，即愤然退职，当有通电云："吴玉帅久战疆场，勋劳卓著，今日居郑州弹丸之地，求暂且栖身而亦不可得，此固为玉帅始念所不及料，抑亦诸将士所不能无遗憾者也。"刘佐龙阴怀异志，孚威早有所闻，予曾两上书于总司令部，请其加意调和诸将佐，内有"慎防其以剑击柱，聚语沙边，雍齿之封侯、张良之蹑足，不妨偶一试之"云云，复函称"所见甚是"。奈孚威以包容示镇定，漫不注意而谈笑出之，刘遂与敌军密相联络，致汀泗桥一战而溃，马军长遂他往晤鲁张，孚威不得已折而入川，张其锽又道亡，或曰："兵犹火也，不戢将自焚；兵又犹水也，可以载舟可以覆舟。"予窃谓军事瞬息千变，成败难知，读唐贤《老将行》有云："卫青不败由天幸，李广无功缘数奇。"终以为此天亡我，非战之罪也。

人才难用

人才为国家命脉所关，不患世无可用之才，特患国无求才之道，尤患国有求才之道而无识才之人，有识才之人、有求才之道，更患识才之人不能以既公且平之心实行求才之道。天下有奇才、有清才、有偏才，无全才亦无弃才，顾视用之者何如耳。最难任使者为军界之才，率队万人，纵横决荡，此独当一面之统将才也；先登陷阵，斩将搴旗，此独任一路之骁将才也；短兵相接，杀人如草，此战士才也；料敌决胜，论事周详，此参谋才也；晓畅兵机，万言倚马，此戎幕才也；态度从容，方言娴熟，此向导兼侦探才也；胆识俱优，应对敏捷，此专使兼交际才也；至若擅出大言者为夸诈之才，不负责任者为委靡之才，遇事取巧者为佼侩之才，惟利是趋者为龌龊之才，好訾人短者为奸邪之才，善出风头者为奔竞之才。倘不能鉴别群伦，即不免黜陟倒置，大才而小用之，觖望易生；小才而大用之，陨越可虑；非才而误用之，败亡相随，用才岂易言哉！更有观过知仁，弃瑕录用，虽在屏废之余仍可使之振奋，笼络英雄，奔走豪杰，正如降严霜于溽暑之时，震雷霆于蛰伏之际，为身受者意料所不及，庶可尽用人之能事矣。衡才不可无卓见，无卓见难以识拔真才；遴才不可无定见，无定见或将罗致庸才；用才不可存成见，存成见必至遗弃贤才。苟能用各当才，不以资格限之，不以门户分之，不以恩怨参之，而怀才者不致有沦弃之嗟，需才者自可收指臂之助矣，愿当局一采纳之。

孙振远

老友卜君璋甫世居盐邑之乌港口，寄居伍祐，经商三十余年，朝夕聚晤。尝与卜友吉亭谈及邻村有孙振远者，其弟为清诸生，远业农，其妻每诮让之，谓不如弟读书之高，远愤答云："予年龄已大，不能读书图上进了。"妻回称："我家旧有画谱数册，我看学点儿画也可以得成名的。"远诺之,遂将花卉画谱检出阅之,自此试学画,虽耕作时间亦不忘学,即锹锄在手随地摹拟,甚至乘小船罱泥时亦在泥上练习,归则以纸笔为之。历时二年余,以墨笔专绘梅兰竹菊各花卉,居然大有可观。一夜鼾睡中,远以手指在其妇腿上作画,妇惊而醒喜曰:"子之画成矣,梦寝如是,心既专而艺必精。"远遂以画名,遐迩亦多以素纸求画,识者亦称许勿置,偶须题句均命其弟代拟。曾见其立轴一,上绘老竹数竿,下有残菊数枝,丰姿摇曳,秋意槭然,题有"西风昨夜园林过,扶起霜枝扣竹根"之句。人才由激励而成,于此益信,又可见专心致志,技艺无不可学而精也。

清水潭

清同治年间,上河清水潭崩决,里下河各州县横被水灾,清代三百年仅一见。予童年即闻父老言之,先大夫每于酒后茶余亦详言之,是"清水潭"三字久印入脑筋矣,然所闻者大都系各州县被灾惨状,而所谓清水潭者尚茫然不知属于何地也。民国八年,供职淮扬护军使署,居停晋省必与偕,清水潭遂得数过其地,但往来多属舟行,不过听榜人于计程时云及已过清水潭若干里。嗣因运河筑坝浚深,改由陆行徒步走四十里,始悉界首距马棚湾二十余里,马棚湾距清水潭七八里,中间尚有铁牛湾,予至其处徘徊瞻眺,快慰可知。回忆四十余年心所向往之者,今日适得亲临,当日若何冲决,已无迹可寻,询之土人,云:邵伯镇之南面与清水潭接壤,当河决时,水声闻数十里,决处渐阔,势如山倒,历数日夜未止，直至上流水尽就下而决口之水势始稍杀，下河各县已尽成泽国。水所冲射之处，荡激泥土，围逾数顷成一大塘，深不可底及，至水退，虽历六七十年之久而塘深犹数丈，邵伯居民均呼为"南塘"。予曾往塘边游行一周，此为当日决口时所遗之真迹也。予时立堤上左右望，觉堤高约三丈余，堤根居民之屋高不及堤，运河宽约五六丈，对岸之堤高亦相等，堤根宽约二丈余，间有倒卸间缺之处，时见石块堆累堤上者，系备不时修补之需，堤外即为高邮湖，想见当时湖水盛涨直灌运河，运河猝不能容，遂酿成里下河莫大之水灾。此予今日默察两岸形势而推论之也，窃愿我省总办水利者加之意焉。

清江浦清宴园记

清江护军使署即前清漕运总督旧署也，署西有园名清宴，地址广四五顷，近南辟有荷池，池面占地约一顷，中有石亭一围，栽细柳如丝，红桥长十余丈，蜿蜒曲达水亭，予曾有诗云："翼然亭峙水中间，丝柳低遮近可攀。妙处正须无路到，红桥曲达绿波环。"夏时荷开最盛，池边老柳大逾十围，沿池又有凉亭四五座，随处可息，风景殊动人，盛暑纳凉于此，尤觉别有天地。陆春江为漕运总督时，有"水心亭护观音柳，池面花开君子莲"一联，文彬题有"倚虹得月"之额，张人骏有"开成香雪海，疑是广寒宫"一联，均悬亭内。北为"荷芳书院"四字横匾，系清乾隆十五年漕督高斌所书。荷芳书院仅大厦三楹，异常宽敞，四面明窗高启，悬有陈夔龙、段祺瑞、蒋雁行所撰诸长联，近接院室之东有紫藤一架,长十数丈,绿荫张盖,花时若垂锦,枝干纠结,根蟠若蛇龙,殆三百年外物也。藤之左右皆种竹,院室之西有木香一架,架西飬鹤二,历任督漕使者多宴会于此,为公余觞咏地。迤西有观音楼,松椿所建,为朝暮诵经休养处。东为假山,上有高榭近俯荷池,松椿集句云:"对竹思鹤,临渊羡鱼。"张人骏集句云:"五步一楼,十步一阁。山不在高,水不在深。"均妙极自然。再东为四面亭,张人骏用苏句"荷花世界柳丝乡"额于上,假山北为文彬所建较射亭,再北为御碑亭,有康熙至咸丰列代所赐河臣御碑砌于亭内,每逢朔望漕臣均诣亭拈香,今日对之,不禁有物是人非、麦秀禾油之感矣。予容护署,九更寒暑,甲子冬予室由署东迁于署西,开窗则全园景物在目,四时之盛胥览焉,有杂咏二十余首,刊诗集中。

张授斋

张君传甲,字授斋,江都县学增生也。其兄成甲,清孝廉也。君才华敏捷,半日间能作文数艺,议论风生,好诙谐,偶作小品,文字尤隽逸不群。诗、文、赋、字均优于乃兄,终困棘闱,其至戚徐某在伍祐场为垣商,君时至徐家,在徐宅北面辟一园名也园,杂植花木,风景宜人,终日啸咏其中。又立藕花吟社,与当时诸诗人相唱和,门无杂宾,撰有联句悬于亭内,云:"每设壶觞,统父子、弟兄、舅甥、朋友,更忝师生,到此间顿忘形迹;非关经济,但诗词、歌赋、书画、琴棋,兼能医卜,笑吾辈还算聪明。"观此联,可以想见其为人。园址距予家仅斜隔一河,望衡对宇,时相过从。

因君次子幼斋与予同受业于族兄慕康先生之门，年均总角，每游钓于园之左右，幸得时亲君之色笑也。君本寒素，颇具义气，一岁值除夕，有同学友袁某素贫如洗，卒岁无资，君偶遇诸途，相对慨叹，回家踌躇，因于天将暮时遣仆略担柴米，并附诗一首送袁，云："知君近况太清寒，我亦风吹两袖单。一担江柴三斗米，何妨分半赠袁安。"学界闻之，群高其风义，和者逾百人云。

登金山江天寺

（此稿前已经《申报》选登）

光绪甲午秋应省试，纡道京江，偕友人游金山寺。是山一面临江、三面抱陆，入寺周历各殿见所供神像，与他处丛林略同，所异者每游一殿，历阶级凡数十层始达殿门。高踞大雄宝殿之后者为藏经楼，由殿之北壁转折而下则有法海洞在焉。洞本小穴，鞠躬可入，深黑无所见，后人就山坡之斜势下搨以板，上披以瓦，俨然屋宇，可容三四人促膝而谈，内并有司茶者，游客酌给以茶资。窗外悬崖十数丈，近俯大江，偶然下窥，几不复知此身为己有。出洞门拾级而上，已超越藏经楼之顶，时有钟鸣，闻声而不知其处，正左顾右盼间，忽焉已造山巅，始悟曲折崎岖之山路，已于各殿前数十层之阶级中化险为夷矣，山顶有石亭石栏甚宽，可资小憩。山之东北角危塔孤悬，远在石亭之下，亭中"江天一览"四字石刻系曾忠襄国荃所书。时当秋仲，爽气宜人，绝顶登临，众山皆小，大江东去，焦山横峙中流，颇快心目。偶念夫苏文忠登妙高台，唱水调歌琼楼玉宇之新词，学士风流，当与此山俱永，

则色然喜。复念夫韩蕲王困金人于黄天荡，红袍玉带之兀术至
金山窃窥形势，恨当时未能弋获，则又慨然叹对此茫茫。百端交
集，瞻眺未终，日已西向，遂经山之后面，见山根居民数十家，多
系草舍，大树数章，下有黑物曲卧，在似猫似犬之间，及抵山下，
过其处视之，乃黑驴也，则山之高可知矣。

灯牌公所

　　淮安府之贡院，从前各县生童例于夜半即须往贡院伺候点
名，群众多系露立，偶值风霜雨雪，求一暂庇之处且不可得，后由
各县绅士集资购地建屋于院前之左右，计有四五十间之多，名曰
"灯牌公所"。平时则租于商人开张店铺，值考试时暂将屋宇让
出，洵称两便。灯牌状如前代之官衔牌，空其中，外糊白纸，内能
燃烛，每牌上写考生五十名，以便夜间认名随牌以进，庶免拥挤
参差之扰，并备长凳多条，以供生童于未点名前临时休息，地受
庇莫大。东西公所内各有联句，一云："顷刻即天明，此处何须久
坐；一声平地起，诸君自有前程。"一云："小住为佳，只片刻莫争
座位；前程甚远，愿他年共听胪传。"改革以后，予曾因公由浦至
淮，别来二十余年旧地，重经市廛，顿嗟寥落，院前亦易前观，为
之凄然欲绝。南京贡院龙门前之中东西三路无可指认，只有明
远楼与至公堂尚系贡院旧址，余则尽改作商店，昔时文人战艺之
场今已为市侩逐利之所，当日明远楼奏乐所用曲牌有三，先奏
《寒窗苦》，次则《读书乐》，次为《锦衣归》。予备员戎幕，屡因公
晋省，嗣又在省听鼓二年，前后逾十年，夫子庙前游览殆无虚日，

曾有述怀句云："鸿爪年来到处留,幼时履迹老重游。旅怀第一伤心事,贡院惟存明远楼。"局换沧桑,殊不胜今昔之感。

陈六舟

仪征陈六舟先生以本省人监临本省乡试,自维昔年曾经辛苦之地,今日对于乡人不可不存优待之意,因致意学宪,录科不遗一榜,尽赐及弟,遂多搭二千余芦席浮号。及至夜间,秋风四起,灯光摇曳不定,文战诸生徒教烛烬三条,虽邀得意疾书之乐,不得已群趋先生处要求移号,然此时实已无策可施,先生篝灯复起,作诗以曲慰之,云:"只愁夜雨循墙下,差胜秋风彭棹回。"意谓席号虽属蜗居,较之请缨无路返棹归故乡者,不犹愈耶? 诸生感其意出优待,亦只得各自归号而已。

鹰搏兔

鹰鹯之逐燕雀,载于《左氏》,然实见其捕逐之形势若何,殊未易逢。按鹰与莺异,此莺为黄莺,善啭其声,娇细入听;此鹰为苍鹰,善搏击,养鹰家分为两种,能逐野鸡者为鸡鹰,能搏走兔者为兔鹰,如能并捕鸡兔者俗呼为鸡兔鹰,价值尤贵,须购三四十千文。养鹰亦有种种方法,夜间须横悬一竹于空,令立其上,逾时即将竹竿轻摇之,鹰恐其坠则两翼频张,两爪紧握竹竿不稍弛,借以练其爪力,暇则篝于臂上,多游览于闹市,至肩摩毂击处尤故延时刻,以壮其胆量,他日值追逐鸡兔,所在虽旁有多人,鹰俱不畏避。昔年曾往岳家，离镇五六里附近有乡人善养鹰，每届秋深草枯，邻里四五辈篝鹰偕出，各持长粗竹一，以便过沟能越，搜寻目的物使之搏，唐人所谓"草枯鹰眼疾"是也。一日巧与之遇，不觉见猎心喜追随，忘路之远近，每值沟洫低洼处及荒榛断梗丛薄中，必寻视一周，约行有数里，突见一兔自塍旁跃起，狡驰而逸，兔者见之一声喝，鹰即飞逐其后，将右爪力搏兔之尾部，兔急回首起反噬之心，意图拒脱，鹰疾以左爪将兔口上下紧抟扭转之，使头与尾并，鹰即相持暂不动，待众人驰至，予亦赶到，犹闻兔呱呱有声。兔者蹲于地，以手指搔鹰之爪心，鹰爪立松，兔即放下，已奄存一息。当将兔之肚皮割破，给鹰啄数下，即悬兔于竿头，顾而之他。按鹰殊不大于兔，而力能制其死命，兔绝难抵抗，此理不可解也。

蜘　蛛

昔人有一对，云："鹦鹉能言真是凤，蜘蛛虽巧不如蚕。"按上句系空话，凤固从未得见，即能言之鹦鹉亦属罕见，下句蚕能吐丝又能作茧，可谓巧矣，而丝又能织绫绸利人之用，尤为他物所不能及，然以蚕与蜘蛛较，窃不以蚕巧为然。盖蚕能作茧而作茧适以自缚，吐丝供人之用，终不免汤镬之惨，其巧安在？蜘蛛雄长一方，八面张罗，日戕生命供其血食，且网罗大密，辄欲一网打尽，正如军阀中恶劣分子，恣意搜括民财，饱其欲壑也。予在幼年每见一巷之间、一庭之内，东西相向，或有一两丈、两三丈之距离，而蛛网所张四周之屋檐、树梢、墙角、窗间，结构井然，丝丝入扣。蜘蛛又不能飞,其势断难遍往各处逐一安置,而何以能布置周到如此,曾苦索其理而不可得。嗣因教读于张生家,一日午后在庭前小步,突见檐间垂下白丝一缕,长逾四五尺,丝缕甚粗,异而视之,乃一大蜘蛛所产之丝。按蛛丝不吐于口,系由粪门产出,予即悄立阶前,观其究竟。但见长丝随风飘扬,左萦右拂,未逾刻忽来一阵旋风,则长丝拂及对面山墙,即行挂住,蛛立即缘丝而前,以口衔之,若于彼处有所维系则丝更牢附于墙,蛛即以此丝为根据,旋又转而之他,再布一丝。盖其丝带有胶粘性,触物即着,顷刻间纵横络绎,网之局格已具,蛛则如盘走珠、如机投梭,加以细密工夫,须臾网成,蛛乃独踞中央,陷阱四布,专候自投罗网者食之。始知蜘蛛初布网时例吐长丝,多藉助于回旋之风力。如此么么小虫,竟具有天赋之能性,每夜所食之虫以百计,然吞食者皆系蚊虻之属有害于人者,蛛可谓代人除害,应与壁虎、田鸡、啄木鸟同为益虫,自不得以搜括民财之军阀加害吾民者比拟矣。

大王与将军

清江浦系前清漕运总督驻扎地,向为南北水陆要冲,漕督所掌者以粮运为最重。相传粮艘航海而来,均有神龙护送,虽当水浅舟胶,粮艘一至,运河水能陡涨若干尺,舟即畅行无碍。幼时习闻此语,疑为怪诞不经。年未冠赴淮安应府试时,先大夫锡朋公尚在堂,曾命得暇可顺赴清江浦探友,因往一游,适得见所未见,一释前疑。凡粮艘方行时,忽觉胶滞难前,船主即知有异,遂往后艄探视，则大王多蟠伏于安舵之横木上，随以朱漆盘进，大王即蜿蜒自游入盘，如此者必不止一船出现，俟各船主咸集问明，即请共入一大玻璃盒内，遂报告督署，即用漕督肩舆、仪仗迎入戏园，敬陈案上，任人近观。颜色大都系灰白、淡黄、灰青、栗色、黑色，大王形如蛇，无爪，长不逾尺，头有八字白痕，隐然似角。其时共十二条在盒内，立即开锣演戏，欲知大王将军姓名，多用签桶摇签，法内有黄大王、何大王、杨四将军、陈九龙将军、曹将军等封号。最可异者有两点，演剧时本城文武各员均往拈香，大王均伏而不动，惟漕帅上香时则皆昂首蟠曲，以示不敢当受之意；大王点戏亦用签桶，方演数出，大王即次第不见，亦不知其从何飞腾而去。予目睹如此，可谓奇矣。入民国后，客居清江军署凡九载余，辛酉大水曾有大王出现一次，仅两条，僧人奉于寺中玻璃盒内，半月即自行他去矣。

假归志痛

继室刘夫人秉性庄淑而谨慎，持家俭朴，自待尤节省异常。惟先慈万太安人中年即虔诵佛经，按期茹素，内人奉事无不得其欢心，虽寒素家风，太安人与予之饮食务求精洁，历四十年如一日。太安人弃养后，予即囊笔奔走大江南北几二十年，迫于饥躯，假归时甚稀亦甚暂。近年寄居宗祠西偏之一室庑下，伯鸾不能谓不因人热，承族众看待均优。癸酉秋，应马将军伯良之聘，来沪教读其孙，内人不肯偕行，年来体弱易病，按月寄资，均谆劝其于饮食起居上稍加珍卫，不可过事节省，而内人不甚听从，有病且不肯函告,恐予闻之增忧,然知其近来易病,驰系几无时或释。乙亥秋九月,克安侄等及友人王君先后来函,述及内人病状,正延胡让之先生诊治,间虽措词婉转,不令旅人望而惊惶,予于字里行间已觉其病势沉重,登时骇惧失常,茫无所措,辗转迁延数日,终以为非回里一行不可。遂只身东下,星夜遄程,抵祠时始悉内人已于两日前逝世,享年五十有九。呜呼痛哉!承克安侄筹款主持殡殓各事宜,并承秀峰弟及桂山、成祚、健侯等诸少长辅助办理,殓后即舁柩安厝祖茔之侧,而王生慕诘与其尊人绣甫君对于内人之存没均极感其照料周到,不惜解囊。予既伤内子之永违,复深感众人之高谊,可谓古道犹存,族中子弟如成松、用璋、星奎、兆魁及侄雨辰、大霖等俱来慰问,抵祠之第二日即亲携祭品往墓哭奠,爰作悼亡诗六绝句以志悲哀,诗云:"生离从古有同悲,况自生离即永离。孤寂客中伤老大,那堪又赋悼亡诗。""星夜遄归悔太迟,房空人杳历多时。征尘已觉无人拂,更有何人问渴饥。""庑下梁鸿本寄居,春歌偶答每怜予。老来思慰糟糠苦,谁料归时愿已虚。""话别曾经两断肠,离人泪化有情芳(海棠亦名离人泪)。而今泪与人俱化,不忍临阶看海棠。""生死原知有数存,最难斩断是情根。一杯奠酒双行泪,何处招来别后魂。""遗蜕终归土一抔,只余虫鸟叫荒丘。绿杨芳草深埋玉,知我亲来展墓不。"犹忆内人当病重时,支用不无稍多,终仍节省洋五元存曾椿茂商店,于弥留时密托祠祝笪小流取来,嘱其待予回转交,为款虽微,令人惨痛益深矣,呜呼!原配陈氏生两男三女,存一女适林姓,继配刘氏生三男一女,存一男流落于外。丙子春正月,挥泪志于沪上寄庐。

锦瑟解

李义山"锦瑟无端五十弦"之句,予于王友慕韩家曾见板桥手批唐诗云:"'五十弦'非'廿五'之误即'十五'之误。"板桥云"'廿五'之误",原本诸"二十五弦弹夜月"之意也。王渔洋云:"一篇《锦瑟》解人难。"亦系对于义山此句未能解明之意也。忆予幼年应省试,偶游夫子庙前,见山东人弹一物,上排二十余弦,疑系瑟类,如云为五十弦,其物固笨亦不便弹。予谓应系"十五弦"之误,盖下句"一弦一柱思华年",按其语气将谓系五十弦则一弦一柱已成百岁人矣,即谓系"廿五"之误,其人亦将五十余矣,惟以十五弦计之,却值三十岁,所以惜其华年而思之也。况旧注谓其为悼亡而作,观结句"此情可待成追忆,只是当时已惘然"之意而适合也,敢以质之高明。

林菽庄侍郎

林君尔嘉,字菽庄,闽人也。林氏世为闽省望族,君家由曾祖至君凡四世,均以显宦著。原居于台阳,因清廷割台让日,君遂奉亲内渡,择厦门鼓浪屿居焉。甲午中日之役,慨输巨款助海军抗日,清廷嘉许,由道员升京堂,寻擢侍郎。每论及国势积弱,非由富致强不克复振,故以经商兴学为根本之图。入民国后,即隐居不仕,当道重其资望,屡请出山,均婉辞。所居园林极花木湖山之盛,俨然世外桃源,固不仅三分水二分竹、五步阁十步楼而已也。立菽庄吟社,与海内文人相唱酬,中外无不知鼓浪屿有菽庄林先生者,时或悬重奖征文,隐寓庇寒之意,其富而好义可知。予与君神交近二十年,曾赠君楹联,蒙惠润五十两,知己之感同于鲍叔。嗣因阅及孙传芳氏祝君五十寿文,引用鲁《论》"加我数年五十以学《易》"一章,予对于"五十"作"卒"曾具函辩论,君复函仍持原议,因续具函详为辩论,原函计七百余言,后君浴蘅当经阅及并拟索去,函发后语恐过当,乃六和君《重游庐山》原韵聊当自责兼代负荆,诗云:"水皱干卿起小池,涣然冰释喜春时。廿年默契频叨惠,一纸空谈觉费词。""交到推诚皆可与,事能知悔未为迟。文成不及诗成好,罚我数依金谷卮。"君复迭前韵和答云:"夺席鸿都异凤池,谈经岳岳叹非时。负荆倘引将军例,皱水当删相国词。""子幼报书何必尔,考亭定论不妨迟。暮云春树今犹昔,常勿相忘酒一卮。"读君此诗,殆不愧韩荆州、郑当时一流,予未免浅之乎测君子矣。

杨鼎来

杨鼎来字小匡,淮安山阳县人也。累世科第,先生才华天授,丰仪朗澈,书法亦佳,群目为远到之器,而余技尤精拳术。登乡举后才名噪京师,苏州某氏特聘为西宾。先是,先生之尊人杨铁梅孝廉馆于苏州查氏,查亦巨室也,有女即许字某氏子,先生方在幼年,曾往查氏第省父,小住旬余,与查女颇有一面。查女秀外慧中,通文墨,为有才之女子也,于归某氏,其夫貌寝而性迂,致成怨耦,隐恨难言。忽闻先生馆于其家,虽内外隔绝甚严,而一点灵犀两相默印,时先生已娶妇生子,一日值岁将暮,因假归，约明春来应礼闱试，查氏闻之，密令小婢送一函来，拆阅内系绝句四首，予偶忘其一，诗云："淮水清清河水浑，安排柔橹送王孙。明年三月桃花放，君听胪传妾倚门。"又云："传呼小宋是君耶？天赐长安一片花。人不风流空富贵，两行红烛状元家。"又云："江南二月雨霏霏，学士思家衣锦归。花里停骖新霁后，画堂红袖出深闺。"词意香艳动人，旖旎风华，雅是才人吐嘱。先生得诗后归途寥寂，倾慕益深，甫过元宵即束装赴京，仍主某氏家。礼闱揭晓，先生中会魁第六，即在某第练习廷试笔墨。未几，查氏又遣婢送函来，中途为他人所截得，叱令小婢入内，严加诘问，俨如《西厢记·拷红》之一段妙文，卒亦未有若何端倪。姑隐忍之，意先生于殿试后当亦就职他去，而先生初不知春光之已泄，查氏遂从此不礼于家人矣。乃至殿试，先生卷已拟定元选，时某氏在朝多显秩，门生故旧亦多掌要职，某某识先生书法，迫无计施，乃将进呈十卷覆置于案，以一降为十，致先生仅点受工部主事。谒见各座师，始微有所闻知为某所暗弄，乃大愤恨，因密通计划于查氏，竟效巫臣适晋故智，载与俱逃。两日后某宅始知之，怒无可泄，又不肯扬中蕉之羞，阴以重金倩镖客追而骈杀之。及于山东道上，先生即下车试技，拟与之敌，从来为镖客者类多豪侠气，见先生器宇不凡，才兼文武，无欲杀意，并非惧怯先生精拳技也，乃舍之令去而归，以未遇告。先生踉跄得脱归，遂不复出，查氏随先生，生两女，即从以终老焉。自先生归后，淮安府属应礼闱试者连脱数科，张之万为漕运总督，晋京陛见，待漏朝房，偶然话及，谓："清江有孝廉堂，课试文字颇多佳者，何以会试屡屡脱科？"当有人答称："淮安府佳卷不荐，系同僚代某氏报复之故。"张怫然曰："伊家一人私恨，何得埋没他人。"自是以后山阳丁衡甫、秦文伯、顾云程及吾盐季瑞章诸先生始得有南宫之捷，相继登庸矣。

李兆寿

前清胜保在咸丰朝以言事获罪下狱，曾文正公时为礼部侍郎，曾疏请宽免胜保处分以广言路，奉诏嘉纳。洪杨军起，咸丰派胜保为钦差大臣，带兵平乱，初尚有劳绩可叙，并招抚李兆寿一股，使其立功自赎，奉旨允准，并赐名世忠，兆寿得以功累擢至提督，此为胜、李关系之缘因也。伪英王陈玉成绰号"四眼狗"，被官军剿灭后，胜部下曾掠得四眼狗之妾，胜涎其美，竟自纳之，经言官弹劾，严旨革职拿问，寻拟斩监候罪，兆寿念其提挈之恩，奏请愿缴还提督官职以贷胜保一死，未邀俞允。忆唐代郭子仪初在并州为卒，与众犯法解郡将刑，囚车多辆彪彪然过市而驰。时李白醉倚酒家楼，遥见汾阳，奇其状貌，匆促下楼，独截留其囚车言于节度使特赦之。后永王璘反，胁迫李白作檄文，璘败后，朝廷追查作檄文者，因逮白论死。汾阳感其救己之恩，奏请愿缴还官爵以赎其罪，白因得减为流罪，后流至采石矶堕江而逝。今日胜保之为人固不足以拟李白，李兆寿何如人，更不足拟汾阳之万一，曾文正致九弟沅浦书云："李世忠投诚六年，官至一品，而全军士卒仍不脱盗贼行径。"观此可以想见其为人，宜乎谕旨之不准其请也。厥后兆寿以叛性复萌被劾，密旨饬安徽巡抚裕禄不动声色就地正法，裕禄遵旨密为布置，设筵邀之，因兆寿素为演把戏者，身手矫捷，技击颇精，恐其逃逸，待兆寿入署，一面派队围其家，一面派队自围抚署，即于署内杀之，小人之所以终于为小人也。

汪廷珍

汪廷珍字瑟庵，山阳县人。起自孤寒，幼有异秉超乎常儿，由翰林累官至上书房总师傅。李宗昉先生亦山阳县人，与汪同里为最后辈，总角即有神童之目。李小湖为当时才子，督学江苏，按临淮属，考诗古场时先生年十一，家中定制袍褂靴帽，母夫人并代为傅粉，颈挂有索银锁，长与足齐，真是玉雪可爱。入场点名时，学宪以其年太稚，意不谓然，且责淮郡读书人家父兄不以实学训子弟，专尚浮华，当即单独提堂面试。先生态度从容，了无惧怯，即座于公案之侧将笔砚应用各物取出，大有腹笥便便一空倚傍之概，须臾题牌过，为扑满赋以"用戒良朋，满则扑之"为韵。题出后东西两大号内不闻有吟哦声，微闻有喧嚷声，盖诸童正拟求学官请示题本，学宪见先生早于卷后起稿，近观之则首段已成，乃大惊异，知为国器，即命侍者由内厨取面点出供给，先生亦啖之不拘。是岁补博士弟子员，旋食廪饩，年未冠考拔萃科，与山阳骆腾凤较艺，时骆年三十余矣。幕中以先生为必发之品，有心成全他人功名，是科遂拔骆先生逾冠。后寻亦连捷成贡士。汪廷珍时以上书房总师傅，得派充殿试阅卷大臣，先生卷已定元，汪后至，阅卷知为先生，忌其才，遂对众昌言此卷后数行墨气稍淡，因降为一甲第二名，点受榜眼。汪卒后赐谥文端，据此一节以观,其端安在哉?窃叹自古忌才之念惟圣人能无之,贤者或不能免焉,况其下者乎?

生有自来

尝闻子平家与风鉴家言,咸称世之大人物多系星、精、僧转生,星为上方之星宿,精为蛰伏炼形之精怪,僧为苦修养性之高僧。相传如此,于理可信,其言似未可厚非。大凡人之形状举动,有与鸟兽类者即为异相,定主显达。班超虎头燕颔,马周火色鸢肩,李广猿臂善射,专诸熊背多力,即椎埋之雄、枭桀之辈,亦系生有自来,纪文达公曾云"神灵下降,辅佐明时,魔怪群生,纵横杀劫"是也。唐人咏西施云:"贱日岂殊众,贵来方悟稀。"信为透辟妙语。试略举清代数公以证明之,曾文正公为二十八宿中虚星降世,即角木蛟是也,虚星龙首蛇身,诞公之夕,其曾祖梦有巨物蜿蜒自空而下,首属于梁,尾蟠于柱,鳞甲森然,不敢逼视,寤而公生。公在朝时约三十余岁,即患癣疡,身无完肤,状类鳞甲,至老未愈。总兵陈国瑞为观音大士前红孩儿降世,虽系武夫,性爱近读书人,喜对人谈忠孝事,带兵不过千余,骁勇敢战,所到之处势如山倒。生平好著红裈裤,身材又短小,发捻两逆遥见其旗帜即惊呼曰"红孩儿军至矣",望风溃窜,不敢与交锋。惟秉性桀骜,好鸣不平,先后与詹启纶、李兆寿构衅,讼于曾侯,詹、李因罪论死,陈亦遣戍黑龙江,遂卒于戍所。左文襄公为鲤鱼精转世,公卒于浙闽总督任,时当夏日,疾笃已奄存一息,侍疾之员弁伴守历数日夜,天气又酷热,多立于廊外乘凉。晚间忽大雨倾盆,厅事前积水深尺许,水中似有物游泳,移烛照之,乃一大鲤鱼,长几逾丈,众往捕之,左在灵床忽"哎哟"一声,鲤亦泼刺无踪。众均骇怪不敢言,知为左之本性出游也。不独证以左之自挽联句有云:"一瓣香祝吾本性,三个月现出原身。"读之固大可诧,即以左之相貌而论,面圆而方,锋棱四起,唇厚而张,望之亦觉英伟可畏。张文襄公为猿精转世,南皮县山中有老猿蛰居向桃洞已数百年,时来与山僧对弈,张降生后猿即不出,生之夕封翁梦老猿竟入内室,因名之洞,字向桃,系嵌明"向桃洞"三字,后改号香涛。精力过人,十数昼夜目不交睫以为常,性好水果及枣栗之属,凡日所常到之处均陈设于案,随手攫食,可谓身异性存。事在近代,信而有征,类志于此,亦奇矣哉,不得谓尽属妄诞不经也。

岂非一梦

予客清江马护军使署内,任秘书八载有余,先后秘书如龚仲华、陶贻谦、张用夏、朱琴荪、周笠之及吴某均阅时不甚久,居停性豪爽于幕僚,颇优礼之,阅核稿件亦颇细加商榷。忆予初任秘书,当然以敏捷见长,方足涵盖一切,嗣竟以敏捷受累,几于无役不从。乙丑夏盟弟金君继时来署任秘书长,廿年契友忽聚一堂,昕夕追陪,快慰可想。君才华迥越恒流,视时辈殊少许可,独于予颇心折。食量甚宏,豚蹄一只一餐可尽,惟署内例菜饭名虽四簋,实则适口者盖鲜,君不得已多另备一肴佐餐,不过鸡鸭、鱼豚、虾蟹之属。予略解烹调法,每日先令仆人将各物备齐,候予烹之，君啖之称美，屡求予代庖。重阳节近，时势紧张，战机已促，秘书处仅君与予两人司笔墨，军书旁午，商同酌办，应付自如。陈君绍五时为军部参谋长，日来把晤，筹商军事，因三人皆盐人也。战事日棘，在枪林弹雨中历十昼夜，偶尔对谈窗外，时有弹落，相与一笑置之。黄顾问芸潭时任淮安关监督，亦偶来晤谈，嗣幸击退敌军，君亦请假回沪，秘书处诸务仅予承办，直至腊月初始委吴君珍中为秘书长。未及六日而解散，令到其时囊无一钱，且有负累，同人已各鸟兽散，无可告贷，几有流落他乡之慨，后承绍五兄挈带回盐，古道照人，至今铭感刻已。家居四越岁华，诸契友复天各一方，回首前尘，岂非一梦？

惨杀奇案

阜宁县有王、武两姓，武名其昌，业银匠，既系至戚，又系紧邻，居宅只隔一墙，平日尚相安无异，后因其昌伪造抵产账目，遂失欢。忽一日至午后，两家门皆不启，邻人诧异，邀集约保派人逾墙入内开门，相偕先至王家一观究竟，见门皆洞开，阒然无人，至房内一探，众人惊骇几仆，则满床血污，床上人均被杀，入他房亦然，其杀毙六人，有一女颈被两刀，幸未得死。复至武姓家探视，则一妇人男女数幼孩亦被杀死，纵横倒于地，惟观武某本人，其状疑系自杀，跪于地，身未仆，两手血污，有短柄利刃坠于旁，血渍几满，并有麻绳一根。群众骇莫能名其故，报县莅验，两家均各有一子在商店为学徒，年俱幼，闻变奔回均哭求县长伸冤，县长向两家分别勘验毕，对武姓之子云："汝尚求伸冤耶？照此情形，显系汝父逞凶恣杀，末复畏罪自戕，此案无可追缉主谋与正凶。"即饬两家亲戚协同幼子各自棺殓，最惨者为王姓另有一子，久客方回数日，夫妇竟被骈杀于床，妇之两膀刀痕重叠，当被杀时以膀挡刀所致。武姓房后之邻人曾于事后偶然谈及，云："武之为人向来强悍，出事之前一日终日磨刀，其妇怪而阻之，言此刀不常用，何必久磨？"武大声答称"刀磨快先杀汝妇"，以其素性狞恶，不敢再言。至晚间贪饮不止，醉，至夜深始归房，即以刀拍案大骂。初犹闻其妇婉言回答声并劝其夫安睡声，继又闻其妇哀求声并男女各孩惊哭声，后乃寂不闻声，不料祸遂作矣。据左右邻人以两家平日往来形迹推测之，其中决系暧昧难言之事，想不外女字边干矣。呜呼，惨矣哉！

戎幕谈诗

民国乙丑秋九月，苏奉之战开始于清江浦，陈君绍五时为军部参谋长兼前敌执法处长，予亦兼军部秘书处一等处员。其时四郊多垒，战事正烈，两星期间日在枪林弹雨中寻生活，陈君与予共一室卧，多谈至夜漏将尽始就寝，每夕初谈时均先论战局，本日各线战斗之经过及来日各部战事之准备，间亦涉及乡邦人物。偶言及陈君念严为人颇聪明，学识亦不犹人，曾有题昭君出塞图一首云："辞别君王出玉关，黄沙白草路漫漫。朝来马上寒禁骨，怪道将军出塞难。"阅者多以此首为压轴，婉而多讽，弦外有音，予亦有题昭君一首云："藏门幸未老王嫱，莫以阏氏漫感伤。不是陛辞须召对，玉容那得见君王。"以出关陛辞为幸，颇足破涕为笑，昭君有知，当引为知己。金君鞠逸亦有咏昭君之结句云："一曲琵琶何事恨，便非异域也藏门。"薄命红颜读之亦可舒幽怨之气。咏古诗各持一意，均言之成理，汇志之以见文人之笔无漏意也。

青灯有味

予童年偏好嬉游，不肯向学，先太安人生兄弟凡五人，仅存不才一人，然虽钟爱，对于读书从不姑息。年稍长，感觉堂上二老培植期望之殷，已解专心勤读。年十四，陈师子砚夫子设帐于张友亦韩家，予与唐石洲、陈习园、后雨田诸学友均附从受业，未几程铁青、孙鼎侯诸友亦先后从陈师求学，每届冬夜，予独与唐君例于晚膳后复来塾相伴读，恒至夜逾半始归。书塾原位于镇之最东，予家亦隶于东隅，唐君居镇之西隅，因长予四岁，夜归时多纡道送予回，同席之契，不仅在学业上获观摩、攻错之资也。予归家后，复将周身衣服整束一番，即拥被和衣而卧，诚恐睡迟而起亦迟，再着周身衣服必致耽延时间，风霜雨雪，如此者历三年未间断。回思有味青灯，亦觉儿时辛苦矣。一日陈师出"夜半钟声到客船"诗题得钟字，其时在塾已作五言八韵试帖诗，予诗已成，因夜过深即偕归，途中告唐君云予有"举头犹未曙，入耳响叮冬"一联稍觉惬意，唐君亦告予云有"鲸铿下远峰"一句未能对好，匆匆揖别时，已路绝行踪。唐君行至陈姓豆腐店，前见一脸绝小、身绝高之黑丑妇人，裙长不见双足，手执数寸长之烟袋，屹立街旁，知为魅，急驰归。翌晨告予，相与大笑，幸彼时觅对句心切,故仅诧异而未惊骇也。厥后同门诸学友或步上舍、或贡成均,皆为陈师门下士,亦均为吾邑名诸生也。现惜唐、程两君都已作古,当日青灯伴读,令衰年不堪回忆童年矣。

袁世凯

袁世凯本非雄才大略,其心术纯乎杂霸,谓为治世能臣则不及,谓为乱世奸雄则不愧也。当慈禧与光绪发生意见时,袁为直隶臬司,实持首鼠两端,嗣见直隶总督荣禄、庆亲王奕劻均左袒慈禧,袁遂亦倾向慈禧。事机既泄,康、梁遂出亡,事定后即擢受山东巡抚,旋调直隶总督,宠任冠群僚。光绪闻而深恨之,其时因怀投鼠之忌,无如袁何。殆疾大渐,命近臣写遗诏约三百字,交隆裕后转交醇亲王载沣(此系袭爵时尚未摄政),隆裕谨藏于身,经三月余始得暇交摄政王(宣统登极,载沣以监国名义摄政),已有数处磨损,字迹不明。首云"朕醇贤亲王之长子也,后有袁世凯罪恶昭著,擢发难数,即应斩绝"云云,载沣认为君父之仇不共戴天,一日拟降旨革袁职,拿交刑部治罪,自知所拟御旨恐不妥,先召张之洞来商:"尔看此旨妥否,酌改可也。"张接阅大惊,再四为袁缓颊,遂以足疾原品休致。辛亥之秋,武昌举义,袁复起用,即派冯国璋攻克汉阳,清廷锡袁以侯爵、锡冯以子爵,均辞不受,又按兵不进,而段祺瑞已领衔请清廷退位,其为预有组织之计划可知,而共和政体成立矣。袁因得继孙中山为总统,乃阴有帝制自为野心,当时有人拟联讽之云:"或入圜中,推出老袁还我國；余行道上，不堪回首问前途。""圜"字以"或"换"袁"即成"國"字，"道"字以"余"换"首"即成"途"字，词意工巧，咏叹有神，第不知为谁之手笔耳。

俞曲园自挽联句

俞曲园先生文章学问可算清代一著作家，然曲园所以得成为著作专家者，实为环境所迫。任河南学政时，因出题割裂圣经不成文理，经河南巡抚曹荇溪奏参革职。曲园既成闲散之身，初无所事，后得李少荃制府之提挈，聘主紫阳书院讲席，职亦清闲，遂获著成《群经平议》、《诸子平议》二百余卷。曾阅其刊本，有果于自信处，亦有未能确定处。年逾八十始卒，有自挽联云："生无补于时，没无闻于世，辛辛苦苦著成二百五十卷书，流布四方斯亦足矣；仰不愧于天，俯不怍于人，浩浩落落历数半生三十年事，放怀一笑吾其归乎。"此联出自曲园手笔，尚不能认为佳构。吾盐有虞闸官者，其子绍鹤与予有文字交，谈及其尊人有自挽长联，颇为邑人士所传诵，联云："进院学一名，下乡场七次，作小官卅余年，过去皆空，浮生若梦；朝念经几卷，午饮酒数杯，晚做工八段锦，老来俱废，不死胡为？"此联趣味较胜曲园，不得以其官小而忽视之也。

文以事传

六经为文章所自始，列代风尚各有不同，大都随世运递演而递变,然论声调铿锵、笔意跌宕、法律谨严,清代可谓造其极。论者谓有两大文章,李因笃之《陈情疏》、叶映榴之《绝命疏》足以涵盖一切,鄙意窃谓不然。考李、叶两疏一处常一处变,固已不可同日而语,且李则有意为文,不得谓为情真语挚,迹近沽名,实不逮叶疏远甚,叶则从容就义,甘死如饴。当湖北省裁兵时,夏逢龙作乱,叶为方伯,乃虚与乱党委蛇,俟母妻子女易服脱出省垣后,已则冠带坐大堂,拍案骂贼,遂被害,其原疏云:"臣如微服偷生,未始不可幸免,伏念臣守土之官也,城存臣存,城亡臣亡。既不能先事绸缪,隐消反侧;复不能临时捍卫,力保危城。上辜三十载之皇,恩下弃七旬余之老母,君亲两负,死有余惭。"康熙接疏,谕廷臣云:"朕阅叶映榴遗疏,五中惨痛,不忍卒读。"遂优诏赐恤,予谥忠节。今欲与叶忠节之疏相提并论,惟主事吴可读以一死泣请懿旨预定大统之《归一疏》可以与叶相颉颃也。当同治逝世后,议立光绪,所谓兄终弟即,未代同治立嗣,吴于同治梓宫奉安时,藏疏于怀,遂缢死皇陵之侧,疏词有:"仰鼎湖之仙驾,瞻恋九重;望弓箭于桥山,魂依尺帛。"又有"类杜牧之罪言,深惭出位;效史鱼之尸谏,矢尽愚忠"等句,时廷臣集议,皆迎合上意,谓故主事吴可读一疏是塞碍不可行者也。后奉懿旨给恤,并有人代刊其原疏,题曰"孤忠传",是吴疏与叶疏洵堪推为清代特出之两大文章,然此仅可谓文以事传、文以人传,非真能以文传者也。乾隆朝孙文定公嘉淦有《三习一弊疏》,咸丰朝曾文正公有《遵议大礼疏》,正言谠论,不蹈故常,传诵一时,曾刊入《皇朝经世文编》,亦可谓清代有数文字。

唐耀远

吾盐唐耀远先生号梅村，敦品励行，动必以礼，熏德闻风，乡人兴感。以清诸生举孝廉方正科，并建有孝子坊于邑城之西街，与宋丞相陆忠烈公秀夫之坊并峙，洵堪推为古君子也。尝有亲戚为魅所祟，附于病者之身，白昼敢与人对语，符箓、祈禳均无效。一日先生往视疾，魅正与家中人强辩，先生入室即寂然，众犹未以为异。饭后，先生辞归，主人送诸大门外，入内闻魅自语云："我半日间为正气所逼，闷煞我了。"先生方行数十步，主人复追请先生返，坚乞留宿。先生不得已姑从之，终夜寂不闻声，翌日饭后，先生对主人云："予势难久居于此。"因令取纸笔来，遂楷书"唐耀远在此"五字，嘱贴于病者卧室内，先生起行而魅遂亦从此绝迹。人能令鬼魅敬畏之，其生平之严正可知矣。暮年病卧将不起，忽接同学某老友讣音，先生即就病榻拟以挽之，云："无不散戏场，少几出有何足惜；同寄居逆旅，约数日总要归来。"见道之言，可谓旷达。

御厨豆腐

（此稿前已经《申报》选登）

宋牧仲《西陂类稿》载圣祖南巡恭纪苏抚任内迎銮盛事，某日有内臣颁赐食品，云"宋荦是老臣，与众巡抚不同，著照将军、总督一体颁赐"，并传旨云："朕有日用豆腐一品，味异寻常，因宋巡抚是有年纪的人，可令御厨太监传授与巡抚厨子，为后半世享用"云。梁芷林中丞曾载入《奇闻随笔》，谓今人率以豆腐为家厨最寒俭之品，且专属之广文苜蓿一盘以为笑柄，讵知一物之微，直上关万乘至尊之注意而郑重以将之若此，惜其法不传于外，殊为遗憾。予偶阅《随园食谱》载有八宝豆腐，亦清圣祖赐徐健庵尚书方也，尚书取方时御膳房去费一千两。其法用嫩豆腐切碎块，加香蕈屑、蘑菇屑、松子仁屑、瓜子仁屑、鸡肉屑、火腿屑入浓鸡汁中炒滚起锅，食时用瓢不用箸，当与赐宋牧仲之豆腐办法无异也。予谓如此配搭烹调，无论何物皆当鲜美适口，岂独豆腐为然？亦可见从前专制帝王玉食万方之奢侈也。相传豆腐为淮南王刘安所创造，朱子不食，以为用豆若干、用水若干、作料若干制成豆腐，后其斤两往往溢于原料之外，格其理而不得，故不肯食。或云朱子先代即开设豆腐店，朱子因得知其详，未知是否。谨按孔子不敢尝康子之馈药，以药能毒人，未达故不敢尝也。豆腐无毒，不致害人，朱子此言未可为训。

新生活须改善其阻碍

唐虞之世，刑期无刑，辟以止辟，郑侨有言"有德者能以宽服民，其次莫如猛"，是立法不可不严。古帝王、古圣贤筹虑周详，用意至为深远，其保全亦正多也。民国法律对于奸非罪，原订刑律觉失之轻，无论强奸、和奸、诱奸、奸拐等罪案，司法官吏率多处以数月或数年之徒刑，试留心侦察沪地情形，可谓无日不发生奸非案，他邑及教界亦复时有所闻，总因处刑轻纵，故犯之者日增。论者或谓奸非处刑过严，于婚姻自由上必生抵触，青年男女由认识而接近，由接近而恋爱，谈到婚姻以直接为最多数，非和即诱，极易构成奸非，自未便因噎而废食也。鄙意谓奸非罪不加重，婚姻自由不严予限制，则又于新生活上必发生重大地阻碍。谨按新生活"礼义廉耻"四个字，以耻字为最要，盖非礼与不义、不廉悉属可耻之事，故孔孟垂教均重视耻字，不惮再三言之。今者青年男女既能到面谈婚姻的地步，其吸掣力量正如磁石引针，双方情感与性欲已达到解放侠荡之阶，谁能保其不先有非礼与无耻的举动呢？是新生活中已毁弃礼、耻两个字了，待恋爱已造极端，然后表面始各请友介绍登报订婚，开首即为"我俩"两字，并"征得家长同意"云云，是家长仍处于被动地位，盖不如此进行即于自由义蕴上不能做得酣畅淋漓也。惟夫妇为人伦所自始，即为未来家庭模范之主体，兹竟先将礼、耻抛掷无余，家庭安有良好现象？所以刘樊美眷、梁孟如宾乃为千古家庭间贤夫妇也。嗣后婚姻问题须由媒妁向父母提议，父母即转征男女同意，如不得双方本人同意，父母概不得强为之主，似此则男女婚姻自可无贻后悔矣。厉行新生活运动正欲弥补人民与社会及家庭之缺陷也，倘奸非罪不从重惩处，婚姻自由不严予限制，岂非与礼义廉耻显相突冲吗？欲补缺陷，不啻一方填之一方复加紧掘之也，其势实有处于不能两立者矣。欲做文明先进的国家，礼教是不能尽废地；欲做整齐严肃的国家，法律是不可轻纵地。骨鲠在喉，吐之乃快，知我罪我所弗计也。

覆盆难雪

颜回拾尘，子贡尚疑其窃食；陈平盗嫂，汉史未载其有兄。以大贤而偶蒙窃名，以公侯而偶被盗名，可见古今来之冤诬为不少也。

癸酉春正，拟束装往沪，因已出嫁三四年之养女被保卫团丁张某诱拐，予横被株连牵控，《易经》所谓"行人得牛邑人灾"也。不得已携内人赴城辩诉，时董君汉槎任盐城县长，视事甫逾月，以廉明著，奉批云："所陈理由是否可采，仰候庭讯察办。"相对人亦为蔡姓，遂承族众克安、桂山、健侯来城调解，生平除地方公益外从未因私事与人结讼，既守先大夫忍耐训言，复感族人调和善意，予并津贴讼费，案遂撤销。计与内人住西门外万全楼将半载，李君幼知商店最相近，昕夕聚谈，诸承其照拂；同乡顾一青、杨作舟两友亦时来慰问，藉破旅居闷损，均不愧为肝胆交情也。昔纪文达公晓岚因漏言获咎遣戍，曾自载入《阅微草堂》；俞曲园先生在河南学政任被参革职，亦曾载入《曲园尺牍》，故予亦记之而不讳也。然案虽和解，终认为毕生莫大之冤，岳武穆有云："皇天后土，可鉴此心。"武穆言虽如此，当时之冤狱终未得雪。予之所遭人说我欺人，我说人诬我，神道既觉难凭，天道又苦高远，予惟有以俗谚两语自誓云："善恶到头终有报，只争来早与来迟。"附之一笑而已。

谨按，咏物诗大家诗集中多不载，何况文集，缘拙作《蛰存斋诗钞》计古今体六百余首，绌于印资，与骈、散文稿均将束之高阁，仅附印咏物诗四律于后，不敢谓曲终奏雅，亦聊作传奇之尾声耳。

寒暑表

（此系苏州隐社限明"勤斤分群君"五韵，征和原韵殊不易步）

性知气候报来勤，巧制无劳借斧斤。

升降此身关定数，炎凉世态雅能分。

静含动象机何在，运与时行物出群。

名士家居徒壁立，明窗净几好陪君。

不倒翁

（此系上海《希社丛编》选刊之作）

莫以衰颓笑此翁，脚根无定转如蓬。

任人倾轧终能立，看我伛偻尚自雄。

舞势欹斜同傀儡，交情狎昵有儿童。

只求获免今时祸，那惜当场遍鞠躬。

风　筝

（此系《申报》选刊之作，并有桴海居士登报和答之诗）

春声澈野婉如弦，常在山村水郭前。

忌我飞腾终日绊，受人牵制逐风颠。

置身原觉重霄近，托足几余一线延。

多少不平鸣不得，几番搔首欲呼天。

咏　帘

（陈君仲安任伍祐场长时，称结联有慈云护物意）

湘竹编成不计行，玲珑如缕挂虚堂。

半窗月上筛纤影，一阵风生透午凉。

清昼沉沉人独坐，篆烟袅袅室留香。

久垂恐隔衔泥路，莫负春深燕子忙。

终篇附志

下走以迂腐之资妄事撰述,以清贫之士漫欲刊书,岂非愚而自用? 虽承时贤之指导与补助,而本身担负仍觉非轻,旅沪三年,告贷无从,穷于罗掘,所有印资印全稿十分之六尚形不足,事实上自未能十分满意。同寅友钱君秉廉云:"先将此册完成,再筹办法。"愚谓人生世上做事何必求满意至十分,稍有几分不满意而能安之,亦正是善处逆境,善留有余也。囊空阮氏,呼将伯其为谁;笔秃江淹,慨余生之有几天。若假年再图续印,仅存此希望与侥幸之心云尔。

附录

陈夔龙吴佩孚有关各函

陈尚书两函

选青仁兄大鉴：

迭奉惠书，具悉种种。佳作极佩荷，兹寄上松寿笺十六纸，祈将原著写录以归一律，俾付装池而资印行，是为至盼。汇呈不腆炭敬聊作润笔之资，哂存是幸。专此复谢，即颂箸安，立候复音。

陈夔龙顿首　冬月初八日

选翁仁兄足下：

昨奉手书，欣悉莅沪。承询重宴鹿鸣和诗，现正陆续付印，因卷页烦多，校对需时，恐须待至秋间始克完竣也。大稿题咏容缓再议，缘老笔颓唐，极思藏拙耳。兹先将题签书就奉上，复颂道安。

陈夔龙顿首　四月二日

吴上将三函

选青仁兄雅鉴：

顷奉还云快同亲炙并诵佳什四章，气韵沉雄，洵称杰作。惟过承谦誉，实不敢当耳。执事蔗境弥甘，著书警世，佩甚佩甚。大著脱稿，实以先睹为快也。鄙撰各书多未付刊，兹先寄上《大丈夫论》一册以副远怀，谫陋不文，希察正焉。专此驰复，并颂箸祺。

吴佩孚拜启　三月廿四日

选青先生大鉴：

顷接台函及附件，均诵悉。执事以四十年经验学识，著述笔记，洵属杰构。惟未读全文，何敢冒序，仅以"礼失求野"四字弁首，随函寄上，至希哂政为荷云云。

吴佩孚拜复　六月十五日

选青仁兄大鉴：

前接手书，并大作及附件均收到。藉悉安砚沪上，著作自遣，岁月安闲，幸甚幸甚。乃蒙远道不遗，见乎吟咏，甚荷盛意也。弟闲居有年，习静已成习惯，偶有二三故人驱车见枉，亦复清谈竟日，渌池洗耳，至足乐也。下略。

吴佩孚拜启　六月廿五日

图书在版编目(CIP)数据

蛰存斋笔记 / 蔡云万著. -- 上海 : 上海书店出版社, 2025. 7. --（近现代史料笔记丛刊）. -- ISBN 978-7-5458-2484-1

Ⅰ. K250.6

中国国家版本馆 CIP 数据核字第 2025PX4692 号

责任编辑　顾　佳　王　郡
封面设计　郦书径

近现代史料笔记丛刊

蛰存斋笔记

蔡云万　著

出　　版　上海书店出版社
　　　　　（201101　上海市闵行区号景路 159 弄 C 座）
发　　行　上海人民出版社发行中心
印　　刷　江阴市机关印刷服务有限公司
开　　本　889×1194　1/32
印　　张　8.25
版　　次　2025 年 7 月第 1 版
印　　次　2025 年 7 月第 1 次印刷
ISBN 978-7-5458-2484-1/K・535
定　　价　68.00 元